加増啓二

岩田選書◎地域の中世16

東京 北東地域の中世的空間

岩田書院

写真1　星兜鉢（所蔵 東京国立博物館） ＊伝伊興経塚出土。

写真 2　『紙本着色性翁寺縁起絵』の展覧（写真提供　東京都足立区性翁寺）
＊撮影時期は大正〜昭和初期。

目次

序　章

『東京北東地域の中世的空間』という大づかみな書名を設定した本書は、これまで中世地域史研究の蓄積が乏しかった首都東京の北東地域について、歴史的な三つの局面を主軸に考察することを試みたい。三局面とは、信仰・伝説・歴史地名である。読者の中には、なぜ政治支配史を捨象するのか疑問を持たれる向きもあるだろう。筆者の意図するところは、有為転変する政治支配はひとまず措き、時代的な残像（書名に謂う「中世的な空間」）を地域の中に留める事象が前述三局面に強いことを勘案し、このような構成にした。

東京北東地域とは、中世入間川およびこれに流入する古隅田川によって形成された逆三角形デルタ地帯である武蔵国足立郡渕江郷〔領〕・舎人郷〔領〕（現在の東京都足立区域に相当）および毛長川を北に越えた同国同郡矢古宇郷〔谷古田領〕（現在の埼玉県草加市西部から川口市）と規定する（後述のDおよび隣接地域に相当）。加えて当該デルタから江戸（東京）湾に向けて注ぐ隅田川流域も考察対象地域とした。言い換えれば、武蔵国足立郡南部とこの郡境を形成する古隅田川と中世入間川、そして二河川が合流して隅田川となる流域を指す。以上の地域は、地名のとおり中世郷村として独自の地域史を形成した。隅田川流域も中世を通じて、政治的な局面のみならず文芸発生の場となった水域である。

歴史的な都市「東京」と周辺地域の研究は、いまだに誤解と偏見の歴史観に牽引されている。曰く「東京の前身、江戸は徳川氏入府以降に発祥した」と。後述するような幾多の地道な中世地域史研究が提示されても、敢えてそれを無視するがごとく、この「徳川江戸創始史観」は根強い。このような歴史観を正すべく、近世都市江戸に先行する、江戸外周地域の中世地域史を抽出するのが本書の目的である。書名を『東京北東地域…』としたのも、この意図に由来する。

東京の中世地域史研究は、さかのぼれば鳥居龍蔵氏等を先蹤として、早くも戦前にその嚆矢が求められる。少し憤慨気味に述べた先の「徳川江戸創始史観」と絡めた大きな整理と総括は、核心部「江戸」論を展開する前提として将来を期し、本書冒頭では研究が急激に進展した江戸周辺中世地域史研究の昨今の動向を概観しておく。東京、特に都区部の中世地域史研究ついては一九八〇年代半ば、資料館・博物館建設ラッシュ以降の軌跡に沿って整理できる。整理できるということは、言い換えれば関係地域での資料館・博物館の活動と不可分に展開したのである。いっぽう研究動向における施設的な面と共に、大きな枠を形づくっているのが地勢である。東京都区部の歴史的な地勢を扼する鍵は「水域」である。その一は言うまでもなく江戸(東京)湾であり、その二は入間川・古隅田川である。

一九八〇年代後半から盛況を見せる東京都区部中世地域史研究は、前述の一湾と、二河川に規定された、古代から中世の四つの都市的な場や旧郡単位で営まれてきた。一つめは、江戸(東京)湾に沿った中世港湾都市品川(以下A)をめぐる研究である。二つめは、東京都葛飾・江戸川・墨田・江東各区を包摂する葛西(葛飾郡西部　以下B)、三つ目は、東京都板橋・練馬・豊島・北・荒川・台東・文京・新宿・渋谷・千代田・中央・港等の各区を抱えた豊島郡(以下C)である。四つめは、筆者が籍を置く東京都足立区を主とした足立郡南部(以下D)である。

地勢と各々の施設が相俟って、当該地域の中世地域史研究は一九八〇年代中頃から俄然活況を見せ始めた。四地域で、まず古代末期をも含めた中世までの地域史研究に先鞭を付けたのはAである。その中心は品川区立品川歴史館(一九八五年五月開館)を拠点にした柘植信行氏の中世品川研究である。展示では、『海にひらかれたまち―中世都市・

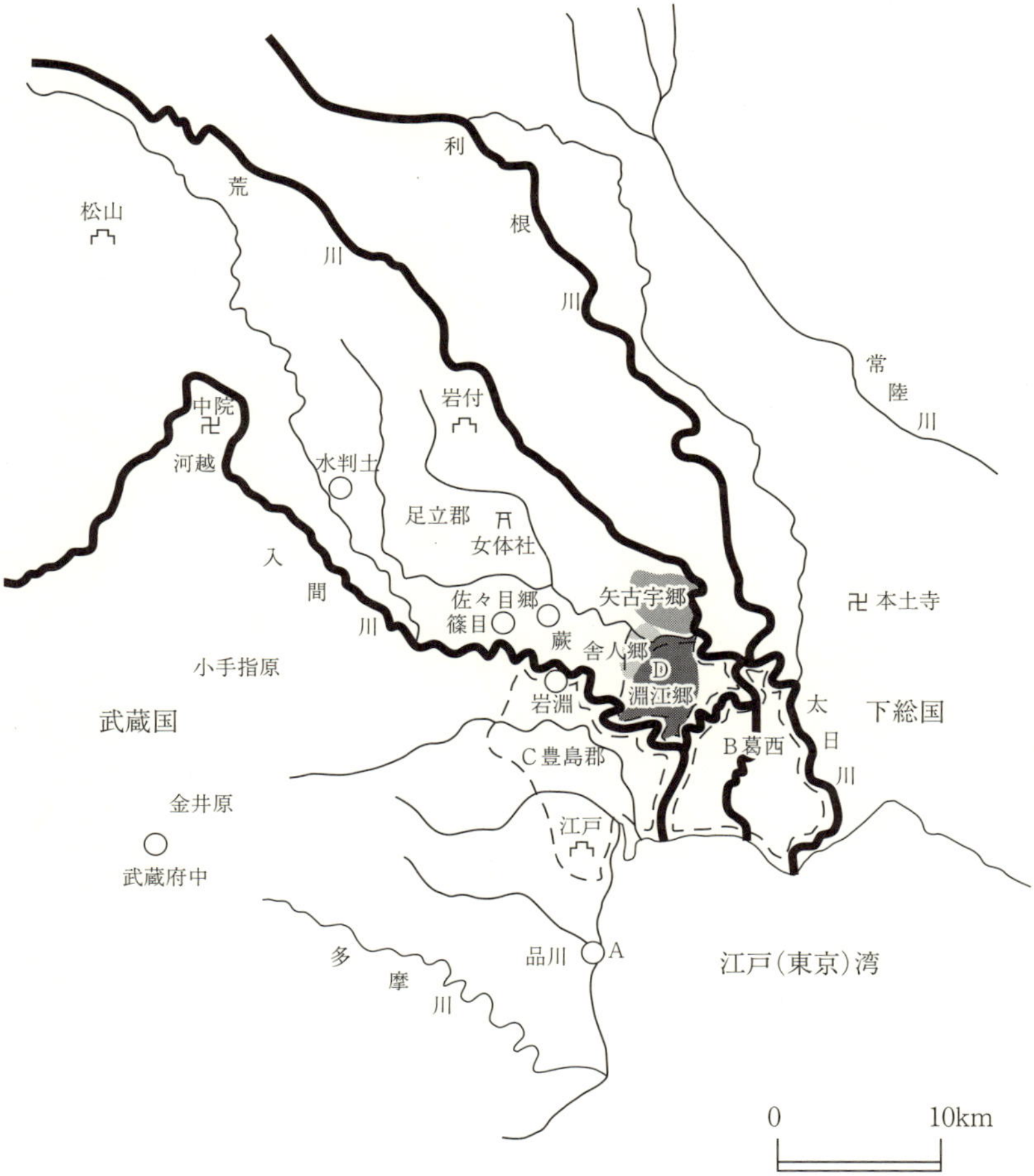

図１　関係歴史地名地図（武蔵国東部および下総国西部）

＊本図は本書に関連する、武蔵国東部および下総国西部の郡名・郷名・地名・寺院名・城郭・合戦地等の名称を表記した。河川流路は、「中世の河川流路図」（柴田　徹「関東地方主要河川流路と武蔵型板碑の流通１」、『松戸市立博物館紀要』第15号、2008年３月）を参考に作図した。

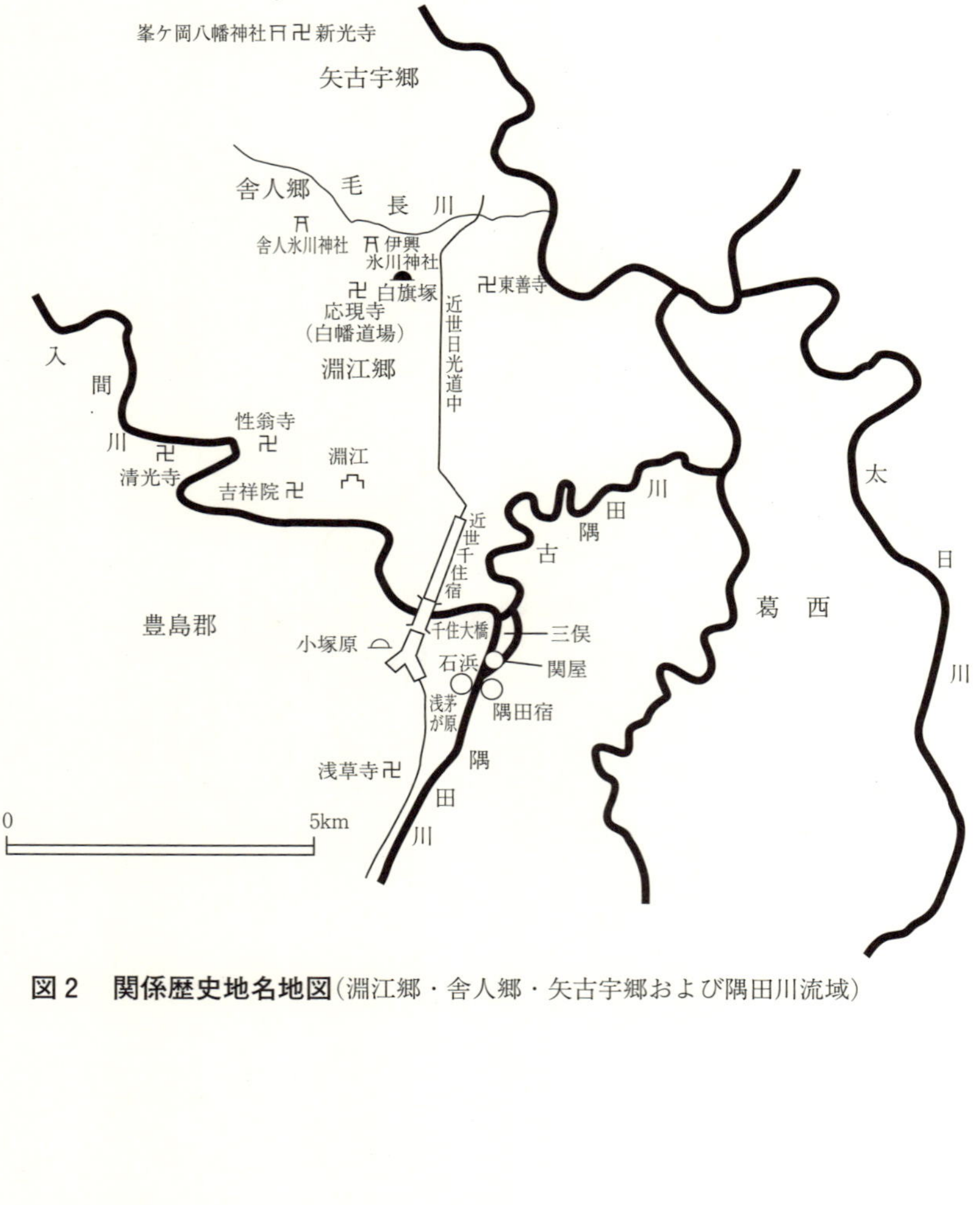

図２　関係歴史地名地図（淵江郷・舎人郷・矢古宇郷および隅田川流域）

品川―』(一九九三年十月)と『東京湾と品川―よみがえる中世の港町―』(二〇〇八年十月)で成果が公表されている(いずれも同名の展示図録を刊行)。また同館は『品川歴史館紀要』を発行するが、この刊行物でも数次にわたり中世品川研究の成果が発信されている。

具体的には、柘植信行「中世品川の信仰空間―東国における都市寺院の形成と展開―」(第六号、一九九一年三月)、市村高男「中世東国における内海水運と品川湊」(第一〇号、一九九五年三月)を経て、稲本紀昭他「〈座談会〉中世太平洋海運と品川」(第一三号、一九九八年三月)で複数の研究者を糾合して広範な視点が示された。更に柘植信行「品川の中世史研究の現在―特別展「東京湾と品川―よみがえる中世の港町―」を開催して―」(第二四号、二〇〇九年三月)で一定の研究到達点が提示された。柘植氏を主軸とした中世品川研究は、前面に海洋を控えこれに立脚して海運業等で栄えた港湾都市品川、また都市形成に大きな一面を投じた寺院群について解明したことに特徴がある。正に近世都市江戸の先蹤とも言うべき、この地域の持つ性格を明らかにしたのである。

Bの中核は、葛飾区郷土と天文の博物館(一九九一年七月開館)であり、同館の谷口　榮氏が主導した一連の仕事である。谷口氏が専門とする考古学に止まらず、文献的な知見も踏まえ一九九三年十月、展示と共に図録『下町・中世再発見』が刊行された。これに伴い開催されたシンポジウムは『東京低地の中世を考える』(一九九五年三月、名著出版)と題する論集としてまとめられた。これを皮切りに展示図録を含めた次のような成果が続々と発表された(ただし、古代に関する書籍は割愛、なお同館刊行分は刊行者名を省略)。

『地域の歴史を求めて―葛西城とその周辺―』(一九九六年十二月)
『葛西氏とその時代―葛飾区郷土と天文の博物館地域史フォーラム―』(一九九七年十二月、崙書房)
『葛西城―中世の暮らしと戦を知る―』(一九九九年三月)

『埋められた渡来銭―中世の出土銭を探る―』(二〇〇〇年十月)
『葛西城とその周辺―葛飾区郷土と天文の博物館地域史フォーラム―』(二〇〇一年五月、たけしま出版)
『源頼朝と葛西氏―鎌倉御家人葛西氏の足跡―(開館一〇周年記念特別展)』(二〇〇一年十月)
『鎌倉幕府と葛西氏―地域フォーラム・地域の歴史をもとめて―平成十三年度特別展』(二〇〇一年十二月)
『鎌倉幕府と葛西氏―地域フォーラム・地域の歴史をもとめて―』(二〇〇四年五月、名著出版)
『親鸞と青砥藤綱―東京下町の歴史伝説を探る―平成十七年度特別展』(二〇〇五年十一月)
『関東戦乱―戦国を駆け抜けた葛西城―平成十九年度特別展』(二〇〇七年十月)
『秩父平氏　葛西清重とその時代』(二〇〇九年十一月)
『葛西城と古河公方足利義氏』(二〇一〇年五月、雄山閣)
『秩父平氏の盛衰―畠山重忠と葛西清重―』(埼玉県立嵐山史跡の博物館と共編、二〇一二年五月、勉誠出版)
『太日川の中世―平成二十五年度地域史フォーラム―』(二〇一三年九月)

右のとおりほぼ一、二年置きの間隔で特別展やシンポジウムを開催の上、近隣資料館・博物館専門職員や関係分野の研究者を糾合し、図録や成果論集を刊行し、本章冒頭に述べたような従来からの地域史観に大きな問題提起を今もし続けている。以上、葛飾区郷土と天文の博物館を拠点とした谷口　榮氏の研究は、中世前期は秩父平氏の流れを組む伝統的武士団葛西氏、後期は地域の政治支配拠点であった葛西城を主要テーマに展開されており、勢力的に江戸から東京にわたる「下町」という表層に覆われた近世・近現代の面紗を剝し、前近代江戸周辺地域の歴史像に迫るものである。

次にCでは、豊島区立郷土資料館(一九八四年六月開館)を拠点とした中世豊島氏研究会によって研究が推進された。

平安末から戦国期にわたる豊島氏関連の資料の全国的な収集と集成に努めた。結果、『豊島宮城文書』(一九八八年三月)を筆頭に、全四巻の『中世豊島氏関係資料集』の刊行につながった(『中世豊島氏関係資料集』二になる『豊島氏編年史料』Ⅰは一九九二年三月、同Ⅱは一九九五年三月、Ⅲは二〇〇三年三月)。

その勢いは旧豊島郡に属する近隣の板橋区等へ波及し、一九九七年十月には板橋区立郷土資料館(一九七二年七月開館)で特別展「豊島氏とその時代―中世の板橋と豊島郡―」が開催された(同名展示図録も刊行)。豊島区立郷土資料館もこれと連携し、板橋区立郷土資料館での会期終了後、同年十二月に企画展「豊島氏とその時代―中世の豊島区―」を開催した。両施設の連携展示に呼応して、同年十一月八・九日には北区・板橋区教育委員会・豊島区教育委員会が主催し、北区滝野川会館を会場として「豊島氏とその時代」をテーマとしてシンポジウムが開催された。その成果は『豊島氏とその時代―東京の中世を考える―』(一九九八年六月、新人物往来社)に結実した。

その後、北区飛鳥山博物館(一九九八年三月開館)では二〇〇六年十月に、平成十八年度秋期企画展「遠くと近くの熊野―中世熊野と北区展―」(同名図録も刊行)を開催し、北区を中心として中世豊島郡に展開した熊野信仰を紹介した。直近では、台東区教育委員会が区域の中世(江戸氏や武蔵千葉氏、太田道灌等)を主題とした文化財講座の記録集『中世の千束郷』(二〇一三年三月)を刊行している。

Dでは一九八七年十二月、当時筆者が担当として在職した足立区立郷土博物館(一九八六年十一月開館)で企画展「足立のあゆみ―古代・中世―」を開催し、既に戦国期葛西城攻防戦に関する一級史料として存在が知られていた本田家文書を初めて展示公開し、近世後期官撰地誌『新編武蔵風土記稿』から中世に属する記事を抽出する作業等を試みた(同名図録も刊行、一九八八年二月)。二〇〇一年十月には、すみだ郷土文化資料館他と隅田川という河川を舞台に、古代から中世足立郡と葛西西部の地域史を主軸に共同で特別展「隅田川流域の古代・中世世界―水辺から見る江戸・

東京前史―」を企画、開催した（同名図録も刊行）。

右のような動向に連動し、学界でも江戸東京をテーマにした大会が設けられている。二〇〇二年十月十九・二十日、地方史研究協議会第五三回大会が立教大学を会場として、「大都市周辺の史的空間―江戸・東京北郊地域の視点から―」をテーマに開催された。江戸北郊地域の中世について今野慶信氏が「武蔵国豊島郡における武士の成立と交通・開発」を、加増が「領域と霊域―中世入間川流域と女性往生伝説―」を各々報告した。その成果は論集『江戸・東京近郊の史的空間』として、二〇〇三年十月に雄山閣から刊行されている。この大会については、「今大会の特徴として、地域博物館・資料館、あるいは教育委員会に所属するものだけが報告者として立ったことがある。（中略）今回は地域に密着して、その地域の歴史を地域住民に伝える役目をもった方々が報告者であったことは、趣意書でも述べたが、近年博物館が自治体の枠を越えて、共同展示などをおこなっていた地域であるがゆえのことであろう。地方史研究協議会の根本理念から考えても意義深いものがある」と「第五三回（東京）大会の記録」（前掲『江戸・東京近郊の史的空間』、小松寿治氏執筆）で主催者側は述べている。

博物館・資料館の調査研究・教育普及活動が、当該地域を対象にした自治体史編纂事業の中世地域史において、新たな知見を加味したことは言うまでもない。

Cにおいては、『北区史』が資料編古代中世1・2（一九九四年二月、一九九五年三月）および通史編中世（一九九六年三月）として刊行された。『板橋区史』もやはり資料編2古代・中世（一九九四年三月）と通史編上巻（一九九八年三月）を備える。いっぽう『台東区史』は通史編1（一九九七年六月）だけの刊行である。Bの『江東区史』も同じく通史編上巻（一九九七年三月）のみである。以上の自治体史、特に中世該当巻には前述の諸業績に関与した近隣博物館・資料館関係者の多くが執筆に参加し、教育普及活動の過程で得られた知見を、中世地域史叙述に遺憾なく反映させている。一九八〇年代後半から始まる東京都区部中世地域史研究は、一九九〇年代を以て一定の到達点に達した感がある。

なお右の四地域とは離れるが、東京の中世地域史研究では武蔵野台地上における比田井克仁氏の業績『伝説と史実のはざま―郷土史と考古学―』（二〇〇六年十一月、雄山閣）も忘れてはならない。比田井氏の勤務する中野区域を対象地に、専門の考古学を手法とした伝説の消長に注目し、歴史的な事実と伝承の関係を時間軸によって整理、説明する作業を行った。具体的な素材としたのは、地名・合戦・居館・村落・長者等、全国各地に同様に存在する前近代の事象に関する伝説である。

以上のような資料館・博物館活動、自治体史編纂事業とは別に、文化財保護事業では中近世を貫く庚申信仰の造塔、所謂「庚申塔」という石造物の各種調査成果を糾合、再編成する連携事業も見られた。具体的に言えば北豊島・南葛飾・南足立の近代旧郡に属する東京一三区の文化財担当者が「特別区庚申塔共同調査チーム」を構成し、庚申塔の既成データを核に一三〇〇基余の資料を編年順に収録、網羅して「東京東部庚申塔データ集成」と題し、『文化財の保護』第四三号（二〇一一年三月、東京都教育委員会）誌上に発表したことである。これによって旧来から一部研究者の間で言われてきた十五世紀後半から出現する庚申信仰に伴う造塔が、東京北東部中世入間川下流地域から始まるという仮説を証明した。一九八〇年代後半以降続く、東京都区部における中世地域史研究の一翼を担った作業と言えるであろう。前述の四地域のうち、ＢとＣおよびＤが連帯して中近世を貫く、信仰と結びついた造塔習俗を広域的に俯瞰した調査である。

以上、「水域」という地勢に拠って、時に独自に、時に連携して中世地域史研究を推進してきた四地域の活動を整理すると、A地域からC地域の活況に比して、D地域の足立郡南部地域はまだまだ研究途上にあることは否めない。前述の自治体史刊行の潮流にあっても、旧足立郡に属する足立区には新『足立区史』編纂刊行の動きは出現しなかった。かろうじて筆者が前述の趨勢の中で少しずつ発表した拙稿群を二〇一三年九月に『戦国期東武蔵の戦乱と信仰』(岩田書院)という書名を付して刊行したのみである。中世後期、なかんずく戦国期のDについては前著で詳述したつもりである。Dの出遅れは、ひとえにこの地域で中世地域史を専攻する筆者の力量不足に原因がある。加えて旧足立郡は近代以降、現東京都足立区は南足立郡として東京府域に編入され、北半分は北足立郡として埼玉県域となった。そのため都県の枠を越えた行政上の連携を埼玉県側の旧足立郡域市町村と模索し辛かった状況がある。

Dおよびこれに隣接する地域を扱う本書は、当該地域の中世前期の関連史料の希薄さもあるが、政治支配史以外の局面、具体的には信仰・伝説・地名を切り口に地域史に分け入ることにより、当該地域の研究の遅れを補完したい。加えて当該地域にあって三つの視点は、中世だけで完結するものではなく、近世をも射程に入れた行論が必要であり、近世冒頭から当地域の歴史が時を刻み始めたという前述の「誤解と偏見の歴史観」に歯止めを掛けることができるのである。

本書は三章から構成した。第一章では地域に史資料が残存する中世の信仰について取り扱った。具体的には中世の荘郷や村落という単位で保持・祭祀された経典である大般若経が近世領へ如何に継承されたかを追った、時衆の遊行拠点と源氏伝説の唱導の問題、神仏習合資料である懸仏、そして本地域が初発期を扼す庚申信仰の中近世にまたがる造塔についても言及する。第二章では、水域という本地域固有の地勢を背景にして発生した伝説について論究する。伝説とは主に江戸六阿弥陀・梅若丸・石枕という中世に濫觴し近世以降、大都市江戸の市民に馴染み深いという以上に、己が生活圏の歴史観を形成した悲話や怪異譚である。加えて中世に発祥を求める、近世宿場町内部の由緒形成にも考察を及ぼす。第三章は当該地域の地名のうち、「隅田宿」、「石浜」をはじめ、中世から近世にその解釈が大きく変貌した「関屋の里」という足立郡南端周辺の三地名に注目し、歴史地理的な考察を加える。

東京都区部の中世地域史研究は、残存した史料の制約は言うまでもないが、これらの研究は既に重厚な成果として学会の認知は言うに及ばす、生涯学習素材として地域史を学ぶ人々にも享受されている。ではなぜ冒頭で慨嘆した「徳川江戸創始史観」の幻想を粉砕することができないのであろうか。筆者なりの答えは、近世への連続性の模索が積極的に図られていないからであると考えるのである。本書は各々成功を収めている前述A・B・Cの三地域の後塵を拝しつつも、これらの地域史研究では未着手である近世を射程に入れた中世地域史を論述し、多角的な視野を以て、東京北東地域の中世に由来する歴史像に迫ってみたい。その作業によって「徳川江戸創始史観」に直接曝され続け、断絶が自明とされた地域の中世が、実は近世に通底する姿の一端を復元できればと願っている。

第一章　在地が抱く信仰空間

第一節　経巻に護られる小天地
―大般若経と地域鎮守―

はじめに

「南無大般若波羅蜜多経第〇〇巻、大唐玄奘三蔵法師奉詔訳、パラパラパラ…、パンパン…、パンパン…、南無大般若波羅蜜多経……。」

春とは言え、まだ余寒のする寺の本堂の緊張を破るかのように読誦の声、経巻を滑らかす音、そして叩く音がいく度も木霊して行く。東京の北東、足立区でも東限の中川に面する大谷田一丁目常善院では、毎年三月二十八日に大般若経転読会（以下「転読会」）が今に受け継がれている（写真3）。表題だけとは言え、六〇〇巻一具の大般若波羅蜜多経（以下「大般若経」）を、収納されている箱から引き出して唱え、折本を滑らかす所作を繰り広げるのでかなりの時間を要する。常善院では近隣寺院の住職方の助力も得て、複数名の僧侶方で分担して転読を繰り広げていく。

常善院で転読される大般若経は、巻第一の序文・跋文によれば、当該期の住職密禅が天明五年（一七八五）に購入を発願し、同八年に六〇〇巻全巻が揃った来歴を持ついわゆる鉄眼版という近世に盛んに流布した摺写経である。

以前、住職関根眞教師に伺ったところ、かつて転読会では転読と共に、経巻を経櫃に込めて担い棒で担いで村の中を巡回した（以下、廻村行事は「ダイハンニャ」と別途に呼称する）。この役目は専ら若者のようで、辺りを一巡する頃

写真3　転読会(東京都足立区常善院　2015年3月28日　撮影 関口崇史)
＊使用する経巻は足立区登録有形文化財(典籍)。

にはすっかり道々での振る舞い酒も回り、寺に返すはずの経櫃を近くの中川の土手の下に隠すなど、多分に茶目っ気を含んだ村の行事だったようだ。その後、大きな道路ができたことなどで経櫃巡回も儘ならなくなり、昭和三十年代、この風習は途絶えた。行事終了後は、寺から新しく刷られた大般若経札が参加者に配られる。貰い受けた経札は、玄関などに掲げて家族の一年の無事を祈る(写真4)。

写真4　経札(東京都足立区常善院配布)

一　大般若経とは何か

大般若経が遠くインドからもたらされた物語は、孫悟空と三蔵法師の物語『西遊記』として著名である。冒頭に挙げた「大唐玄奘三蔵法師奉詔訳」の経巻表題からも分かるとおり、中国唐代の僧玄奘三蔵が原典を遥々インドから中国に招来、漢訳したものが更に海を越えて日本に伝えられた。文献史料に初めて登場するのは、大宝三年(七〇三)三月十日に四大寺で転読が行われたとする『続日本紀』の記事である。古代にはこの経典法要は国家安泰、五穀豊饒、天変地異の除災、追善と算賀、異国降伏、神前法楽等々を目的として国家(大寺院)や皇族・貴族の年中行事になっていた。

中世を迎えると共に、村落の虫払い、祈雨等の目的も加わった(1)。この経典の中世地域社会への浸透度は、伊賀国黒田荘鎮守社の浄行僧たちが、荘園領主である東大寺に大般若経を備えることが荘郷鎮守の資格であると勧進を訴えていることからも分かる(2)。荘園や郷村鎮守で必携の経典と認識された。近世では鉄眼版等、版経の刊行で普及度を増した。近年、大般若経については、滋賀県や奈良県で、全県規模の分布調査や報告書刊行が行われるなど、研究が積み重ねられつつある(3)。ただし、近畿地方以西に比べ、東国と呼ばれた地域の研究は余り進展していない。中世成立の大般若経の悉皆調査と報告の代表的な事例には千々和到編『寿福寺の大般若経』(4)がある。本節は、東国のある鎌倉・室町期荘園や戦国期国人領主等に伝えられた大般若経を主な材料に、これを保持した中世人の空間意識や維持再生活動、そして近世から近代にまで盛行した廻村儀礼＝ダイハンニャについて紹介・考察したい。

二　大般若経と不可侵空間

大般若経には古代以来、前述のように国家安泰等の効果促進と天変地異の除災等の災厄軽減の二面的な効能が期待されてきた。その普及度と共に、内なる物の維持安泰と来襲する異なる物を撃退し、特定空間の不可侵を保つ呪術的な効能への期待が高まった(5)。

戦国期国人領主の領域防衛と密接に絡んだ事例を紹介しよう。現在の埼玉県さいたま市にある氷川女體神社（中世には単に「女体社」と呼ばれていた。以下「女体社」という）には、正慶二年（一三三三）から永禄六年（一五六三）にわたって書写奉納された大般若経が伝来する(6)。

当初、この経典は性尊という僧侶が、河越氏一族の安穏を願って書写を発願・奉納したものであった(7)。本来は六〇〇巻一具であるが、性尊の独力では完成しなかったようである。性尊が生きた鎌倉末期から二〇〇年強を経た戦国末期、河越無量寿寺住僧と思われる良芸等により欠巻分が書写された。

女体社の大般若経がその威力を期待されたのは、ちょうど良芸等により補充書写が実施された時期である。つまり六〇〇巻の完全無欠の状態にしておく必要性が生じたのであろう。当時、南関東には後北条氏が、北武蔵や下総へ勢力を伸張しつつあった。埼玉郡岩付（さいたま市岩槻区）を拠点に、埼玉・足立郡周辺を支配していた太田資正は、状況の変化に呼応して後北条氏と同盟と離反を繰り返していた。永禄三年には、長尾景虎（上杉謙信）が越後から三国峠を越えて関東に来襲した。その機に乗じた太田資正は、後北条氏に反旗を翻す。北条氏康はその掃討のため、永禄四年から六年にかけて太田氏の支配領域に侵入を繰り返した。

写真５　氷川女體神社社殿（埼玉県さいたま市）
＊埼玉県指定有形文化財（建造物）。

その危機回避のため、太田氏護持僧であった河越中院の奝芸《ちょううん》は、女体社の大般若経を転読という飛ばし読みではなく、経巻全体を通して読誦する真読を盛んに行った。女体社の大般若経の各巻の末尾には、奝芸が敵退散のために真読の修法を行ったことを記す識語が見受けられる。これによると北条氏康の動向が、日付つきで記録されている。奝芸が残したこの備忘書は、従来、この地域の軍事的な緊張を説明する史料として引用されてきた。しかし、この識語には氏康の動きと合わせて、何カ所かの地名が記されていることには余り注目されて来なかった。

その地名とは、水判土《みずはた》（さいたま市）・足立（東京都足立区）・篠目（埼玉県戸田市）・蕨（埼玉県蕨市）・葛西口（東京都葛飾区）・松山（埼玉県東松山市）である。奝芸は、これらの地点に北条氏康の軍勢が姿を現すと同時に大般若経を真読した。つまり以上の各地を結び囲んで形成される範囲が、太田資正の支配領域を維持するための防衛限界であった。当然、領域の中核は、岩付城で

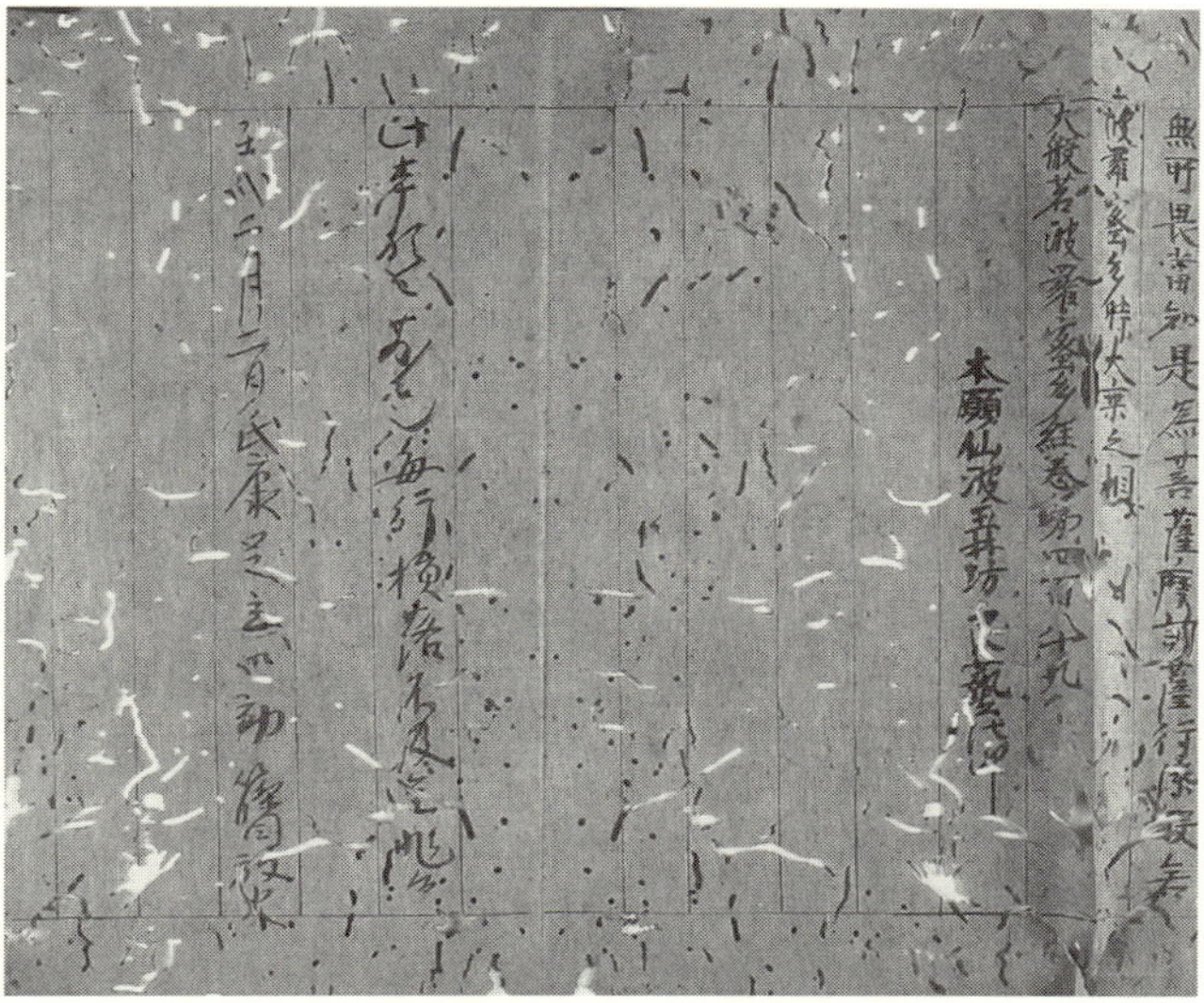

写真６　大般若経巻第四八九 巻末（所蔵 氷川女體神社）
＊他の経典や経櫃・請箱と共に埼玉県指定有形文化財（典籍）。

あった。巻第三二識語によれば、脩芸は同城中でも真読を行っていた。脩芸はその防衛線の内側に敵が侵入しようとするのに呼応して、真読の修法を行って敵退散を祈願した。翻って言えば、この防衛限界は女体社の大般若経の法力が効果を発する範囲であったのである。(8)

大般若経の霊験が空間認識と不可分に中世人に観念されていたことは、違う面からも窺うことができる。『太平記』巻第五(9)には奈良般若寺で鎌倉幕府方の追手に包囲された護良親王が、大般若経を収納する経櫃の中に身を潜めて危機を脱したことが語られている。(10)大般若経はその存在単位（一具六〇〇巻）ごとに、一定の不可侵空間を形づくって、その内側の安全を保障するという観念が普及していた。そして荘園や郷村の鎮守社は大般若経を備え、在地の不可侵空間の中核とした。

三　荘園鎮守と大般若経

続いて中世地域社会の単位で、大般若経が具備される過程を筆者の調査した荘園鎮守の例で説明したい。東京都に境を接する埼玉県南部の川口市は、既に東京の一部といった感があるほど都市化が進んでいる。住宅が密集する川口駅周辺を離れ、六キロメートルほど北東に行ったところに峯という地区がある。ここには峯ケ岡八幡神社という数百年の樹齢を保つ銀杏が拝殿前に屹立する古社がある。その東隣りの新光寺（天台宗）は、明治の神仏分離以前は峯ケ岡八幡神社別当寺院であった。安行の台地から、崖下に東京低地を望む静かな環境に佇むこの古社と古刹こそ、中世荘園矢古宇郷の存在を今に偲ぶ数少ない縁なのである。

矢古宇郷には、領主である鶴岡八幡宮から荘園鎮守として八幡社が勧請された。それが峯ケ岡八幡神社と新光寺である。ただし峯ケ岡八幡神社は近世には谷古田八幡宮と呼ばれたが、中世の社名は不明である（後述する新光寺所蔵大般若経巻第五六九跋文には「峯村八幡宮」という記述もあるが、他に所見の累積がなく正式社名と断定できない）。現在は峯ケ岡八幡神社と新光寺は各々独立している。今回は神仏分離以前の一体であった時代について述べるので、以後は「八幡社」という呼称で行論する。

新光寺には現在、中世に八幡社で書写された一〇六巻分の大般若経が伝えられている（他の所蔵文書と共に川口市指定文化財〈典籍・古文書〉新光寺文書、同市教育委員会に寄託(11)）。完全な状態の約六分の一の量であるが、この大般若経は矢古宇郷と不可分な形で成り立ってきたものなのである。八幡社の大般若経が書写された時期は、大きく三つの画期に分けることができる。第Ⅰ期は十四世紀後半から十五世紀初期、第Ⅱ期は十六世紀中葉、第Ⅲ期は十八世紀前半である。つまり八幡社の大般若経は断続的ながら中世のみならず、近世まで在地で書写と奉納が続けられていた。

次に矢古宇郷の成立と変遷について整理しておく。既に述べたように源氏の氏神、鶴岡八幡宮が同郷の荘園領主であった。鶴岡八幡宮領になった端緒は、承久三年（一二二一）に北条義時が矢古宇郷を寄進したことにあった。その背景には、同年に起こった後鳥羽上皇の朝廷軍と鎌倉幕府軍が決戦した承久の乱がある。執権北条義時は、戦勝祈願の

写真７　峯ケ岡八幡神社社殿（埼玉県川口市）

ために鶴岡八幡宮に矢古宇郷を寄進したのである。

宝治元年（一二四七）には、矢古宇郷内から上がってくる収益のうち鶴岡八幡宮別当への配当分を、同宮で行われる不断大般若経転読という行事を賄う費用に当てたことがあった。矢古宇郷は、鶴岡八幡宮という鎌倉幕府にとって最も重要な寺社を下支えした荘園であった。正応五年（一二九二）、矢古宇郷田畠は、鶴岡八幡宮を構成していた二五の僧坊に籤引きにより分割支配されるようになる。

その後、約一世紀の間、矢古宇郷と鶴岡八幡宮に関する史料は、もともと記事としてあったものが、途中で失われた可能性はあるが見当たらなくなる。結果的に一括管理から僧坊ごとの分割管理にして収益を貢納させる方法が、鶴岡八幡宮に支配の安定をもたらしたのであろう。ただし、矢古宇郷農民にとっては、地域が細かく分割化され徹底した年貢収奪を受ける結果となった。

約一世紀にわたる安定を経て、矢古宇郷に紛争の兆しが見え始めたのは、応永元年（一三九四）十一月のことであった。『鶴岡事書日記』[12]によれば、鶴岡八幡宮から矢古宇郷に派遣されていた荘園経営の現地担当者の公文に、浮役負担の未履行分を早く農民に弁済させるように通達があった。翌年にも再び命令が繰り返された。応永四年十月には、年貢不足が鶴岡八幡宮で問題視された。以前の浮役未進の一件も絡んでのことであろうが、翌五年六月、荘官としての能力を疑問視された公文の解任が鶴岡八幡宮で協議された。また同年八月、矢古宇郷内で耕作していた青戸入道という者が、堰免という負担を未納したため、領主である鶴岡八幡宮に召喚されている。結局、青戸入道は耕地を没収されたうえ、未納分の堰免を完済することを鶴岡八幡宮から命じられた。

応永年間に生じた以上の事件は、荘園領主である鶴岡八幡宮から矢古宇郷に課せられていた様々な役を滞りなく負担することを怠けるという消極的な抵抗であった。しかし、更に半世紀を隔てると、鶴岡八幡宮と矢古宇郷農民の対立は、新しい局面を迎えた。『当社記録』[13]によると、寛正二年（一四六一）十一月、郷内には鶴岡八幡宮から荘園を管理するために派遣されるはずの代官が不在になっていた。そんな状況下、翌三年四月には、神保内匠助という全く矢古宇郷と縁のない人物が、この役目を買って出たいと鶴岡八幡宮に名乗りを上げた。これに対し、矢古宇郷内で耕地を経営していた名主は反対を唱え、一度は勇んで名乗り出た神保も身を引かざるを得なかった。同年七月になると、鶴岡八幡宮では夏麦貢納の催促を口実として、使者を矢古宇郷に派遣した。しかし、名主や地下の反対に遭い、得るところなく帰還した。同年八月、鶴岡八幡宮は武蔵豊島氏一族と推定される板橋某を矢古宇郷代官に任命した。これに対して農民は抵抗を試みたが、板橋某は一人の農民のところに強制的に入部するという暴挙に出た。九月二十九日に鶴岡八幡宮にもたらされた板橋の注進状によれば、郷百姓等が逃散してしまったことが報じられた。

以上は、鶴岡八幡宮に残された『鶴岡事書日記』および『当社記録』に記録された事件経過である。ただし、それ以降の関連記事がなく、残念ながらことの成り行きは不明である。同じく鶴岡八幡宮領で隣接する佐々目郷（埼玉県

表１　大般若経書写事業と矢古宇郷・谷古田領の動向

年代	書写事業の画期	矢古宇郷・谷古田領をめぐる動向
1200		1221　鶴岡八幡宮に寄進される
		1292　二十五坊の分田支配が開始される
1300	第　Ⅰ　期	1394～98　年貢未進問題が発生する
1400		1461・62　農民闘争が激しくなる
1500	第　Ⅱ　期	1561～63　後北条氏が足立郡周辺に侵攻する
1600		1638　葛西小松正福寺の永盛が、僧形八幡坐像を修理する
1700	第　Ⅲ　期	1755「般若経勧化縁由」で勧進が行われる

戸田市およびさいたま市）共々、中世東国の農民闘争として歴史上、非常に有名である。[14]

八幡社で大般若経が書写され始めたのは、二十五坊による矢古宇郷の分割支配の方式が始まった正応五年から六〇年余を経た文和三年（一三五四）のことであった。今に伝えられているこの時期の経巻を年代別に並べると、文和三年に続いて、貞治五年（一三六六）、永和五年（＝康暦元年・一三七九）、永徳三年（一三八三）、康応二年（明徳元年・一三九〇）、応永十二年（一四〇五）の順に書写された経巻が残されている。これらの経巻を自ら筆を執って筆写したのは、明圓・同妻・秀覚・覚尊・秀範・秀圓という法名を持つ者や女性であった。以上の人々がどのような経緯で大般若経の書写作業を開始したのか、詳しい背景は不明である。

しかし、法名に注目すると、共通の文字を継承していく傾向が見える。つまりこれらの人々は、法弟関係にあったことが推定できる。これと同時期、貞治五年には矢古宇郷の朝覚という人物が、鎌倉宝戒寺で僧侶になる灌頂を受けている。[15]この朝覚も、「覚」という法名の一字に注目すれば、大般若経を書写した人々と極めて関係の深い人物であり、矢古宇郷から鶴岡八幡宮を中心とした鎌倉仏教界に出向いて僧侶になる儀礼を受けたことが推察できる。状況から見て、明円以下の人々は鶴岡八幡宮を勧請して矢古宇郷に創建した鎮守社（つまり八幡社）の祭祀を司った社僧であろう。また第Ⅰ期の最後には、八幡社だけでなく近隣芝郷（埼玉県川口市）の良圓や林泉という人物も大般若経書写を行っている。

大般若経巻尾には、その経巻を新たに書写した動機が写経者によって記されることがよくある（跋文）。それによって写経者の置かれていた環境や宗教的な動機が見えてくる。八幡社の大般若経の草創期＝第Ⅰ期の背景も跋文中に手掛かりを探ってみよう。第Ⅰ期の九巻ある経巻には、災厄や戦乱の回避は願意として見えていない。この段階の書写の動機は、巻第四七〇「奉為当社八幡威光倍増為求法成就…」（写真8）、つまり八幡社の宗教的な権威が高められる

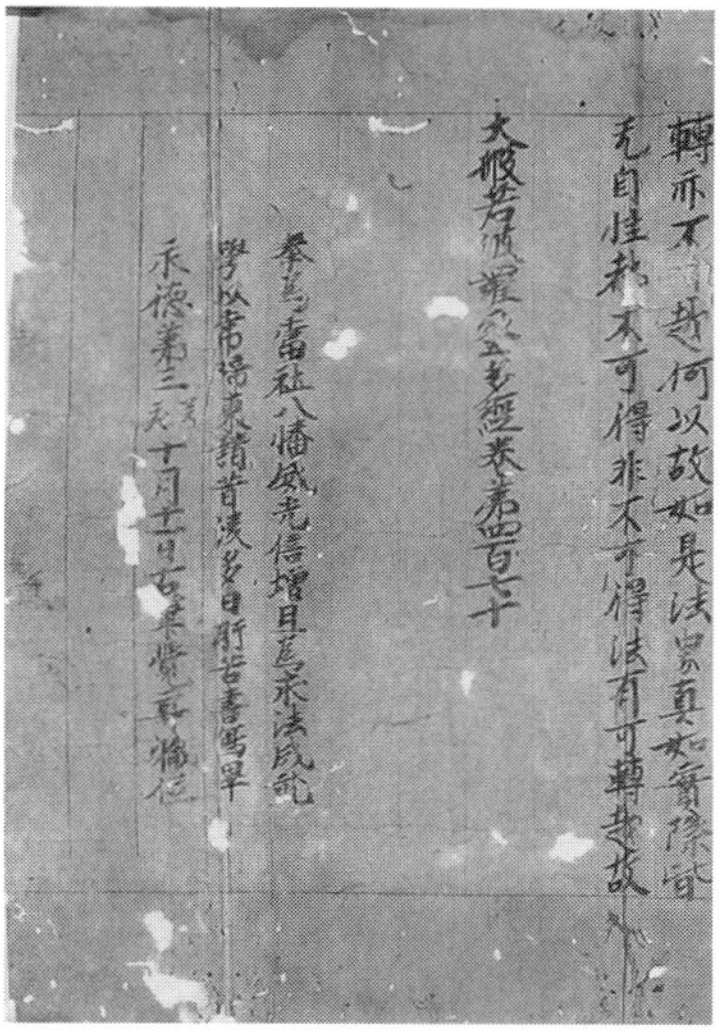

写真8　大般若経巻第四七〇 巻末
（所蔵 埼玉県川口市新光寺）

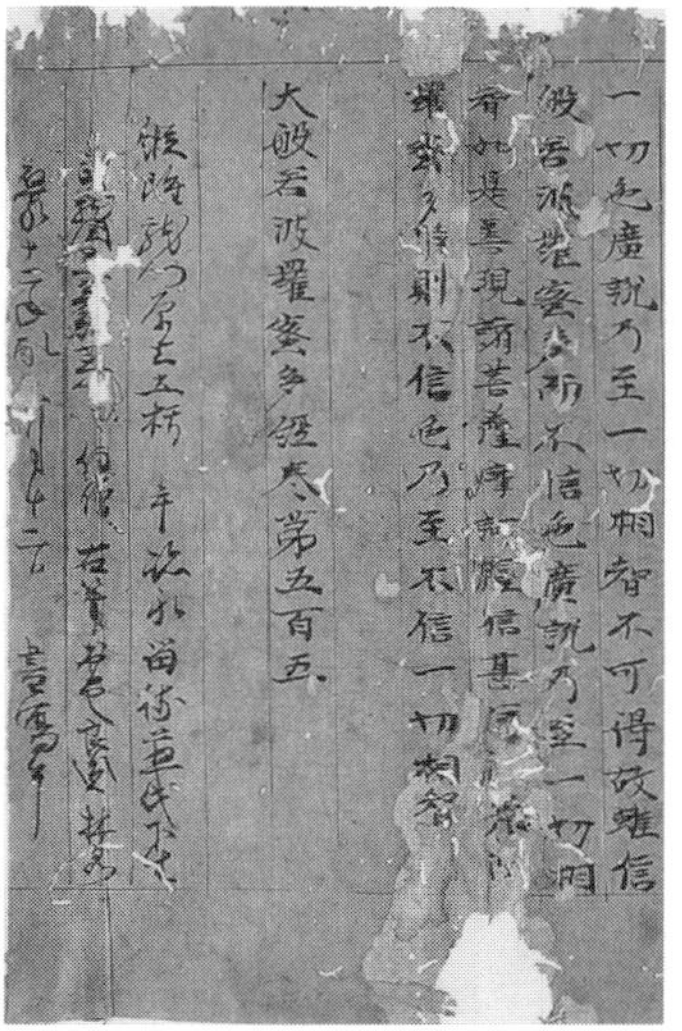

写真9　大般若経巻第五〇五 巻末
（所蔵 埼玉県川口市新光寺）

＊他の経典や古文書と共に、新光寺文書として川口市指定文化財（典籍・古文書）。

ことを期待しての発願であった。まさに大般若経を保有することが、鎮守社の霊験を増すものと考えられていたのである。

ただし、同じ第Ⅰ期でも終わりに書写された巻第五〇五には「縦雖龍門原上土朽、手跡永留待慈氏下生」（写真9）という、難解な跋文が記されている。「たとえ後世に自分の名は残らなくても、自ら書写した経典を未来永劫に止めて弥勒菩薩がこの世に出現するのを待ちたい」と、これを書いた良圓と林泉は心境を述べている。巻第五〇五は巻第四七〇に比べ、末法的・厭世的な意識下に書写された。

残された資料数が極めて限られており、これを以て全体の傾向とするのは危険であるが、幸いにも現代に伝えられた経巻と矢古宇郷の動向から次のようなことが想定される。

第Ⅰ期とした十四世紀後半から十五世紀初期の写経を並べてみるとある事実が浮かび上がってくる（表1参照）。第Ⅰ期写経は、矢古宇郷に鶴岡八幡宮二十五坊の分田支配が実施された十三世紀末期と、浮役未進の問題が発生する十四世紀末の間にその大半がなされている。後になって役負担や年貢をめぐって、領主と在地農民の間で紛争が頻発した経緯を見れば、約一世紀にわたって鶴岡八幡宮側に矢古宇郷関連の記録が無いことは、偶然と言うよりも鶴岡八幡宮側にとって矢古宇郷支配が安定したものであったことを意味しているのではないだろうか。この他にも多くの経巻が書写されたであろうが、たまたま残された経巻だけを見ても四十年程の間に集中的に大般若経が書写され、八幡社に奉納されている。

つまり第Ⅰ期は、鶴岡八幡宮による矢古宇郷支配の安定期で、この間に同郷鎮守社に宗教的な必需品としての大般若経を備える活動が開始されたのであろう。第Ⅰ期は正に「当社八幡威光倍増」が、大目標の時期だったのである。その延長線上で考えると、巻第五〇五の末法の雰囲気を秘めた跋文は、その十年程前から問題が目立ち始めた領主鶴岡八幡宮と矢古宇郷や近隣佐々目郷農民の対立から来る在地の緊張した空気の一端を発露している。

四　再生・維持される大般若経

再び表1に戻る。第Ⅰ期からおよそ一世紀半の時が流れた永禄六年（一五六三）、巻第三二〇が書写されている。筆を執ったのは、「葛西住良誉」という人物である。この巻第三二〇が書写された戦国末期を第Ⅱ期と捉えておく。そもそも一巻しか残存例がないのに、なぜ一つの画期として設定するのかという疑問を持たれるかもしれない。また、本来はこのような状況では、この一巻分は当初から八幡社に奉納されたものではなく、後になって他所から流入した可能性も考えなくてはならない。

しかし、巻第三二〇が当初から八幡社に奉納するために書写されたであろうことを推定できる史料があった。八幡社には大般若経のほかに僧形八幡坐像という、像内に納入された中世を中心とした文書で従来から有名な仏像が伝来する（現在は峯ケ岡八幡神社所蔵）[16]。納入文書中、時代が最も新しいものは、寛永十五年（一六三八）に書かれた「永俊等納入文」である。永俊はおそらく天台改宗（寛永十八年に江戸寛永寺〈天台宗〉の直末寺になる）以前の最後の八幡社別当ではないかと推測される。この納入文は、僧形八幡坐像を修理した際にその記録として像内に納めたものでる。永俊の他に永盛・永運・永慶が、永俊の「三兄弟」として名前を連ねている。彼等「三兄弟」の所属も記されているが、永盛には「葛西小松正福寺住」とある。永運は近隣の青木村安楽寺、永慶は新光寺と銘記されている。この「三兄弟」という文言は、納入文に連署した四人の血縁関係を示すのではなく、宗教上のつながり（法弟関係）を意味し、その属する葛西小松正福寺もこの時代の八幡社と密接な関係にあった寺院であると推定される。その点、さかのぼって応永五年に同郷内で堰免を未進した青戸入道も、恐らく本貫は葛西青戸であり、中世後半を通じ、矢古宇郷と葛西の結びつきが推察できるのである。

以上、寛永年間に新光寺と葛西小松正福寺が、法統上で関係があったことを踏まえると、七十年余以前の永禄年間の巻第三二〇を書写奉納した良誉も、法統関係を結んでいた葛西小松正福寺に連なる僧侶であった可能性が出て来る。なお、跋文が無いため断定はできないが、書写された年代の不明な巻の中には、巻第三二〇の良誉の筆跡と同一と思われる経巻も見受けられた。恐らく第Ⅱ期書写活動もかなりの規模を持ったものであったろう。また書写年代に触れれば第二項で述べたように、同時期の葛西は北条氏康と太田資正の攻防が繰り広げられた地域であり、良誉の大般若経書写も戦乱が背景にあるのかも知れない。

書写活動の第Ⅲ期が到来するのは、近世を迎えてからである。具体的に言えば、享保九年（一七二四）・十年であり、この段階の書写作業は、跋文が豊富なことから事業のあらましが分かる。因みに巻第一の跋文を左に掲げてみよう。

書写僧東奥南部瑞興禅寺隠居釈無□（着）
霊光当年七十有五歳謹拝書
南無般若会上十六善神加護　大川八郎衛門助力
享保九甲辰仲春吉祥日続書了

無着記名は右を含めて二二巻にわたり、範囲は巻一から四九九に及ぶ。現在残っているのは、先に触れたとおり完全状態の六分の一の量であるが、書写された巻名の範囲を考えると、この二カ年の作業は失われたり、破損していた分の経巻を一気に補完することを期したものであった。

第Ⅲ期の書写で特徴的なのは、事業主体が八幡社（近世の社名は「谷古田八幡宮」、別当寺院は「新光寺」と各々判明しているが、行論の一貫性を保つため、以下でも「八幡社」とする）ではないことである。書写を発願したのは、現存する経巻で明らかなのは二七名と二カ寺、一カ村であった。その居住地は一四カ所にのぼり、近世谷古田領（ほぼ中世矢古宇郷に相当）に限らず、近隣の舎人領舎人村（東京都足立区）や江戸にまで及ぶ。また願主とは別に、この書写作業には五軒の個人邸宅が作業場として提供されたのであった。

つまり第Ⅲ期の写経は、近世谷古田領を中心に、近隣農民や江戸にいた八幡社の信奉者が主体となって谷古田領鎮守である八幡社の什物大般若経を補充したのである。ただし、書写に直接従事した無着については履歴が右のように明記されているが、残念なことにこれ以上の追跡は不可能であった。彼が如何なる経緯で、発願者たちに招聘されて書写作業を始めたのか興味深い。

以上のように、八幡社の書写について三つの画期に分けて説明してきた。では近世の八幡社では、書写事業はどのような契機で始まったのであろうか。八幡社には、その点を明らかにしてくれる史料が一点残っている。

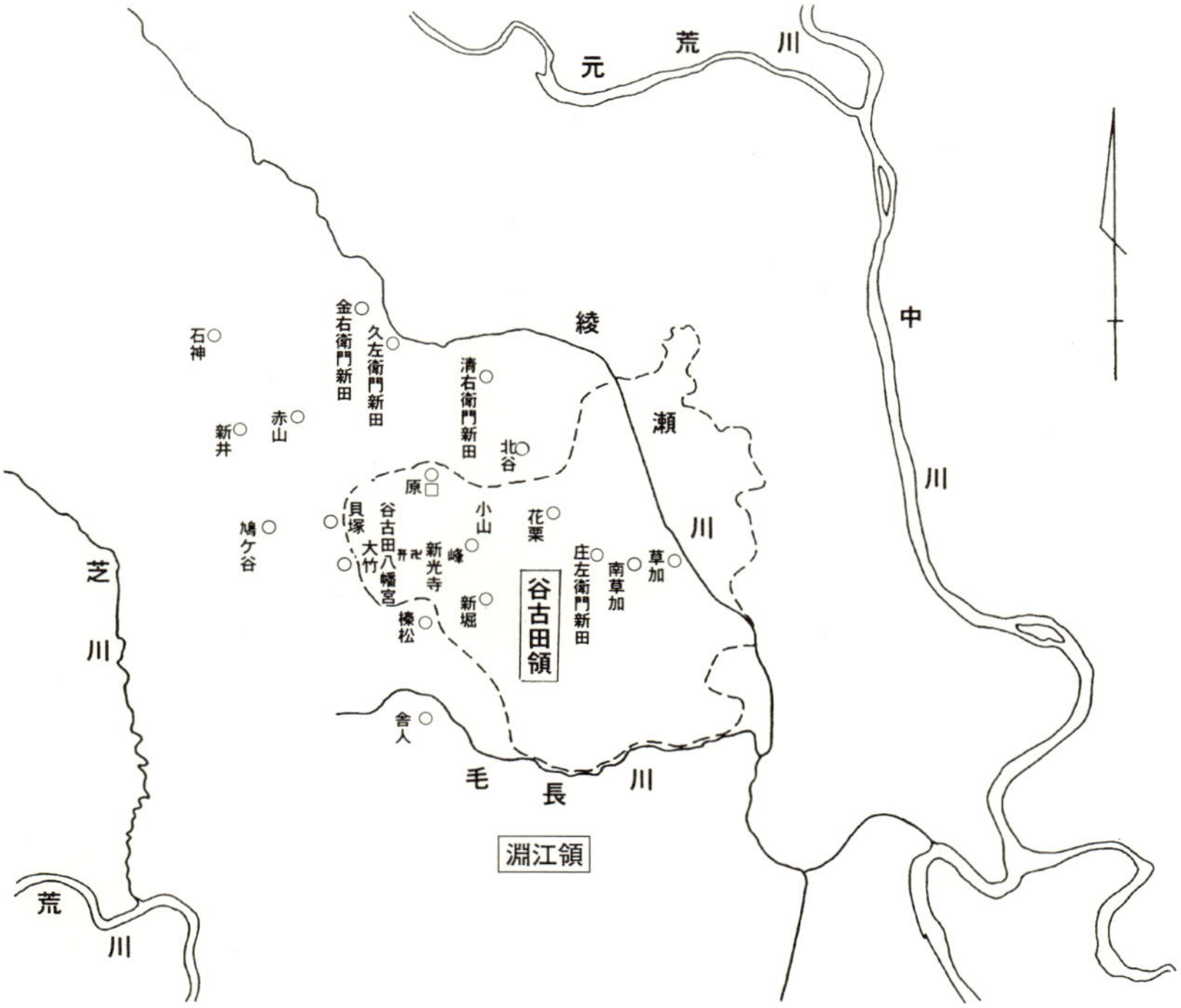

図3　近世谷古田領周辺で転読会に関わった村落

八幡社別当の諶融が、宝暦五年（一七五五）八月に認めた「般若経勧化縁由」[17]という記録がそれである。この年は、先に述べた享保の書写から、三十年余を過ぎた頃に当る。諶融は、八幡社の大般若経六〇〇巻が、鎮座の頃から幾名もの僧侶によって書写されてきたが、いつとはなしに破損し、四〇〇巻にも満たないものとなった。ただし、恒例の毎年四回の転読は疎かにすることはできないとしたうえで、「願わくばあらたに印本を以て勧行し、古巻は社殿に納めて永く神宝となさむ事を願ふ」と新たな書写を計画していることを述べている。最後に諶融は、「依て氏子の里俗、なを〳〵信心深く、其上他に有信の縁をもとめて補助募り、所願満ずるに至らば倍神徳四方に輝き、護国霊験の威力も、貴賤渇仰の頭にやどりたまはざらん」と結んでいる。

享保期の大規模な書写から三十年しか経過

していないものの、八幡社の大般若経は早くも欠損が大きな問題となっていたことが分かる。冒頭にも紹介した大般若会の様子を思い浮かべると分かるように、大般若経はかなり消耗の激しい経典であった。近世の八幡社と大般若経、および発願者の関係を整理すれば、欠損した経巻を補充するための勧進は八幡社、これを受けて経巻を奉納するのは発願者である谷古田領民と、大般若経を恒久的に維持するために役割分担がなされていたのである。

五　大般若経転読会と地域儀礼

八幡社と発願者の並々ならない苦労で維持された大般若経だが、続いてこの経巻が八幡社の宗教儀礼でどのような役割を果たしていたのか述べてみたい。幸いなことに、八幡社には安政七年（＝万延元年・一八六〇）にまとめられた「年中行事」（現在は新光寺所蔵）(18)という記録が残っており、近世後半の様子を垣間見ることができる。「年中行事」には、八幡社で執り行われた転読会について四件の記事を見出す。

まず一月十四日は、この段階では途絶えていたが、過去には転読会が催され、松本恵三以下近隣農民が参加したとある。なお、この日の行事を構成した人々は、享保期の書写事業の発願者の子孫や一族に当る。三月十五日には、大般若経櫃が八幡社のある峰村内を担ぎ廻られた。同時に災厄を除去する大般若経札が用意され、村内に大札一枚、小札八〇枚が配布された。後日、他の二カ村からも札配布の要請があった。六月十五日にも執行され、札の配布があったが、今度は八ツ切大の札が一五〇〇枚も用意された。三月十五日に比べて数が異なるのは、軒別に配布されたのと、個人が身に付けておくためのものの違いであろう。八月十四日にも転読会が行われた。以上、年間の転読会では経巻の転読に加え、経櫃の峰村内巡回と経札の谷古田領内配布が重要であり、大般若経の霊験を領内に普及する作業であった。

六　霊験を込める経櫃

経巻と共に、今後、調査事例の蓄積と考察が求められるものに、経典を保有する寺社に大般若経を収納するために奉納された経櫃の問題がある。

経櫃については、関東から遠く隔たった十六世紀末期の豊後国野津の某キリシタンに関連し、次のような逸話がある。戦国大名大友氏靡下で教名リアンという有力家臣の周旋で洗礼したある人物が、自宅近くに有していた寺院に祖父が都から招来した大般若経を保管していた。「日本の教えではきわめて貴重な書物(大般若経、筆者注)がいっぱい入った三つの大箱」があった。キリシタンに帰依したその人物は、ある日経典を一巻残らず大箱から出して焼却してしまったと宣教師フロイスは記録する。[19]ここに言う大箱は経櫃であり、大寺院の経蔵のような本格施設を除けば、地域社会の経典の収納は古来経櫃を主体としていた。経櫃がある種の霊験を連想させたことは、先述『太平記』中の護良親王の逸話に顕著である。

一九九六年八月下旬に調査した岐阜県下呂市(旧飛驒国)の祖師野八幡宮の事例を紹介しよう。養和二年(＝寿永元年・一一八二)勧請とされる同社には、巻尾跋文に年号が記された分だけでも十四世紀を中心に奉納された大般若経が今に伝えられている。長い年月の間、重複や断簡も出来てしまっているが、約六〇〇強の巻がある。[20]同社の大般若経は現在、蓋裏に永享六年(一四三四)の年号を記し、内部に経巻を段重ねに収納する経帙を備えた五合の経櫃に保存されている(写真10)。

写真10　経櫃（所蔵 岐阜県下呂市祖師野八幡宮）
＊「大般若経附経箱」として岐阜県指定有形文化財（書籍）。

氏子の方々のお話によれば、もともと六合あった経櫃の内一合は、過去に中味の経巻と共に近隣の寺社に貸し出したままになっている由である。大般若経の共同体間の貸借慣行を窺わせる事例としても興味深い。

各地で書写された大般若経は、六〇〇巻という膨大な数量からして当初から書写が完結して奉納された事例のほうが稀だったであろう。大半の書写活動は、先の新光寺経のように、寺社や在地民による勧進と奉納が長期にわたり継続されたものと思われる。そのような場合、経櫃の新調奉納が経巻奉納活動の一定の完了を示す什具として注目できる。祖師野八幡宮経では、永享六年が初めての奉納完了の年であったかは定かではない（それ以前にも六〇〇巻が揃った段階があったかも知れない）。いずれにせよこの年次が、同社にとって鎮守社必携の大般若経が全巻揃った記念すべき年であったことに違いない。

経櫃について、もう一つ踏まえておかなければならないことがある。それは民俗行事ダイハンニャとの関係である。言うまでもなくダイハンニャは、冒頭で紹介したように転読会の後、経櫃に収納した経巻を担ってムラを巡り、災厄抜いの経札を配布する行事である。先に述べた『太平記』の護良親王の逸話と同様に、民俗社会では大般若経櫃に攘災を司る呪力を認めていた。

つまり経櫃は、大般若経奉納完結を示す指標であるとともに、仏教行事である転読会が民俗社会の中にダイハンニャとして受容されていく過程を考える際に、大切な鍵となる容器なのである。

平安から鎌倉・南北朝、そして江戸時代と断続的に経典の保管が続けられた神奈川県川崎市寿福寺所蔵の大般若経[21]にも三合の経櫃が付属、伝来し「形状的には比較的古い形式と判断される」由で、経櫃両側面の笈脚に穿たれた「穴に紐のようなものを通し、経櫃を、担い棒を使って運んだ様子がうかがえる」という観察がある。この所見により「村の中を持ち運ぶ民俗儀礼がこの寺でも行われていたことを示す」という見解がある。[22]

先の祖師野八幡宮では、現在氏子の方々が知る口伝等でも過去に転読会が行われていたことは確認できなかった。ただし転読会執行に際し、大般若経を擁護するとされる仏神を描いた「十六善神図」(軸装)も保存されていること、中世書写のものとは別途、近世に一括購入したと思われる鉄眼版大般若経(版本)が同じく伝来していることから、近世後期以降、古経は社宝として保存し、新たに購入した鉄眼版を用いて転読会が執り行われていたことが推測される。

なお祖師野八幡宮経には、当初巻子装として作くられた経巻を、後になって折本装に仕立て直したことを物語る経巻も見受けられる(巻末の識語の部分を均衡を無視して裁断したり、裏表紙に折り込んでしまう)。転読会の開始による転読の所作のため、改装が行われた可能性を示すものである。巻子本から折本への転換の時期を突き止めることも個々の転読会の起源をさぐる重要な視点になる。

七　地域社会のダイハンニャ

前項までで中世成立の大般若経について述べたが、転読会後の廻村儀礼＝ダイハンニャについてはその発生を明らかにできる事例に出会っていない。

再び東京北東地域に立ち返えろう。東京足立区本木西町の吉祥院で所蔵する大般若経は、かつて毎年七月二十一日、午前の転読会の後、一〇〇巻ごとに経櫃に収納され、寺周辺の六地区を廻って攘災の祓いをするダイハンニャが行われていた。そこで近代までその儀礼が行われ、関与した人々の証言や関連史料が残存する吉祥院を例にとり、行事と地域社会の関わりについて触れることにする(23)。

宝永二年(一七〇五)から四年、住職義真の下、大規模な大般若経施入がなされた(経巻には明治三十三年〈一九〇〇〉施入分もある)。しかし、転読会やダイハンニャの起源に関する文献や伝承は残されておらず、宝永年間以前から行われていたかどうかは不明である。現存の経帙は、巻第一から一〇を収納する分の内側に「天保十五甲辰夏」と紀年銘があり、一部後代の補修箇所を含むが、同一の表装が施されている。天保十五年(＝弘化元年・一八四四)に、経巻保護のために新調されたのであろう。なお、弘化元年銘経櫃は、一合しか現存しない。おそらく経帙と同時に新調されたのであろう。史料上は、近世の廻村も詳細は不明である。明治三十三年の経櫃と経箱の新調寄進は、志田浄月住職の代になされた。この段階の付属什具が現代に伝えられたものである(経巻共々「足立区登録有形文化財(典籍)」)。

明治二十九年作成の「五人組組織趣旨書幷人名(24)」には、旧本木村内関原・中曽根・小屋内出・天神前・森の下・十王堂・吹塚・中図子・寺地・星谷・高野・太田の計一二ズシ(小字)が掲出される。既に指摘があるように、本木村に

写真11　疾走する経櫃（「雷の大般若」　東京都江戸川区真蔵院）
＊転読会を行った後、女装した地域の男性たちが経櫃を担ぎ疾走しながら廻村する行事で、江戸川区指定無形民俗文化財（風俗慣習）。

おいて「血縁・地縁関係を軸とした集落の諸活動の中には、吉祥院の大般若会」[25]があった。明治三十三年施入で、経巻を収納しズシを廻る経櫃六合は、使用するズシ名が墨書で、蓋裏と身に明示される。［太田］、［寺地］以外は、［小屋内出・十王堂］、［天神前・森の下・吹塚・中図子］、［星谷・東高野］、［元宿］の六地区である。以上は近世本木村内の小字（ズシ）である（前掲「五人組組織趣旨書幷人名」とは若干の相違がある）。［元宿］は、近代の荒川放水路開削以前は地続きで村内とは言え、一ズシのみ村の中心部から離れて大般若経と経櫃の進出は何を意味するのか（後述）。

昭和三年（一九二八）の経櫃も、一合しか残されていない。廻村は、昭和十四、五年で中止された。転読会は、昭和五十五年で終了した（住職横山裕教師談）。

八　郷の寺とダイハンニャ廻村圏

吉祥院の転読会の発祥は不明である。同院は「淵江

写真12　扁額「淵江山」（所蔵 東京都足立区吉祥院）

山」という山号から、「郷の寺」の年中行事という意味合いを指摘できる。そこで重要になってくるのが、吉祥院の東方約三〇〇メートルに西縁が想定される中世後期に構築された淵江城（中曽根城）である。同城が中世後期の当地域＝淵江郷の「郷の城」であり、政治・軍事に加えて文芸の拠点であったことは先著[26]で詳説した。先述のとおり、元宿がダイハンニャの廻村先に含まれている。檀家の存在が経櫃の廻行の大きな理由である。「元宿」は従来から、千住宿の前身という解釈がなされてきた。しかし、その実態はいまだ判然としないが、先著でも指摘したとおり淵江城の城下集落の可能性が高い[27]。

齋藤慎一氏の研究によれば、中世武士は戦争に明け暮れる一方で、常に「安穏」を希求して止まず、居館地周辺に寺院を配して極楽往生と現世利益の具現化を図ったと指摘している。さらにこの景観を強固にする材料として大般若経を保持することに注目している[28]。

飽くまで類推だが中世後期における「郷の寺」＝吉祥院が、近世移行後も「郷の城」＝淵江城の膝下を取り巻

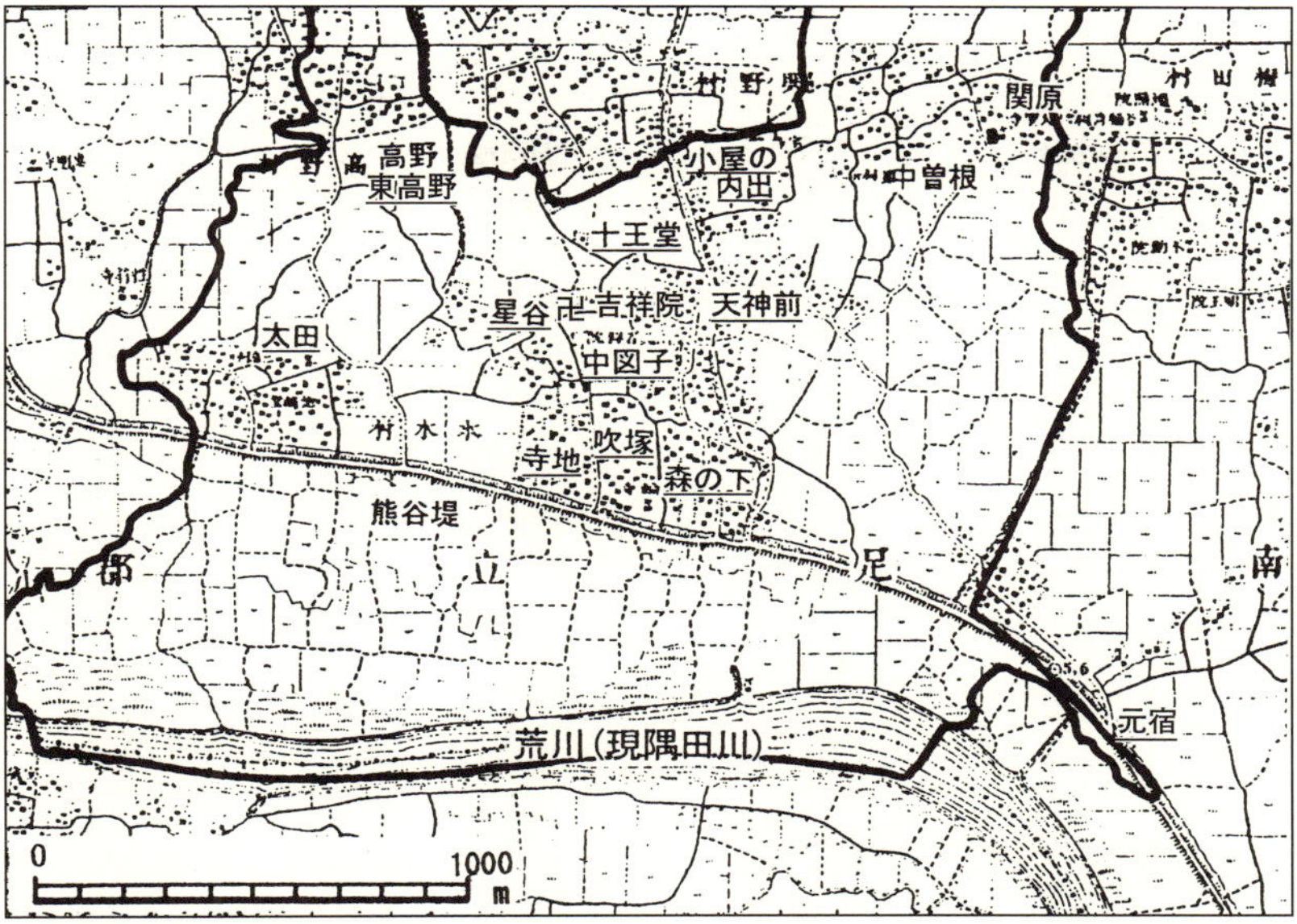

図４　本木村内でダイハンニャが廻村したズシ（『足立風土記稿地区編２西新井』、1999年３月、足立区教育委員会、221頁掲載図を改変）
＊下線のあるズシはダイハンニャの廻村先。

く周辺農村（本木村のズシ五カ所）と旧城下集落（元宿）の攘災のための転読会を行ったという中世的な構図で読めることの可能性も想定したい。大般若経を込めた経櫃が廻る六ズシの領域が、その霊験により「天下泰平五穀成就」[29]という願意が達成される範囲と地域社会で観念されていたのである。吉祥院所蔵大般若経と廻村什具は、地域社会の構造と住民の願望を現代から窺い知るための文化財として極めて重要である。

おわりに

個人・集団、領域の広狭と重複、宗教的意図の差異があるものの、中近世社会には大般若経を抱く多くの小空間が存在した。各小空間には奉納・維持・祭祀の拠点となる寺社施設（地域鎮守）、勧進・書写活動を行う宗教者、経典の霊験を享受しようとする信仰者が様々な社会的関係の下に存在した。

本節では具体的な事例に、岩付領防衛のための脅芸の真読をまず挙げて、大般若経や経櫃を保持する単位ごとにその呪力や霊験が期待された事例を示し、中近世社会で人々の身体・財産・権力・支配領域・生活圏等の防衛観念等と極めて強い結びつきを有していたことを指摘した。続いて中世荘園鎮守社における経典具備について、矢古宇郷＝谷古田領を具体例にその資格や宗教的権威に関わる什具として開始された書写事業が、近世には鎮守社の勧進、領域民の奉納という機能分担をしながら維持され、地域の民俗行事とも融合を遂げた過程を跡づけた。

六〇〇巻という多量な経巻が揃って、初めて霊験を持つ大般若経となるが、他の聖教に比べ消耗が激しいという宿命を持っていた。支配者の祈願所や荘園鎮守の霊験と不可分な存在となった大般若経は、欠損や欠巻が生じるごとに補修や補充が繰り返され、全巻が完結した六〇〇巻一具の状態を維持することが、これを備えた各単位の継続的な課題であった。

関西地方では先述のように、全県規模での調査成果も上がっているが、大般若経に関する研究はまだ緒に着いたばかりと言える。今後の研究で、大般若経を保持した様々な中近世の社会的単位が検出されてくるであろう。また中世東国では下野日光輪王寺所蔵大般若経で注目された、広域な宗教的な連携網を背景にした一日頓写事業[30]や、『私案抄』に見える十四世紀末から十五世紀前半の惣社を拠点とした武蔵国衙の大般若経祭祀[31]等、これから掘り下げてみたい問題が周辺に残されている。大般若経という経典も、新たな中世地域社会像を紐解く汎用的な史資料たり得る可能性が期待できる。比較検討を容易にするため、今後、各調査主体は統一的な調査手法を模索、確立する必要がある。

註

（1）稲城信子「神仏習合資料としての大般若経」（『中世村落寺社の研究調査報告書』、一九九〇年三月、元興寺文化財研究所、後に『日本中世の経典と勧進』、二〇〇五年九月、塙書房、に所収）参照。

（2）榎原雅治「中世後期の地域社会と村落祭祀」（『歴史学研究』第六三八号、一九九二年十月、歴史学研究会、後に『日本中世地域社会の構造』、二〇〇〇年十二月、校倉書房、に所収）参照。

（3）『滋賀県大般若波羅蜜多経調査報告書』一・二（一九八九年三月・一九九四年三月、滋賀県教育委員会）、『奈良県大般若経調査報告書』一・二（一九九二年三月・一九九五年三月、奈良県教育委員会）、『奈良県所在近世の版本大般若経調査報告書』（二〇〇五年三月、奈良県教育委員会）。

（4）千々和到編『寿福寺の大般若経』上・中・下（二〇〇三年四月、東国文化研究会）。本書は流布数が限られた稀覯本のようで、国会図書館所蔵本を閲覧した。請求番号は上がＨＭ18―Ｈ24、中がＨＭ18―Ｈ25、下がＨＭ18―Ｈ26である。

（5）大般若経の結界形成については、既に中野豈任氏が『祝儀・吉書・呪符―中世村落の祈りと呪術―』（一九八八年四月、吉川弘文館）第三―三「大般若経転読札」で、各地の中世遺跡から出土する大般若経転読札を事例に、中世「共同体の境界を守る」ため「大札は村境に」、「共同体の構成員たる各家の戸口（家内安全）を守る」ためには小札を戸口に掲げる風習があったことを指摘にしている。

（6）『浦和市史』第二巻古代中世資料編Ⅱ（一九七八年三月）「氷川女体神社大般若波羅蜜多経跋文・職語」。

（7）『浦和市史』通史編Ⅰ（一九八七年三月）「第三編五章二節　中世の神社とその建築」。

（8）拙稿「戦国期東武蔵の兵乱と祈禱」（『戦国史研究』第二四号、一九九二年八月、戦国史研究会、後に『戦国期東武蔵の戦乱と信仰』、二〇一三年九月、岩田書院、に所収）参照。

(9)『太平記』巻第五「大塔宮熊野落事」(日本古典文学大系『太平記』一、一九六〇年一月、岩波書店)。

(10) 西垣晴次「信仰・宗教の歴史―大般若経への信仰―」(『日本史研究事典』、一九九三年三月、集英社)参照。

(11) 概報としては、川口市史編さん室「新光寺の大般若波羅蜜多経」(『川口市史概報』第七集、一九九四年三月)がある。拙稿「史料紹介　川口市新光寺所蔵の大般若波羅蜜多経について」(『埼玉地方史』第三四号、一九九五年六月、埼玉県地方史研究会)は、閲覧調査の上で跋文を全部翻刻している。

(12)『鶴岡事書日記』(『新編埼玉県史』資料編8中世4記録2、一九八六年三月)。

(13)『当社記録』(前掲『新編埼玉県史』資料編8中世4記録2)。

(14) 矢古宇郷および佐々目郷の農民闘争の経過や意義については、次の先行研究を参照した。永原慶二「第Ⅲ部九　東国における惣領制の解体過程」(『日本封建制成立過程の研究』、一九六一年四月、岩波書店)、丸山雍成「原始・古代・中世編第二章二節(三)　荘園村落と農民の動向」(『蕨市の歴史』第一巻、一九六七年五月、吉川弘文館)、佐藤和彦「一四、一五世紀東国社会と農民闘争―闘争の展開と基盤の検討―」(『民衆史の課題と方向』、一九七八年十月、三一書房)、田代脩「その後の佐々目郷と矢古宇郷」(『埼玉県史研究』第五号、一九八〇年二月)、田代脩「中世東国における農民闘争とその基盤―鶴岡八幡宮領武蔵国佐々目郷を中心に―」(『豊田武博士古稀記念　日本中世の政治と文化』、一九八〇年六月、吉川弘文館)、田代脩「第二編二章三節　川口と周辺地域の動向」(『川口市史』通史編上巻、一九八八年三月)。

(15) 宝戒寺文書「惟賢灌頂授与記」(『鎌倉市史』史料編第一、一九五八年二月、第四一八号文書)。

(16) 宮地直一「鶴岡八幡宮領における分社の一事例」(『国学院雑誌』第三四巻一号、一九二八年一月、後に『八幡宮の研究』、一九五六年十二月、理想社、に所収)および千々和到「史料紹介　峰岡八幡宮僧形八幡像胎内納入文書について」(『史学雑誌』第八一編六号、一九七二年六月、史学会)参照。

(17)「般若経勧化縁由」（平野清次「資料紹介　谷古田八幡宮略縁起・同社の諸記録・棟札集」、『川口史林』第三三・三四合併号、一九八五年三月、川口市郷土史会）。
(18)「年中行事」（『川口市史』近世資料編Ⅰ、一九八五年三月）。
(19)『フロイス日本史』七豊後編Ⅱ（一九七八年十月、中央公論社）二八三・二八四頁。
(20)祖師野八幡宮所蔵大般若経については、『上里町史』資料編（一九九二年三月）の第三六号史料に、武蔵安保一族である沙弥実恵が、嘉暦二年（一三二七）四月に飛驒国益田郡萩原郷中呂で書写した巻第五九二が掲出されている。また同宮大般若経については、その後、新井浩文「祖師野八幡宮所蔵大般若経奥書調査概報」（『文書館紀要』第二六号、二〇一三年三月、埼玉県立文書館）が出ている。
(21)前掲千々和到編『寿福寺の大般若経』上　解題「二　総説」の「（二）寿福寺の大般若経」参照。
(22)前掲千々和到編『寿福寺の大般若経』上　解題「三　各説」の「（一）保管の旧状と現状」参照。
(23)足立区教育委員会事務局文化課文化財係「文化財調査報告　足立区本木西町吉祥院所蔵大般若波羅蜜多経および廻村習俗について」（『足立区立郷土博物館紀要』第二八号、二〇〇七年三月）。
(24)『足立風土記稿』地区編２西新井（一九九九年三月、足立区教育委員会）二三二頁。
(25)前掲『足立風土記稿』地区編２西新井二三三頁。
(26)拙稿「千葉氏本宗家西遷と武蔵千葉氏成立」（初出「もうひとつの千葉氏―武蔵千葉氏に関する史料と基礎的考察―」、『八潮市史研究』第一三号、一九九三年三月、八潮市立資料館）および「武蔵千葉氏本拠の発見」（いずれも『戦国期東武蔵の戦乱と信仰』、二〇一三年九月、岩田書院、に所収）参照。
(27)この点は前掲「千葉氏本宗家西遷と武蔵千葉氏成立」の末尾に補論を立て詳説した。

（28）齋藤慎一『中世武士の城』（二〇〇六年十月、吉川弘文館）一三五～一三八頁。
（29）前掲足立区教育委員会事務局文化課文化財係「文化財調査報告　足立区本木西町吉祥院所蔵大般若波羅蜜多経および廻村習俗について」を所収する『足立区立郷土博物館紀要』第二八号六五頁上段。
（30）千田孝明「輪王寺蔵の大般若経について」（『栃木県立博物館研究紀要』第五号、一九八八年三月）参照。
（31）調布市史研究資料Ⅲ『深大寺住僧長弁の文集　私案抄』（一九八五年三月）参照。

第二節　時衆と源氏伝説

―白幡道場と星兜鉢の謎―

はじめに

東京北東の地域史を通覧する時、伊興《いこう》（東京都足立区）は古代は言うに及ばず、中世の信仰・宗教史上でも重要な地域であったことが分かりつつある。この節では中世伊興地域の信仰と伝説、なかんずく八幡太郎源義家譚に関する事象を再考し、東武蔵の道路交通網および市場の問題も絡めながら従来は現在地が不明であったある時衆道場について比定作業することを目的としている。東京北東地域の源氏伝説については、既に筆者が中世に取材した他の伝説共々、分布圏を整理した作業(1)や鈴木敏弘氏の概略的なまとめがある(2)。

一　中世伊興と古道

伊興が文献史料に初めて確認できるのは、十三世紀半ばである。『吾妻鏡』建長八年（一二五六）六月二日条には、鎌倉時代の東北地方への幹線道路である奥大道に夜討・強盗が出没したことにつき、幕府が所領内に奥大道が通過する地頭二四名に対し「宿直人」を所領内の宿々において警戒に当るよう指示した記事が見える。幕府の命令を受けた

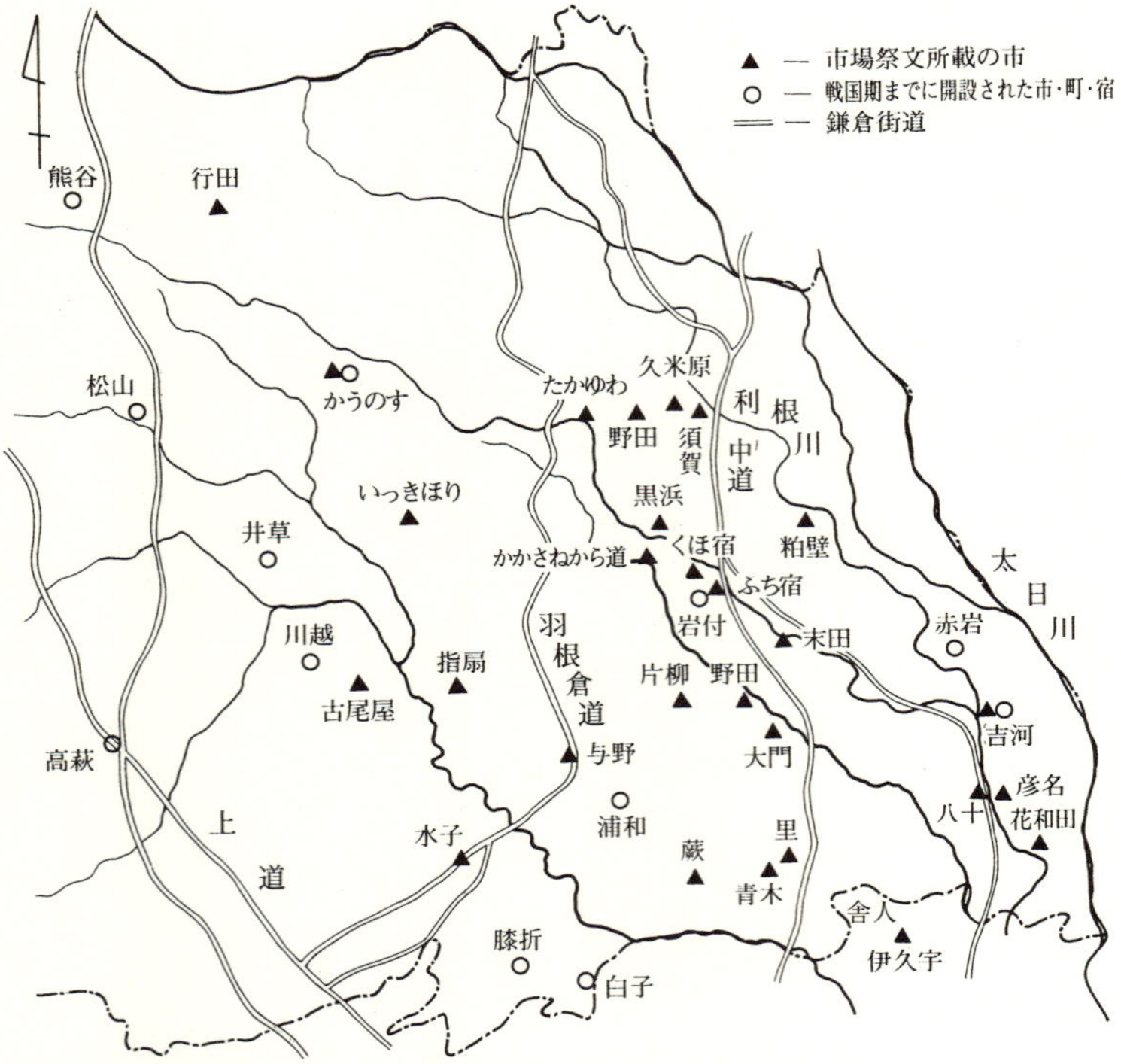

図５　中世武蔵国東部の市場と道路網（『与野市史』通史編上巻、1987年６月、246頁掲載図に「舎人」を加筆改変）

地頭中、武蔵国内では清久左衛門次郎（埼玉県久喜市）・渋江太郎兵衛尉（埼玉県さいたま市）・鳩井兵衛尉跡（埼玉県旧鳩ケ谷市、現川口市）・矢古宇左衛門次郎（埼玉県草加・川口市周辺）、そして伊古宇又二郎がいる。

中世奥大道は鎌倉街道中道であり、武蔵国内ではほぼ近世の日光御成街道に相当すると考えられており、右の五名の地頭はその道筋上に合致している[3]。なおこの他に宮城右衛門尉も陸奥が本貫ではなく、足立郡宮城を本拠とする宮城氏である可能性も指摘されている[4]。

伊古宇又二郎は、伊興を名字の地とする武士と考えられる。その名字「伊古宇」は、現在の地名「伊興」とは用字が異なるが、隣接する中世矢古宇郷との絡みで言えば、「伊古宇」が「伊興」より

写真13　伊興氷川神社（東京都足立区）
＊境内は「淵の宮」として足立区登録記念物（史跡）で、境内の背後は古代にはすぐ毛長川が流れていたと推定される。

も古い用字であろう。上記史料からは、伊興が中世東国幹線道路網に深く関連していたことが明らかになる。後述する市場の存在、そして遊行道場と密接に関係する問題である。

二　市場祭文と伊久宇市

中世の地域信仰を考えようとする際、重要な問題に鎮守社がある。鎮守社は、地域社会単位ごとに営まれ、そこで営まれる祭祀は、地域住民の精神的な主柱となっていた。

中世伊興の鎮守社ついて、後世の史料を手掛かりに考察してみよう。『新編武蔵風土記稿』（以下、『風土記稿』）伊興村条で近世の古社を検索すると「氷川社」[5]がある。同社は「当村及び竹塚・保木間等三村の鎮守とす、社中に慶長十四年二月十八日の棟札あり、其表面に伊興村氷川大明神、大檀主御代官河内与兵衛と記」すとされる。近世後期には、氷川社は伊興・竹塚・保木間三村の鎮守であったことが分かる。また慶長十四年（一六〇九）銘の棟札があり、近世初期には既に存在が確認できる。

明治期作成の神社明細類を検索すると左の記事がある（史料2・3には句読点が無く、適宜筆者が注記）。

〔史料1〕明治五年　神社取調書書上帳　その二　社事掛(6)

当社起原之儀は、旧古にして年暦相分不申候（中略）上古は此地大江ニ而此郷を淵江領と名付、当社を淵之宮と申伝候、則当領之社頭ニ有之、古来より郷人申伝候

〔史料2〕神社明細書ノ事　明治十八年六月中取調書上写（常田家文書「伊興村明細帳」）(7)

鎮座之原由不詳。中興以来此郷ヲ淵江領ト申シ、当社ヲ淵之宮ト称ス。即チ淵江領四十八ケ村総鎮守ト申シ伝ヘアリ。何ノ頃ヨリカ保木間村・竹之塚村・伊興村等而已ニ相減シ（後略）

〔史料3〕明治十八年中内務省地理局へ取調書写（同上）

当社ヲ淵之宮ト号。往昔此地淵江ノ郷ノ称アリ。因テ名ク。淵江郷此宮ヨリ起ルト云伝フ。（後略）

史料1は「年暦相分不申候」と時代は分らないと断りながらも、「上古は此地大江ニ而」とこの地域の地勢を説き、これに因み「此郷を淵江領と名付、当社を淵之宮」としたと同社の別称の由来を説明している。さらに「郷人申伝」えでは「則当領之社頭ニ有之」としている。史料2では記述が詳細になり「淵江領四十八ケ村総鎮守ト申シ伝ヘ」があったとする。史料3では「淵江郷此宮ヨリ起ル」と郷域開発の起点を同社に求めている。以上のように明治期段階まで、地元に伝わる口碑では、同社は当領（淵江郷）の社頭（総鎮守）で、地域発祥地点であると伝承・認識されていたことが明らかになった(8)。『風土記稿』には、慶長十四年銘の棟札で「伊興村氷川大明神」の社名が確認できるが、おそらく本来の「淵之宮」の呼称を、近世初頭に社名を有名社に変更したものと推定される。

なお同社が立地する景観にも触れておく。現在では削平されてしまったが、近世には同社の南側には保木間堀に平行して谷下堤という堤防が存在した。この堤は前掲常田家文書「伊興村明細帳」によれば、「古千谷村境ヨリ本村（伊興、筆者注）へ接シ竹塚村境字鎌取場操樋」まで「長五百七拾壱間、巾三間ヨリ四間迄、平均三間三尺」の規模があった。また「往古ヨリ当郡淵江領水除堤」であったと記している。同社の低湿地帯の開発起点伝承と堤外に位置する同社の立地を勘案すると、毛長川（入間川）の水防機能をも神格として備えていたことが推測される。

淵之宮は古代水運と不可分に結びついた在来の神格であり、郷域開発の起点となり、中世には郷鎮守に転化したのであろう。なお後述の伊久宇市の市神祭祀の場の問題とも関連を想起する必要がある。

古代、外洋から内陸への水運の中継点であったと推定される伊興が、中世においても武蔵国東部の流通網に定点を占めていたことは、「市場之祭文写」[9]という史料から窺うことができる。この史料はもと武蔵国埼玉郡大口村（さいたま市岩槻区）の武助という人物が所蔵していた原本を、江戸幕府が『武州文書』に写を収録したものである。現在、原本は確認できない。内容は市の開催にあたり、修験者等の宗教者が市神に捧げた祝詞であり、「市場之祭文」と冒頭に表題を書き、以下インドや中国に起こった市が、日本にも伝わり、各地に市が成立する由来が記されている。祭文の末尾には、当初に書かれた延文六年（＝康安元年・一三六一）と、転写された応永二十二年（一四一五）の年紀が見えるが、その実年代は室町時代後期まで下るというのが通説である。祭文に続き、下総国西部および武蔵国東部に立った三三の市名が列記されている。これらの多くは岩付太田氏勢力圏と重複することから、先のような史料の年代推定がなされている[10]。

三三市の第七番目には、「武州伊久宇市」を見出す。他の市名と異なり、郡名が冠されていないことから断定はできないものの、「伊久宇」は「伊古宇」にあたると推定されている。近隣では蕨（埼玉県蕨市）・遊馬（草加市）・鳩谷

(旧鳩ケ谷市、現川口市)・彦名(埼玉県三郷市)・花和田(同前)等の市が記されている。中でも古利根川に面した彦名・花和田両市の背景には、下総国小金本土寺との結び付きを持ち、商業活動に関与した日蓮宗門徒の存在が想定されている。(11)「伊久宇市」についても、その広域的な情報網を持った宗教集団やその拠点が想定されるのである(後述)。

市の成り立ちについては、交通路の存在が鍵になることは言うまでもないが、中世伊久宇市が伊興所在とした場合、古墳時代に隆盛を誇った古代入間川水系は、この段階での水量の減少により、水運機能は果たし得なかっただろうと推定される。よって陸路による近隣市場との連絡を考える必要があろう。伊興が中世前期から鎌倉街道中道(奥大道)に関連した位置を占めていたことは先述のとおりである。なお伊興周辺からは、少なからざる常滑焼片の出土が調査で確認されている。(12)外来系陶磁器が流通した実態が見て取れ、市場経済網の一端を示すものかも知れない。

三　白幡道場と中世伊興

1　応現寺開山にまつわる寺伝

東京都足立区伊興本町二丁目所在の応現寺(写真14)は、現在は神奈川県藤沢市清浄光寺を総本山とする時宗寺院である。現今、足立区域では時宗(以下、本教団を呼称する際、中世は「時衆」、近世以降は「時宗」を用いる)寺院は、同寺と花畑三丁目東善寺の二カ寺のみであるが、中世伊興の信仰空間の核をなしていたと考えられる状況や関連資料を持つ寺院である。寺内には固有の縁起は伝わらないが、『風土記稿』伊興村条には以下の寺伝を記している。

〔史料4〕新編武蔵風土記稿　足立郡　伊興村(13)

当寺は古へ天台宗にて、八幡太郎義家の墨附及び寺領の朱印ありしが、後皆失しと云、(中略)後時宗に改めて清

写真14　応現寺と一遍像（東京都足立区応現寺）

浄光寺の末となり、遊行第二代真教上人を以て開山とせり、

右のうち特に「遊行第二代真教上人を以て開山とせり」と言う記述は、後述する応現寺の寺歴と関連し極めて重要である。また『風土記稿』では、応現寺は後述の観音堂の別当であったと言う寺伝も紹介している。

2　伊興経塚

応現寺周辺の信仰・宗教的な環境を考える際、注目すべき遺跡に経塚がある。伊興経塚は、『東京府史蹟名勝天然記念物調査報告書』第三冊[14]によれば、明治十二年（一八七九）五月、応現寺近くの横山清蔵氏居宅前から、星兜鉢一点（口絵表　写真1）、太刀足金物一点、鞆小札四点、瓶子（木製）二点、古銭一八点、経筒（鉄製）五点、六器（銅製）六点、五鈷鈴一点が出土した。ただし、残念なことにこの経塚は偶然な発見であり、遺構の構造や各遺物の出土状況が明瞭ではない。中でも星兜鉢は、その形態から当初平安時代末期に製作された物が、室町時代に補修されたと言われている。[15]しかし、星兜鉢が経塚から出土した事例は他に無く、経筒の年代も他の遺物よりも後世に下る可能性[16]もあることから、これらの遺物を一つの経塚遺構からの一括出土とするには検討を要する。

応現寺に隣接する南方区域の遺跡発掘調査（D－b－1・3区）からは、発掘調査により板碑のまとまった出土もあり、[17]中世仏教遺跡の景観を呈していた。

3　謎の白幡道場

続いて『風土記稿』伊興村条の他阿真教開山の寺伝に関連して、応現寺の前身ではないかと注目される中世時衆道場に言及してみたい。

言うまでもなく時衆は、鎌倉時代中期に一遍智真（一二三九～八九）が率いた教団で、一所不住を原則に諸国を遊行して念仏を布教した。その特性として宿や渡津など交通拠点、国府などの都市での布教活動について明らかにされている。[18]東京北東部周辺では、「一遍聖絵」に記された「石浜道場」が遊行活動の際の拠点として知られている。[19]

一遍の跡を継承し、二世遊行上人となった他阿真教（一二三七～一三一九）の詠歌集「二祖上人詠歌」は、その詞書により他阿真教の行動の一端を跡づけることができる。中でも嘉元三年（一三〇五）および年未詳の各々二回、「白幡道場」で歳末別時念仏という修行を行っている。その詞書は左のとおりである。

〔史料5〕二祖上人詠歌[20]

嘉元三年白幡ノ道場ニテ　別時勤行ノ時読ル、

これに続き一五首の法歌が続く。また後段には、

〔史料6〕同前

白幡ノ道場ニオハシケル時、九月下旬ノ比ヨリ極月ノ別時ノ為トテ武蔵へ出給ヒケルニ、春ノ帰住マテ老ノ命タ
ノミカタキ由、墨沼太郎入道申ケル次テニ、

とあり、墨沼太郎入道の詠歌、これに対する他阿の返歌が載せられている。白幡道場については、その所在国名が冠されていないが、史料6による限り別時念仏を挙行するために武蔵に赴いたという後続の件により、武蔵国内であることが分かる。なお他阿と歌の遣り取りをした墨沼太郎入道は、他阿の遊行随行者であろう。また「墨沼」は「黒沼」の誤りであろうが、詳しい履歴が判然としない。ただ「上野長楽寺文書」文永九年（一二七二）十一月十八日付「院豪安堵状」(21)に「淵名庄政所黒沼太郎入道殿」という所見があり、時期的にも同一人物であろう。『新田町誌』第四巻は、黒沼太郎入道を陸奥国本貫とし、「北条氏に臣従した陸奥の在地武士ないしは知行地としてその土地を与えられ名字とした武士」であり、先の「院豪安堵状」で安堵された長楽寺大門北脇の二戸主半の土地を拠点に商業活動を営んだことが推定されている。(22)また『太平記』巻十で鎌倉北条氏が新田荘世良田に六万貫の有徳銭を賦課する際の使者となり、武装蜂起した新田義貞に同輩出雲介親連と共に討たれた黒沼彦四郎入道は、親子関係を含めた一族と目されている。(23)また湯山学氏は、黒沼太郎入道を晩年の他阿真教が盛んに交流した鎌倉あるいは東国御家人や得宗被官の一人であろうと推定している。(24)

白幡道場の所在地は、従来全く不明であった。武蔵国周辺では、埼玉県さいたま市に「白幡」の地名が残されているが、近世の小字「白旗耕地」、応現寺の他阿真教開山の寺伝、後述の中世後期を通じ伊興周辺を中心に継続的に造立された時衆系板碑群の存在を勘案すると、応現寺の前身を白幡道場に求めることができる蓋然性はつとに高まる。

白幡道場については、橘 俊道氏が武蔵石浜道場について紹介・考察する論考の註で、(25)次のように述べている。

所在不明。白旗は源氏・八幡と関係がある地名であろう。千葉県成東町・同印西町・千葉市内・浦和市・横浜

写真16　木造阿弥陀如来坐像(所蔵東京都足立区東善寺　写真提供足立区立郷土博物館)
＊足立区登録有形文化財(彫刻)。

写真15　木造阿弥陀如来立像(所蔵東京都足立区東善寺　写真提供足立区立郷土博物館)
＊足立区登録有形文化財(彫刻)。

市・藤沢市等にその地名があるがそのいずれとも確定できない。千葉氏と縁故のある地であろう（傍線は筆者注）。橘氏はその比定候補地について、全く伊興の応現寺は念頭に置いていないが、傍線を付した二カ所の記述のような予見をした。源氏と関係する地であろうとする推測は、先述のとおり応現寺には源義家伝説があり、後述するが『前九年合戦絵詞』摸本も伝来した。また二つ目の傍線で「千葉氏と縁故のある地」と予想したのは、論考本文で石浜道場の立地に関説する件で、石浜が千葉氏支城があった場所であり、他阿真教と千葉氏の師檀関係[26]からして、白幡道場もまた千葉氏に縁のある場所と目したようである。これも後述するが、伊興は十五世紀後半以降、武蔵千葉氏所領であり（『北条氏所領役帳』[27]）、正に橘氏の予見と応現寺は二つの条件で見事に合致するのである。

なお近世後期、応現寺末寺であった花又村東善寺（足立区花畑三丁目）境内には、高さが一二六センチメートルの区内でも有数の名号板碑（康安元年〈一三六一〉十二月十四日銘）があるが、[28]『風土記稿』花又村条[29]には碑面にある「三阿弥陀仏」を応現寺の三世住持とする。また東善寺の本尊木造阿弥陀三尊の主尊である阿弥陀如来立像は、鎌倉時代制作と評価されている。更に木造阿弥陀如来坐像も同じく鎌倉時代の作例と目されている。[30]応現寺そして東善寺は共に、中世的な環境を維持する地域の信仰史にとって重要な寺院である。

4　時衆系板碑の建つ風景

地域の中世を考える上で、残された有益な資料として板碑がある。板碑は信仰対象やその表現で、いくつかの種類に分類できる。中でも伊興および足立区域に関する特徴的な板碑に名号板碑や阿弥号・房号を刻んだ時衆系板碑がある。名号とは、阿弥陀如来に対する絶対的な帰依を表す「南無阿弥陀仏」という称号を意味し、これを碑面の中心に刻んだものが名号板碑である。[31]

表２　東京都足立区内の時衆系板碑（丸数字は伊興所在の資料）

No.	紀年銘	西暦	主尊	銘文	所在地
現存分					
1	延文２年６月15日	1357	名号	為戒阿弥陀仏右造立也	舎人　西門寺
2	延文２年８月晦日	1357	（欠損）	彼阿弥陀仏	入谷　源証寺
3	康安元年12月14日	1361	名号	三阿弥陀仏	花畑　東善寺
4	康安２年10月18日	1362	名号	成阿弥陀仏　逆修善根	江北　個人宅 （現足立区立郷土博物館）
5	応永８年９月７日	1401	阿弥陀三尊	来阿弥陀仏	足立区立郷土博物館
⑥	文明２年10月	1470	（欠損）	□（住カ）一房	伊興　源正寺
7	文明□年12月	1469 ～87	阿弥陀一尊	能阿［　　］	扇　阿弥陀堂
⑧	延徳３年６月３日	1491	名号	［　　］弥陀仏	伊興　源正寺
⑨	天文７年８月15日	1538	名号	逆修覚阿弥陀仏	伊興本町　応現寺
⑩	天文７年８月15日	1538	名号	逆修住一房	伊興本町　応現寺
⑪	天文10年12月13日	1541	阿弥陀一尊	得仏房	伊興 現相川考古館（伊勢崎市）
⑫	永禄４年７月１日	1561	名号	妙仏房	伊興本町　応現寺
13	元亀２年４月17日	1571	名号	妙仏房	舎人　西門寺
⑭	文［　　］		名号	見［　　］	伊興本町　応現寺
15	年未詳		名号		鹿浜　宝蔵寺
⑯	年未詳		名号		伊興遺跡出土
⑰	年未詳		名号カ	□阿弥陀仏	伊興遺跡出土
⑱	年未詳		名号		伊興本町　個人宅 （現足立区立郷土博物館）
旧在分（所在地の表記は典拠文献による）					
19	延慶３年［　　］	1310	名号		鹿浜　荒川堤下
⑳	康暦５年カ［　　］	1383カ	名号		伊興村　某農家
㉑	明徳［　　］	1390 ～94	名号		伊興村淵江村境
22	応永32年８月25日	1425	阿弥陀一尊	称阿弥陀仏	入谷
23	正長元年６月５日	1428	名号		谷在家
㉔	文明２年10月	1470	名号	逆修覚阿［　　］	伊興村　畑中
㉕	天文７年８月10日	1538	名号	逆修徳一房	伊興　源正寺
㉖	永禄13年３月20日	1570	名号	縁仏房	伊興村　大西
27	年未詳		名号		鹿浜　土手下墓地

一般に板碑に彫刻された信仰対象が、当時の仏教宗派と直接に結びつくものではないが、名号板碑や阿弥号・房号を刻んだ板碑は、時衆教団やその勢力分布に関連する信仰遺物と考えられている。足立区域では現在までに、二五〇基弱の板碑が確認されているが、最新の研究では旧在分を含め二七基の時衆系板碑があったことが分かっている。[32]

足立区域の時衆系板碑の造立年代は十四世紀半ば（延文二年・一三五七）から、板碑の終末期である十六世紀後半（元亀二年・一五七一）に及ぶ。初現時期は、他阿真教が白幡道場を来訪した嘉元三年から、五〇年強を隔てた年である。白幡道場が応現寺の前身であるならば、他阿真教来訪により、時衆の教勢が強まり、その環境下で時衆系板碑の造立が行われたと考えられる。なおこれらの時衆系板碑群のうち、伊興遺跡の調査でも二基[33]（図6）出土して、合計一五基が伊興所在のものであることも明らかになった。[34]

中でも応現寺所在の二基の名号板碑（図7）は、区内有数の大きさを誇る。いずれも天文七年（一五三八）八月十五日の紀年を持ち、六字名号を大書した下部に、それぞれ「逆修住一房」「逆修覚阿弥陀仏」と法名を刻む。ほぼ同一の規格と様式を持ち、同日の紀年を銘記することから、従来この二基は双式の板碑と理解されてきた。[35]しかし、現在の

図6　名号板碑拓影（上下2基　板碑所蔵足立区地域文化課）

＊２基共，伊興遺跡Ｂ－ｄ－４区出土。

図 7　名号板碑拓影（左右 2 基板碑所蔵 東京都足立区応現寺）

固体数は飽くまで残存数で、当初の造立数とは限らない。あるいは板碑の紀年月日を期して行われた教団の法会終了を記念し、集団で同時に造立したものかも知れない。

以上、足立区所在板碑全体に占める時衆系板碑の割合の高さ、中でも伊興地域での濃密な分布を知ることができ、中世伊興における時衆教団の旺盛な活動や拠点の存在があったことは明らかである。その中核は白幡道場＝応現寺であり、その宗教的な環境下で盛んな造塔が展開されたのである。

5 応現寺と源氏伝説

白幡道場の後身と目される応現寺には、近世地誌に見える頼義・義家父子の源氏伝説に関連して、もと『奥国征治古画』と称される絵巻が伝来していたと伝えられる。

埼玉県八潮市の旧家には『奥国征治古画之写』（以下『古画之写』）と題する絵巻が所蔵されている（写真17）。この絵巻の巻末奥書には、その伝来経緯が記されている。

〔史料7〕『古画之写』奥書

応現寺什物奥国征治古画之写、当家二世忠雅之代ニ求め置、吾家蔵伝来之処、縁類所々見覧ニ依て。幅作等荒ニ付、此度装軸修繕致し、尚後暦々家孫ニ伝ふるものなり、

享保四年秋日　当家七世

濱野弥左衛門忠宣（花押・黒印）

右の奥書によれば、応現寺什物であった『奥国征治古画』写本を濱野家二代忠雅の時に入手し、後世に伝え親類縁者の閲覧に供したことで傷みが酷くなり、同家七代弥左衛門忠宣が、享保四年（一七一九）に修理を施した旨が銘記さ

写真17　『奥国征治古画之写』部分（所蔵 個人蔵　写真提供 八潮市立資料館）

れている。

なお『古画之写』には、巻頭に明治期に浅草在住の倉田山人という人物が二代忠雅に擬して伝来経緯を記したと推定される銘文があり、これも右に掲出する。

〔史料8〕『古画之写』　巻頭銘

画巻伝文　倉田氏述

此一軸は、我姓祖当邑移住以来、農事専業の折柄ニて、伝来の武具類等今ハ不要の品となりしハ、祖氏遺物無気ニ失ハんことも本意なしと案せし処ニ、幸度ニ当国足立郡伊興邑応現寺ハ、其昔奥國征治の為頼義義家親子両将下向の砌り、当山ニ宿陣ありて、本尊観世音菩薩ニ祈誓し、薩埵乃加護を蒙り奉り、対敵平治し帰陣の節、当山本尊ニ詣て此度陣中応護の霊證歴然たる一山なり、今亦我祖氏古縁旧例の志ニ継て、重代の武具をここに納む、又常ニ此本尊を依て、吾居邑ニ於ても一宇建立し、観音寺と号せしなり、尚亦吾住祖遺言ニ随て、二世忠雅当山ニ武具を納てより住僧等ニ懇意し、参詣の折節立寄親しミかある時、当寺の秘巻奥国征治の古画あるを潜ニ見せし事あれハ、後の好士の為ニ之を乞ひ借り受け、其図を写し置ものにて、永く当家ニ伝来せしハ則此一巻なり、

寛永十二稔仲夏日　騎西上馬場住　濱野大学忠雅写付（花押・黒印）

右の銘は奥書より詳細を極め、所蔵した家と応現寺の交流を述べ、『古画之写』転写の経緯を説明している。末尾に「寛永十二稔仲夏日　騎西上馬場住　濱野大学忠雅写

付」と記すものの、冒頭に「画巻伝文　倉田氏述」とあり、明治期に所蔵家と懇意であった浅草在住の歴史家・倉田山人が記述したものと推定される。ただし、その記述は巻末奥書より詳細で、二代忠雅は応現寺と懇意で家伝の武具を奉納し、地元に子院を建立する程であった。ある時、同寺に源頼義・義家父子の奥州攻めの古い絵巻があることを知り、これを借り受け写し取ったことが述べられている。倉田山人が、この記述は何を根拠に草したのかは不明であるが、所蔵家の家伝等をもとに、同家二代忠雅に仮託して作成したものであろう。

現在、応現寺には『古画之写』のもとである『奥国征治古画』は現存せず、『前九年合戦絵詞』との関係も不明である。ただし、この奥書の存在で注目すべきは、近世初期段階まで応現寺では『前九年合戦絵詞』の写本を所持していた事実である。応現寺＝白幡道場が源氏伝説（特に八幡太郎源義家譚）の管理、流布のために『前九年合戦絵詞』写本である『奥国征治古画』を作成・保持していたことが推測できる。更に踏み込めば、伝説の宣伝のために絵解きのごとき機能を『奥国征治古画』に持たせていたことが考えられるのである。

『古画之写』は、『前九年合戦絵詞』（国立歴史民俗博物館所蔵本、以下『絵詞』）の模本である。構図は忠実に再現しつつも、細部の紋様や色彩の表現が簡略化されている。絵詞は十三世紀末の制作と推定されるもので、もと帝室博物館陳列課長溝口禎次郎氏の所有であったものが、昭和四十四年（一九六九）に国有になったものである。(36)

『風土記稿』伊興村の条も同寺の源氏伝説に関説するが、絵詞に関する記述はない。いずれにしても白幡道場の系譜を引く応現寺は、『風土記稿』に見える義家の寺領証文や絵詞写を媒介として、積極的に源氏伝説の管理を行っていた。実相院観音堂（足立区伊興四丁目）の通称「子育観音」こと、木造聖観世音菩薩立像（東京都指定有形文化財〔彫刻〕）は、像高一七一センチメートルあり、本体が桂材から彫り出した一木造りの技法で制作されている。年代は平安時代末期で、地方仏師の手によるものと推定されている。『風土記稿』伊興村条には、「観音堂」という項があり、伝

写真18　白旗塚古墳（東京都指定史跡）

行基作の「正観音」を安置しており、康平六年（一〇六三）に源頼義・義家の東北遠征の折り、村内応現寺に宿陣し、この観音に願を掛け勝利を得たと記述する。[37]応現寺を中核とした源氏伝説の一画を構成する仏堂である。

白旗塚古墳（写真18）の源氏伝説は更に色濃い。『風土記稿』伊興村条[38]には、「上代八幡太郎義家奥州征伐の時、此所に旗をなびかし、軍勝利ありし」と記されている。道場に近接し源氏の象徴である「白旗」名を冠した古墳を目印として伝承空間の管理下に置いたものであろう。

従来、足立区域を南北に連なる八幡太郎こと源義家の伝説は、古代から中世の古道の存在を反映する縁と受け取られてきた。しかし、伝承の背景には当然これを派生させ、維持・喧伝する拠点や集団を想定しなければならない。足立区周辺の源氏伝説も、古道を媒介として自然発生したのではなく、唱導者やその拠点の面から再考する作業が今後必要となって来る。前述のように、応現寺はその前身が中世時衆道場であり、時衆による唱導活動と深く関連して源氏伝説が生まれたのであろう。

6　星兜鉢の謎

屋上屋を重ねることを恐れずに、先述の応現寺付近の経塚出土の星兜鉢（口絵表・写真1。現在、東京国立博物館所蔵）について述べておきたい。本資料の根本的な問題は、出土状況の記録も儘ならない偶然発見であったことである。そこで既述のとおり、経筒との時代的な共伴関係も疑問視する見方も出来してくるのである。(39) 津野 仁氏のご教示によれば、本資料は『日本の甲冑』(40)掲載写真を参照すると、徳島県藍住町教育委員会所蔵（観音庵旧蔵）星兜鉢等に比べ、

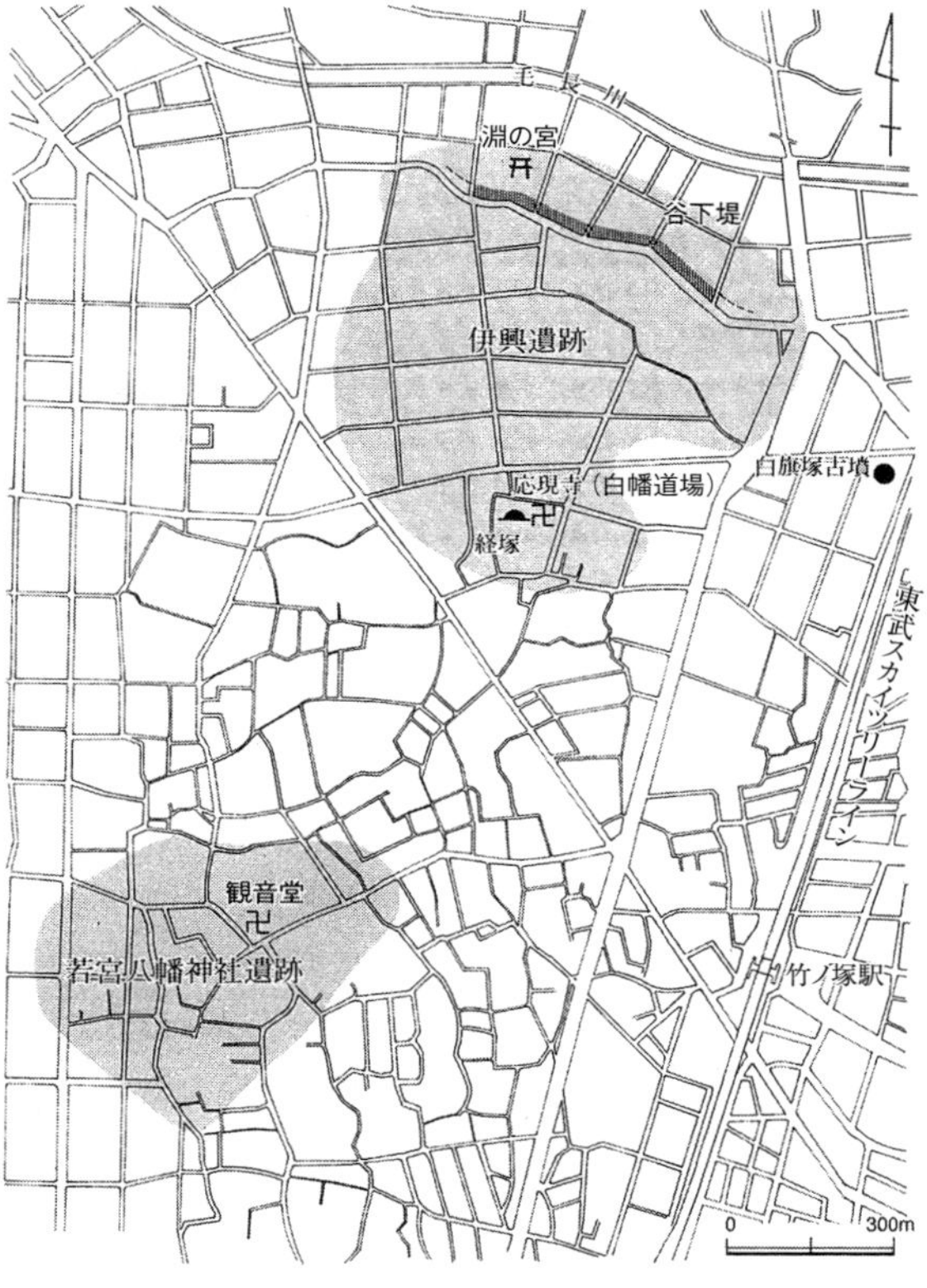

図8　伊興地域周辺の白幡道場関連史跡

土中に長く埋納されていれば当然剝落しているはずの漆膜が鉢表面に残存しており、経塚出土という来歴に違和感を覚える由である[41]。埋納という状況の曖昧さ、伝世品と覚しき資料の状態を勘案すると、『風土記稿』等には所見しないものの、本品も付近出土ではなく応現寺自体で『奥国征治古画』共々、源氏伝説を説く便として用いられた伝世品であった可能性はないであろうか。

現応現寺に比定した白幡道場は、内部では絵巻（そしてあるいは星兜鉢も）、周辺地域には古代の古墳や仏像を取り込みながら、時衆が源氏伝説の管理と唱導を行ったと思われる。

おわりに

中世前期以来の交通網、後期に確認できる市を成り立たせた流通網に加えて、時衆系板碑の濃密な分布からは応現寺の他阿真教開山の寺伝から従来不明であった時衆の布教拠点白幡道場に結びつくことを想定した。源氏伝説を唱導、地域への流布を促進させたであろう絵巻や古墳に加え、従来は付近からの出土物と目されてきた星兜鉢と言う遺物も、十世紀制作という時代性から、本来、八幡太郎義家譚を語る縁として白幡道場に伝世した可能性にも言及した。

なお本節は、中世伊興の政治支配の面は触れていないが、中世後期に足立郡南部に入部し、扇谷上杉氏・後北条氏傘下で領有支配を行った武蔵千葉氏は、伊興も所領としていた[42]。生産基盤に増して道路や河川交通の重要地点に位置している伊興も、先述の「市場之祭文」に代表される、南関東の流通経済の重要な拠点として千葉氏に掌握されていた。また所在の名号板碑の下限が十六世紀後半に及ぶことから、時衆道場としての白幡道場＝応現寺も、千葉氏支配と時代を同じくしており、領主と有力寺院として何等かの交流が持たれたであろう。

時衆道場は東京北東地域では、石浜道場が著名であるが、白幡道場が所在する伊興の南関東道路網や流通圏における位置づけを更に深めていく必要がある。なお本節で紹介した、かつて応現寺から分出した寺伝を持つ東善寺についても、所在地花畑が綾瀬川や毛長川水運に沿っており、中世時衆道場としての性格を帯びた存在であった可能性が強い。残念ながら文書記録は伝来しない由であるが、史資料の積み重ね作業による状況的な考察が求められる。

註

(1)　拙稿「摺り込まれた中世―『新編武蔵風土記』からさぐる中世下町の地域像―」(『特別展　下町・中世再発見』、一九九三年十月、葛飾区郷土と天文の博物館、後に「近世地誌が照らす中世地域史の残像」と改題し、『戦国期東武蔵の戦乱と信仰』、二〇一三年九月、岩田書院、に所収)。

(2)　鈴木敏弘「隅田川周辺の武士団伝説」(『隅田川の伝説と歴史』、二〇〇〇年六月、東京堂出版)。

(3)　福島正義「第五章四節　館と城と道」(『新編埼玉県史』通史編2中世、一九八八年三月)参照。

(4)　今野慶信「武蔵宮城氏と奥州宮城氏」(『足立区立郷土博物館紀要』第一九号、一九九七年三月)参照。

(5)　大日本地誌大系『新編武蔵風土記稿』第七巻(一九七七年五月、雄山閣)一五一頁。

(6)　『神社明細』(一九九三年七月、足立区教育委員会)二五頁。

(7)　「伊興村明細帳」(複写本を足立区立郷土博物館で保管)。

(8)　「淵江」地名は、中世後期以降足立郡南端の「下足立」地域を包括する郷名「淵江郷」まで範囲を広げた。しかし、戦国期には郷域南端の現本木周辺の村落名に縮小したと考えられる。今回管見した氷川神社の所伝から中世前期までの原「淵江」は、伊興周辺に相当するだろう。「淵江」地名の起源と範囲の変遷は、古代から中世の地域開発と直結する問題であり、今後の検討が求められる。
(9) 『新編埼玉県史』資料編5中世1古文書1(一九八二年三月)第四三五号文書。
(10) 杉山正司「中世末武蔵東部の市における諸問題―岩付を中心として―」(『埼玉県立博物館紀要』第七号、一九八一年三月)参照。
(11) 久保田真希「第二編二章二節　市の発達と関」(『三郷市史』第六巻通史編1、一九九五年三月)参照。
(12) 『伊興遺跡』(一九九七年三月、足立区教育委員会)三三三頁。
(13) 前掲大日本地誌大系『新編武蔵風土記稿』第七巻一五一・一五二頁。
(14) 『東京府史蹟名勝天然記念物調査報告書』第三冊(一九二五年三月、東京府)の「南足立郡　第六　伊興村の経塚」および図版三六～三九。
(15) 前掲『東京府史蹟名勝天然記念物調査報告書』第三冊。
(16) この点については、谷口　榮氏にご教示を受けた。
(17) 前掲『伊興遺跡』三四七頁参照。
(18) 時衆の遊行動向については、阿部征寛氏が一遍の段階で「地方各地における町場的機能を有した集合地に焦点が絞られた可能性が強い」と指摘している(「一遍の遊行支持層と拠点設定について」、『三浦古文化』第二四号、一九七八年十一月、三浦古文化研究会)。この視点は後に小野一之「国府をめざす他阿真教」(『一遍聖絵を読み解く』、一九九九年一月、吉川弘文館)に発展していく。
(19) 石浜および石浜道場については、阿部征寛「中世武蔵の時衆道場」(『三浦古文化』第三六号、一九八四年十一月)や湯浅治久「東京低地と江戸湾交通」(『東京低地の中世を考える』、一九九五年三月、名著出版)参照。

(20)『定本時宗宗典』下巻(一九七九年十二月、時宗宗務所)六二〇頁下段・六五二頁上段。
(21)『鎌倉遺文』古文書編第一五巻(一九七八年九月、東京堂出版)第一一一四六号文書。
(22)『新田町誌』第四巻〈特集　新田荘と新田氏〉(一九八四年十月)「第三章五節　長楽寺の再建と大谷道海」(小谷俊彦氏執筆分)参照。
(23)前掲『新田町誌』第四巻「第四章一節　鎌倉末期の新田荘と淵名荘」(峰岸純夫氏執筆分)参照。
(24)「北条貞時の思人播磨局浄泉」(『群馬県史研究』第二一号、一九八五年三月、後に湯山学中世史論集6『相模国の中世史〈増補版〉』、二〇一三年五月、岩田書院、に所収)参照。
(25)橘　俊道「武蔵国石浜道場について」(『藤沢市史研究』第一八号、一九八五年三月、藤沢市文書館、後に『一遍上人の念仏思想と時衆』、一九九〇年四月、橘俊道先生遺稿集刊行会、に所収)の註(8)参照。
(26)千葉氏と時衆の関係については、水上一久「十一　阿弥陀仏号についての一考察」(『中世の荘園と社会』、一九六九年九月、吉川弘文館)第二節の註(6)参照。
(27)『戦国遺文　後北条氏編　小田原衆所領役帳』(一九九八年十二月、東京堂出版)七六・七七頁。
(28)『足立区文化財調査報告　板碑編』(一九八五年三月、足立区教育委員会)一四七頁。
(29)前掲大日本地誌大系『新編武蔵風土記稿』第七巻一六九頁。
(30)『足立区仏像調査報告書』(二〇一三年三月、足立区立郷土博物館)二六七〜二七〇頁。
(31)名号については、野村隆「時宗名号書体について」(『時宗教学年報』第三〇輯、二〇〇二年三月、時宗教学研究所)および高野　修「時宗名号について」(『時宗教学年報』第三九輯、二〇一一年三月)参照。
(32)塚田　博「時宗と板碑」(『特別展　あしもとの文化財でたどる室町・戦国時代—荒川下流地域の結衆板碑—』、一九九九八年十月、足立区立郷土博物館）参照。

(33) 前掲『伊興遺跡』三三八・三三九頁。

(34) 前掲塚田博「時宗と板碑」参照。

(35) 前掲『足立区文化財調査報告　板碑編』一二〇・一二一頁。

(36) 小松茂美「解説」（続日本の絵巻『前九年合戦絵巻　平治物語絵巻　結城合戦絵詞』、一九九二年二月、中央公論社）参照。

(37) 前掲大日本地誌大系『新編武蔵風土記稿』第七巻一五一頁。また文化財としては、「実相院」（『足立区文化財調査報告書』No.6、一九七二年三月、足立区教育委員会）参照。

(38) 前掲大日本地誌大系『新編武蔵風土記稿』第七巻一五〇・一五一頁。

(39) 前掲『東京府史蹟名勝天然記念物調査報告書』第三冊では、当初の制作を藤原時代末期から鎌倉時代以降、鉢の腰巻部分の増補を足利時代とする（六一頁）。

(40) 京都国立博物館編『日本の甲冑』（一九八九年三月、大塚巧芸社）五三頁。

(41) 津野 仁「平安時代兜鉢の一例」（『研究紀要』第九号、二〇〇一年三月、(財)とちぎ生涯学習文化財団埋蔵文化財センター）は、伝伊興経塚出土星兜鉢にも言及し、時代区分で両様の試案ができる可能性を前提としても、十世紀中〜後葉の制作という時代観を示している。なお前掲『東京府史蹟名勝天然記念物調査報告書』第三冊は、鉢部分に当初塗布された漆質の残欠を見出したという津野氏の観察に比して、「土中品なるを以て、有機質はそのすべてが腐食し去って痕を止めず」（五八頁）という所見を示している。

(42) 「千葉氏本宗家西遷と武蔵千葉氏成立」（『戦国期東武蔵の戦乱と信仰』、二〇一三年九月、岩田書院、初出「もうひとつの千葉氏―武蔵千葉氏に関する史料と基礎的考察―」、『八潮市史研究』第一三号、一九九三年三月、八潮市立資料館）参照。

付論　社に坐《いま》す仏

―地域の中世神仏習合資料―

はじめに

既に都市化した東京北東地域で、中世神仏習合に関する史資料が残る希少な事例に舎人氷川神社（東京都足立区舎人五丁目）がある。舎人地域は東京都足立区北西域にあり、毛長川を隔て埼玉県川口市や草加市に接する。中近世には旧舎人郷・舎人領域の中心である。中世舎人郷については、先著で詳しく紹介した。(1) 掻い摘んで述べれば、戦国期に岩付太田資正の側近舎人孫四郎重長をはじめとする舎人氏一族本貫地で、永禄七年（一五六四）に太田資正が子息氏資に追放され、同八年に宮城氏に給付されるまで同氏一族の拠点であった。

また豊田武『増補中世日本商業史の研究』によれば、少なくとも寛永年間（一六二四～四四）には六斎市が開かれていた市の場であると指摘されている地域である。(2)

一　神仏習合と懸仏

同地域には、近世後期舎人領（舎人・入谷・遊馬各村）の鎮守社である氷川神社が現在も鎮座している。一説に正治二年（一二〇〇）創建と伝わる同社には、(3) 全五面の懸仏群が伝来する。『武相の懸仏』(4) によれば、懸仏とは「立体的に表現した神仏像を鏡板《きょうばん》と呼ばれる独特の円形銅板に取り付け、これに吊金具《つり》を付けて堂社や厨子内に懸けて、信仰の対象としたもので」、「懸仏という呼称は神仏像を懸けるという特徴から、明治になって新《あらた》に付けられたものであり、それ以前は御正体（みしょうたい）と呼ばれ」たとする。神仏像も「初期は蹴彫《けりぼり》や針書《はりがき》」であったが、「毛彫《けぼり》による線刻や墨画も」出現し、「尊像は微《かす》かに見える」程度から「はっきりと認められるようになっていった」としている。鎌倉期には「鏡板の裏に木板をあてて厚みが増すと共に、尊像の方も打出しの薄肉から、鋳造によって肉身により厚みを持たせる表現」となり、吊金具も鎌倉末期に「獅嚙《しがみ》座や宝珠形の鐶台」が現われ、「立体化と共に装飾化の二つの傾向がすす」み、その潮流は「南北朝・室町時代を通じて、ますます顕著になっていった」と指摘されている。

舎人氷川神社には、五面の懸仏群（以下、便宜No.1から5と番号を付す）が伝来する。法量や材質は表3のとおりである。なおこの懸仏五面は、足立区登録有形文化財（工芸品）となっている。

表3　舎人氷川神社懸仏一覧

（法量の単位mm）

番号	直径	厚さ	材質
No.1	301	14	芯は木材 表面銅板
No.2	243	2	銅
No.3	184	3	銅
No.4	185	3	銅
No.5	182	4	銅

同社懸仏群については、地元自治体による同神社全般にわたる文化財調査に掛けた報告がある。[5] ただし、全五面にわたる詳細調査ではなく、木材を芯にして表面を薄い銅板で覆った応和六年銘のもの（No.1）のみに関説する。同資料の図版も掲載するが、この調査段階（報告書刊行は一九六七年三月）で御正体は失われていたことが分かる。なお、これに先立ち『武蔵史料銘記集』[6]も、No.1の銘文のみを翻刻している。

さかのぼれば、この懸仏群の存在について触れた文献として、現在確認できる限り『新編武蔵風土記稿』（以下『風土記稿』）に挿図入りで採録・紹介された記事が最も古い。

〔史料1〕新編武蔵風土記稿　足立郡　舎人村条[7]

氷川社　当所及入谷、遊馬三村の鎮守にて、正治二年当国一宮氷川明神を勧請し、

写真20　懸仏No. 1 裏

写真19　懸仏No. 1 表

写真22　懸仏No. 3

写真21　懸仏No. 2

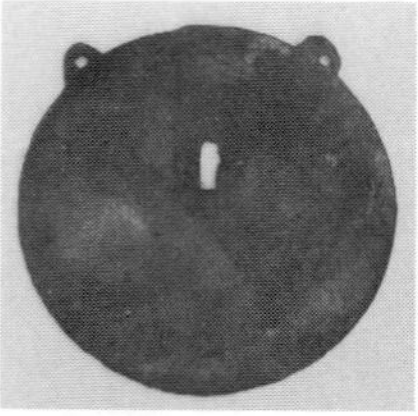

写真24　懸仏No. 5

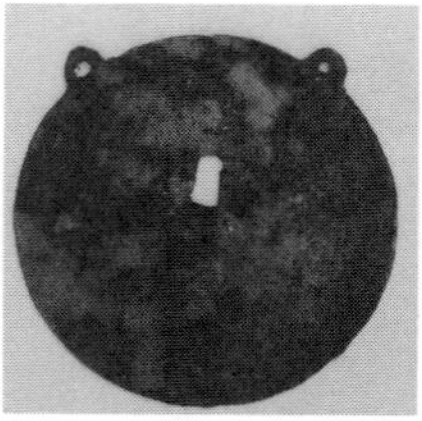

写真23　懸仏No. 4

写真19〜24(所蔵 東京都足立区舎人氷川神社)
＊一括して足立区登録有形文化財(工芸品)。

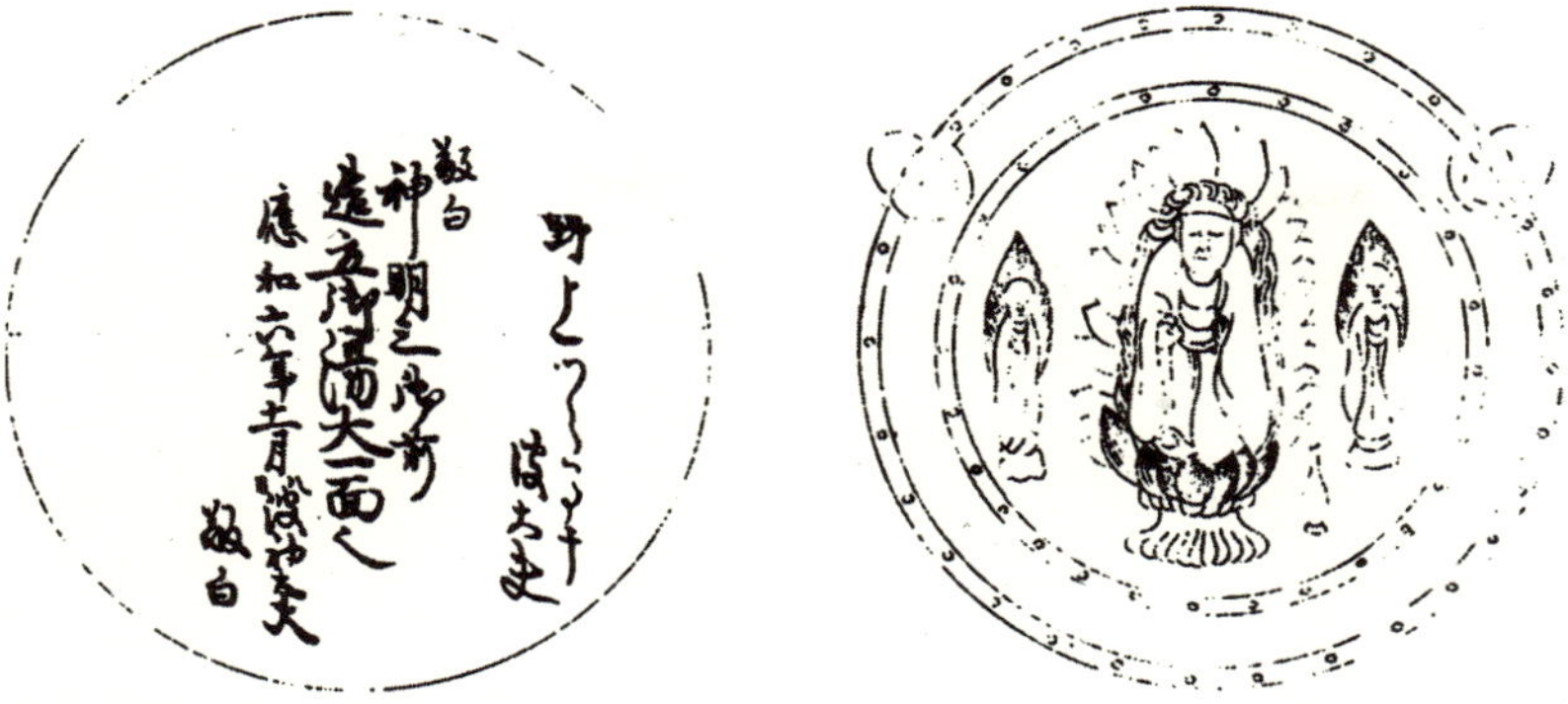

図9 懸仏№1模写図（『新編武蔵風土記稿』足立郡巻一三六 所蔵 国立公文書館）

八幡春日を相殿に祀ると云、今神体に円径一尺許の華蔓を蔵む、銅にて杉板を包みたるものなり、其図左の如し、
応和四年に改元ありて康保と号す、六年と云は康保三年丙寅にあたれり、思ふにこれも例の東国にて、改元の事をしらざりし故なるべし、土人の話に此華蔓に神明御前と記し、又古水帳に神明社除地等を載たれば、元は村内に神明社ありて其社内に納めしなるべし、其後かの社衰て当社を合祀せしを、遂に神明は廃していつとなく氷川の神体となりしならんと云、此外に径八寸の銅蔓一枚又径四寸許なるも三枚あり、何れも銅仏をつけし蹟ありて、総の青錆をふくみて尤古色なり、前に出せし応和のものよりは古き世の物と見ゆ、（後略）

足立郡については文政六年（一八二三）成立の、『風土記稿』によれば、「円径一尺許の華蔓」（№1に相当）、「径八寸の銅蔓一枚」（№2に相当）、「径四寸許なるも三枚」（№3～5に相当）という員数が記され、現在までの伝来数と変わりがない。

『風土記稿』によれば№1は近世後期、同書の調査段階で同社の神体であり、挿図から御正躰も完全に備わった状態であったことが分かる。現在は荘厳具共々失われているが、その契機としては当然、明治初期の廃仏毀釈運動を疑うところである。№2から5については、「何れも銅仏をつけし蹟あり」

とし、この四面については近世後期以前に御正躰は欠損していたのである。

次に№1の背面銘を示してみよう。

〔史料2〕№1懸仏背面銘

野上□□□□

波太夫

敬白

神明之御前

造立御清大一面也

応和六年十一月八日波神太夫

敬白

№1背面の銘文について、『風土記稿』は「応和六年」と判読する。ただし、『風土記稿』編者も訝るように、「応和」年号は同四年七月十日で「康保」に改元され、実年として存在しない。当時の東国における改元情報の不徹底、旧元号継続使用も推定しているが、不改年号使用としても西暦九六六年に相当する。本資料は赤外線調査でも、[8]他の年号を改竄した痕跡等はなく当初から「応和六年」と染筆されていた。しかし、十世紀の懸仏の作例には合致せず、制作の実年代は大幅に下降させる必要がある旨、加島 勝氏（現在大正大学教授、当時東京国立博物館金工室長、平成二十年度足立区文化財保護審議会臨時委員）の指摘もある。

銘文の記載内容については、不明な点が多い。右端の「野上□□□□」某は、奉納した檀那であろう。古代から中世にかけて、武蔵国内で野上氏と言えば武蔵七党中の丹党に属した野上氏[9]がいる。ただし、本貫は武蔵国秩父郡野上郷であるので、本資料に見える野上某との関係は不明である。あるいは舎人氏以前の舎人郷領主であろうか。その左の「波太夫」は奉納先が「神明之御前」であることから、伊勢系神官あるいは御師であろう。「御清大」は「御正体」の宛字である。日下には再度「波神太夫」が出て来る。

現在、全五面の懸仏群について、舎人氷川神社に伝来した経緯は、記録・口碑ともに一切伝わっていない。ただし、『風土記稿』は、No.1の銘文に「神明」とあり、近世舎人村の検地水帳に「神明社除地」の記述があることから、近世後期には廃絶していた神明社の元神体であり、後に氷川神社に合祀されて同社に伝来することとなったと推論している。

明治二十八年(一八九五)の『第一課文書　社寺補遺　官房』第二巻(10)「南足立郡」には、舎人氷川神社の懸仏群について左のような記事が掲載されており、『風土記稿』とは別系統の来歴が伝承されている。

〔史料3〕神社取調書(図版二点は位置のみ示し省略)

(前略)

一祭神　須佐之男命

事由　人皇六十一代村上天皇ノ御世今ヲ去ルコト九百三拾四年前即チ応和二年十一月八日勧請、神号神明ト称ス。武蔵風土記ニヨレハ神明ハ自然ニ消エ後ニ武蔵一宮ヲ勧請ストアリ。又舎人町ニアル古文書ニヨレバ、入谷村ノ兼方ナル所ニ神明社アリ、古千谷村ノ地名南ナル所ニ神明社アリ、共ニ神明旅所ニシテ元宮ハ神明ナリト云フ。今ヲ去ルコト六百九拾八年前人皇八十二代土御門天皇ノ御代正治二年庚申年九月廿三日武蔵国大宮領氷川神社ヲ勧請シテ三ケ村鎮守トナセリ。

(中略)

一　宝物

図ノ如ク径一尺縁三分五厘厚サ三分、杉板ニテ造リ、表ハ赤銅板ニテハリ中ノ□ハ前ニ観音ノ像ト云フ。今ハ存セズ。

（図版）

図ノ如キモノ三面アリ。唐銅ニテ鋳リシモノト見エ青錆ヲ帯ビタリ。径六寸縁三分厚サ弐分平一分トナリ。頗ル古代ノ物ナル可シ。

（図版）

径八寸縁三分五リ（厘カ）厚サ壱分五厘平一分、図ノ如ク唐銅ノ鋳モノト見ヘ青錆ヲ帯タリ頗古代ノ物ナル可シ。

右の記述は、先行する明治十二年段階の同社に関する取調[11]とは、異なる内容を示している。すなわち氷川神社の勧請を「応和二年十一月八日」で、当初は「神明」社であったとする。おそらくこれは、№1懸仏裏面の奉納銘を根拠にしたと推定される。なお『神社取調帳』は、本来、「応和六年」とすべきところを「応和二年」と誤読している。すなわち『神社取調帳』の当該記事作成者（舎人町在住者か）は、「神明御宝前」を謳う№1の「応和二（六）年」という紀年銘を以て、神社創建の年代と解したのである。

ただし、後述のように形式的に十世紀に属すべきでない資料ではあるが、「応和六年十月八日」が、氷川神社との関係はいまだ不明な「神明」社にとって、意味のある期日であり、これを後世に神体である御正躰に書き記したのかも知れない。

また先述の明治十二年の神社取調との関連で言えば、従来の神明社は自然に廃絶し「正治二年庚申年九月廿三日」に大宮から氷川神社を勧請したとし、先行の取調との整合を見せている。

二　越谷市所在の文明八年銘懸仏

懸仏について東京北郊周辺で類例を求めれば、№1については、埼玉県越谷市中町の浅間神社所蔵の文明八年(一四七六)六月一日銘の資料(現在は久伊豆神社保管、越谷市指定文化財(工芸品))がある。

加島氏のご教示によれば、木材を芯とし、表面に薄い銅板を貼ってその中央に富士浅間菩薩の御正躰を装着する意匠は、№1資料の制作年代を推定する参考例となる。中世関東地方で主流の懸仏制作の技法は、銅板を円盤形に鋳造し、これに別途鋳出した仏像等の主尊を取り付けたりするもので「関東型」あるいは「武蔵型」と称される。埼玉県域では、嵐山町の貞和四年(一三四八)銘、飯能市の文和四年(一三五五)銘等南北朝期の資料がある(12)。

先述のとおり、近世後期には主尊が失われていたが、舎人氷川神社所蔵懸仏五面のうち、№2から5の四面はこの型式に該当する。中世舎人郷域で、この型式が四面まとまって存在することは、同域もまた「関東型」あるは「武蔵型」を制作する中世鋳物師集団の活動圏内にあったことを示すものと加島氏により評価された。

以上のような分布や型式を踏まえ、加島氏は全五面の年代観を次のように示した。№1は、「応和六年」という背面銘は不明とせざるを得ず、先述の越谷市・浅間神社所蔵文明八年銘資料の作例を勘案して十五から十六世紀の室町時代、№2から5は、十四から十六世紀、南北朝から室町時代という幅を持たせた制作年代とされた(13)。

なお『武蔵史料銘記集』には「一七六　延文六年本木氷川社懸仏」の裏銘が採録されている。同社は現足立区本木西町の本木氷川神社に当る。同書は「(形状)銅板毛彫　獅子がみ附　双花瓶　直径二七センチ(九寸)　重量二百五十匁目」と記されている。裏銘には「大檀那　大賀左衛門次郎元家　延文六年二月十七日」とあったと記録される(14)。延

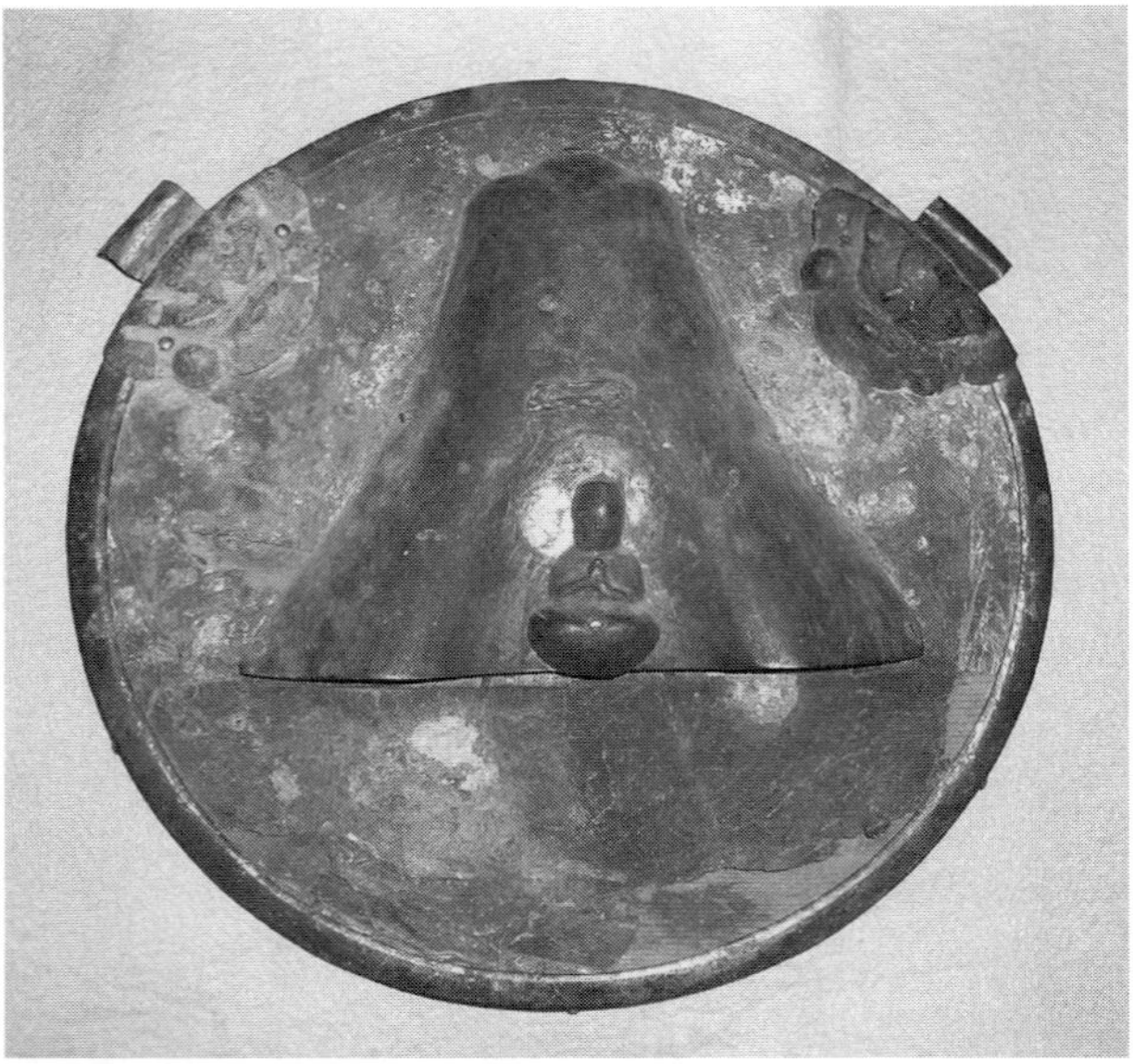

写真25　懸仏　表（文明八年銘　所蔵 埼玉県越谷市中町浅間神社）
＊越谷市指定有形文化財（工芸品）。

写真26　懸仏　裏

文六年(一三六一)は、北朝では正平十六年、南朝では康安元年(三月二十九日改元)に当る。本資料も関東(武蔵)型の一事例に属するものであろう。

三　中世の宿と市神祭祀

前節でも紹介した「市場之祭文写」には、市名の記載はないが、舎人には近世後半には宿場が形成されていた。その起源は定かでないものの、『風土記稿』舎人町条[15]には、「古毎月二七日市日近村赤山伊奈右近将監陣屋頃屢人馬継立賑」うとし、かつて六斉市が開催されていたことを伝えている。豊田武氏は、舎人を含めた近世後半に確認できる武蔵・相模に分布する市を、遅くとも寛永年間(一六二四〜四四)の成立と目論む[16]。舎人地域は、戦国時代末期には舎人郷という独立領域であり、六斉市も中世末期には既に成立していたかも知れない。伊久宇市と舎人の六斉市は中世後期には、隣接する市場として密接に関連していた可能性がある。

三三市のうち舎人近隣では、「武州伊久宇市」は「伊古宇」に当ると推定される。周辺では蕨(埼玉県蕨市)・遊馬(埼玉県草加市)・鳩谷(埼玉県旧鳩ケ谷市、現川口市)・彦名(埼玉県三郷市)・花和田(同前)等の市が見える。

現氷川神社との関係性が説の分かれるところではあるが、中世舎人郷の神明社には、おそらくその段階の領主であったろう野上某が主体となり、伊勢系神官波太夫によりNo.1懸仏五面が寄進奉納された。波太夫も舎人郷にあって市神祭祀にも関わった可能性は高い。およそ十四世紀を上限とする懸仏五面が伝来する、現舎人氷川神社は境内社等にもその痕跡はないが、懸仏を在来の神社什宝と目せば、正治二年創建説は措くとしても、正に中世市の展開した段階と重複するであろう。これは飽くまで推測ではあるが、現舎人氷川神社は中世舎人の市神の祭祀とも不可分に関わっていたかもしれない。

おわりに

舎人は隣接する伊興と共に東武蔵市場経済圏の一画を形作っており、懸仏が奉戴された神明社も伊勢系神官波太夫家の主導下、市神祭祀を行っていたことが推察される。

十六世紀半ばの戦国期には、顕著な史料的な明証がある舎人郷であるが、それ以前の様相を察する材料には恵まれて来なかった。今後、氷川神社に伝来した十四世紀の懸仏群は、神仏習合という信仰史的な面だけではなく、市という地域経済の場の問題とも絡め、更に考察を進めて行く必要があろう。中世を通じ地域における伊勢系神官（御師）あるいや修験の動向を、地域に残された懸仏等の宗教遺物と絡めて考察する作業も今後求められて来るのではないか。遺物分布の図化等も面白い作業結果をもたらすかも知れない。板碑等とは別途の中世的な地域の状況を示すことが期待される。

註

（1）　拙著『戦国期東武蔵の戦乱と信仰』（二〇一三年九月、岩田書院）第二章一節「戦国期武蔵国足立郡舎人郷と舎人氏」（初出「戦国期の武蔵国足立郡舎人郷と舎人氏」、『地方史研究』第三九巻一号、一九八九年二月、地方史研究協議会）参照。

（2）　豊田武「第三章一節三　定期の分布の状態」（『増訂中世日本商業史の研究』、一九五二年一月、岩波書店）。

（3）『神社明細』（一九九三年七月、足立区教育委員会）の「明治十二年　神社取調帳」の「（舎人）氷川神社」の項（一二四〜一二八頁）。
（4）加島　勝「Ⅰ　懸仏の歴史」（『武相の懸仏』、一九八五年十月、町田市立博物館）参照。
（5）『足立区文化財調査報告書』№1（一九六七年三月、足立区教育委員会）二〇・二一頁。
（6）『武蔵史料銘記集』（一九六六年十一月、東京堂出版）第三〇一号史料。本書は、№1の紀年を「応永」と判読し、「（注）新風土記ニ応和六年五月ト記スモ応永ト見ラレル」と注記を付している。しかし、赤外線調査の結果は明らかに「応和」であった。
（7）大日本地誌大系『新編武蔵風土記稿』第七巻（一九七七年五月、雄山閣）二〇四・二〇五頁。ただし、挿図は浄書献上本を底本とする『新編武蔵風土記（足立区編）』（一九八九年十二月、足立区教育委員会）七〇頁掲載の表現が細密なものを使用。
（8）二〇〇八年十月六日、東京国立博物館金工室長で、足立区文化財保護審議会臨時委員を兼任された加島　勝氏のご協力で実施した。
（9）太田　亮『姓氏家系大辞典』第三巻（一九六三年十一月、角川書店）「野上」の項参照。
（10）東京都公文書館所蔵『第一課文書　社寺補遺　官房』第二巻（請求番号621・A3・9）。
（11）前掲『神社明細』。
（12）加島　勝「Ⅱ　武相の懸仏」（前掲『武相の懸仏』）参照。
（13）平成二〇年度第二回足立区文化財保護審議会答申意見書。
（14）前掲『武蔵史料銘記集』第一七六号史料。

（15）前掲大日本地誌大系『新編武蔵風土記稿』第七巻二〇三頁。

（16）前掲豊田武「第三章一節三　定期の分布の状態」（『増訂中世日本商業史の研究』）。

第三節　地縁の碑《いしぶみ》
―中近世地域社会の造塔―

はじめに

中世在地社会の成長については、十五世紀後半の中世入間川下流域では庚申待供養板碑の発生に象徴されること、また希少例ながら東京北東地域の一画である中世伊興で同一形式の板碑が、夜念仏供養を継続して造立されていた痕跡があることを先著で明らかにした(1)。いずれも在地民俗慣行において、石造塔にその儀礼完了を記録し継続することが、中世東京北東地域周辺で初めて展開したことは特筆すべきことである。

本節では、旧著で言及できなかった庚申待供養に伴う造塔活動が、中世半ばから近世に如何に継続・展開したかを淵江郷(領)・舎人郷(領)の系譜を引き、数量の多さと濃密な分布状況で資料としての理がある東京北東部、なかんずく東京都足立区域を事例に概観してみたい。言うまでもなく、同区域は中世庚申待供養板碑、近世庚申塔の初発資料を扼する地域であり、限定された地域ながら考察対象として好事例を示す地域である(2)。

庚申塔については、近年、石神裕之氏が『近世庚申塔の考古学』(3)を発表している。同書は従来の石仏趣味を排し、江戸と周辺地域の資料を対象として考古学的な視角と数量分析で近世庚申塔を研究の俎上に載せたものである。微に入り細にわたる考察がなされており、本節の初出稿が既に役に立たなくなっている感はあるが、若干視点の相違もあるので、石神氏の見解を参酌しながら行論したい。

一　地縁の碑の誕生

結衆板碑は、十三世紀前半に始まった板碑造立の習俗にあって、従来の追善・逆修供養とは趣を異にした内容を持っている。地域社会で行われた民間信仰行事参加者が、行事完了と祈願成就を期して板碑を建てたことは、果たしてどのような意味があるのであろうか。

追善・逆修供養は親族や血縁者、あるいは自分自身の来世安楽を祈ることを目的としている。これに対し結衆板碑は、地縁に基づく集団（種々の呼称があるが、本節では中世は「結衆」、近世は「講」を用いる）が一定の期日と場所に会して祈願し、結願を記念するものである。特に月待習俗は、農業暦と深く関連することが従来から指摘されている(4)。また、結衆板碑の参加者が、武蔵国佐々目郷で繰り広げた、領主鶴岡八幡宮への年貢減免運動を主導した有力農民層に匹敵する階層の人々であったという研究もある(5)。

従来の追善・逆修供養と同じく、主尊に阿弥陀如来を頂き、浄土信仰に基づきながらも結衆の祈願へと形を大きく様変わりさせている。十五世紀後半の結衆板碑出現は、血縁を主軸とした従来の供養に、地縁に基づく結願という新たな造塔の意趣に大きく転換を遂げた。地域社会での地縁の成熟を具体化した碑《いしぶみ》が誕生したのである。縣敏夫は特に庚申待結衆について「典型的な村落的結衆」と評価している(6)。本節は供養塔としての板碑から、地縁の記録・記念化という意味合いを込め敢えて「碑」という語彙を用いた。

二　夜に象《かたど》られる結衆

「話は庚申の晩に」という譬えもあるように、庚申待や月待、念仏行事が行われたのが、「夜」であることも注目すべきである。いつの時代に限らず、地域社会の寄り合いや決め事が夜間に催されるのは、現代の町会や自治会の集会を思い起こすのが早い。日中は労働に拘束されることを考えれば至極当然でもあるが、結衆を構成した人々の信仰行事が夜を期して行われたことは、中世人の時間感覚の表れとして重要であろう。この点に関しては、既に千々和到氏が「東国の霜月三夜の月待は、村の結衆によって、村の平和と農業生産の成就を祈り、ときには村にとって重要な決定をなすような寄りあいの機能を持っていた」という卓見を示している(7)。

また『吾妻問答』巻末によれば、連歌師飯尾宗祇が隅田川の畔で、地元の若者たちに請われるままに連歌の神髄を説いたのは、「月待」の夜であった。

〔史料1〕吾妻問答(8)

右此の一巻は、武蔵国隅田川原近きあたりにしば〳〵宿る事侍しに、若き人々あまた侍りしが、京にて見る人などよりも心ざし深き様なれば、事問ひかはす事なども侍りしに、三月の下絃の比、宵過ぐる程の物語など仕りしに、今夜は大方の人だにも月待ちなど申す物を、山の端近き愁ひをも言はずしてはいかでかなど語ひし次いでに、此道のいろ〳〵を尋ね侍るを、其の人の様もありがたく、又は後の世の思ひ出にもと思ひ侍りて、深け行くまゝに、かたはしづゝ申し侍るを、後に注してなど侍れば、いなびがたくて、書と留むる事になりぬ。まことに短慮未練の至、後見の嘲り、穴賢々々。

文明第二三月　　　　　　　　　　　　　　　　　宗祇

時を過ごすための夜噺とは言え、「月待」の夜は饗宴などの余興の一方で、芸道の奥儀が伝授される厳粛な時間であったようだ。宗祇が若者に乞われるままに連歌論を説いたのは文明二年（一四七〇）であり、武蔵型板碑に月待板碑が出現、流行する十五世紀後半に合致する。(9) なお宗祇が暫く逗留し、若者が多数いた「武蔵国隅田川原ちかきあたり」とは、本書第二章第一節や第三章第三節および付論で関説する石浜辺であったのかもしれない（隅田宿ならば下総国と表記されるであろう）。

三　中世後期在地に出現した個性

結衆板碑は室町・戦国時代の地域社会の姿を、「地縁」という新たな人間関係が中世入間川下流域で動き始めたことを物語っている。またこの時代は、結衆という枠組みを持ちつつも、在地の個々人が名前という最も個性的な人間の属性を文字に刻み始めた画期的な時代と言えるのである。

例えば日蓮宗の古刹である千葉県松戸市本土寺の『本土寺過去帳』(10) は、中世半ばから近世初期にかけて書き継がれた死者の名前を記した帳簿である（板碑と同じく、逆修供養もある）。この帳簿は、記載者名を命日や記入日ごとに一日から三十日に分類し、祥月命日のたびに読み上げ供養したものである。『本土寺過去帳』には東北から九州まで、約一万の人々が結縁した。中世淵江郷・舎人郷域でも七件の記事を見付けることができる。十五世紀中頃の領主であった「千葉介自胤」を除き、他の人々は「大過去帳」を唯一の所見とする。『本土寺過去帳』にその名を掲載して供養してもらうには、当然金銭的な喜捨が伴った。また『本土寺過去帳』登載希望者の取りまとめは、各地域の日蓮宗寺院が行ったことが多いことも分かってきた。[11] 結衆板碑の流行と同時期の、『本土寺過去帳』にこの地域の人々の名前が出現したことは、地域にあって住民が、個人の存在を主張できる環境が整ったことを意味するものであろう。

四　淵江・舎人郷（領）周辺の庚申信仰と造塔の系譜

1　東京北東地域周辺の庚申待板碑

古代中国の道教に由来する庚申信仰は、日本には平安初期に流入し、三尸《さんし》という想像上の霊虫が庚申の晩に抜け出て日頃の罪業を天帝に申告すると短命に終わるという俗信から、貴族社会に庚申の晩を徹夜する「守庚申」が広まった。室町期には『庚申縁起』が流布され、浸透の度を強めた。しかし、この信仰儀礼に伴う造塔行為が始まるのは十五世紀半ば以降、東国からで、全国的に見て古い庚申待板碑をも含めた広義の庚申塔が特に中世入間川下流域に集中する。東京北東地域の一画にある足立区もこの分布圏に属する。

この地域周辺で最古の資料は、実相寺（埼玉県川口市）所蔵の文明三年（一四七一）銘板碑である。「申待」銘は庚申待と解され、「庚申塔」としても日本最古である。「庚申待」と刻む古い板碑は、足立区立郷土博物館保管の文明十五年（一四八三）銘板碑がある。最新は、長安寺（埼玉県八潮市）所蔵の天正二十年（一五九二）銘板碑[12]である。都内では一三基の庚申待板碑が知られ、そのうち一〇基が足立・葛飾区等東京北東部に分布する。先掲の文明十五年銘板碑が上限である。

庚申待板碑の造立者銘は、中世村落住人の俗名や出家者名が多く各地域で結衆が組織・造立された。結衆は十数人のものが一般的である。結衆交名には僧侶名も見え、庚申待の唱導や板碑造立を指導したと推定される。本節では、出現期の早いこと、数量の多いことで資料的に傾向が指摘できる中世淵江郷・舎人郷の郷域がほぼ近世淵江領・舎人領、そして両域が近代南足立郡に継承された現東京都足立区域の庚申塔に如何に継承されるのかついて述べてみる。

2　近世初頭における中世庚申待習俗の継承

先掲した石神氏の近著は、服部清道が『板碑概説』で、庚申塔の起源を中世の板碑に求めたが[13]、後発研究で必ずしもその連続性が立証できないこと、あるいは石材の質(武蔵型板碑は緑泥片岩、庚申塔は主に安山岩)や形態の面で「性格を異にする資料」とし、中世庚申待板碑を除外し近世初期以降の庚申塔に特化して「近世庚申塔」を考察対象にしている。さらに中世庚申待習俗について「広範囲にわたって画一的に伝播されていったのではなく、地域ごとに個別的な発展を遂げた可能性が推測できる[14]」という見通しを述べている。

冒頭でも述べたとおり石神氏は、「近世庚申塔」の分析資料を抽出する対象地域を江戸とその周辺地域とした。五街道と江戸四宿の存在を加味しこれを現代に置き換え、都心部・東京南部・東京西部・東京北部・東京東部の五地域に分けて分析作業をしている。足立区域は、荒川・江戸川・葛飾各区と共に東京東部に分類された[15]。同書の石神氏発案の「近世庚申塔の型式設定[16]」によれば、東京東部は足立区花畑三丁目正覚院の元和九年(一六二三)銘のB−1a型(本節で言う従来の「板碑型」)が関東地方においても初出とすることができ、この型式は東京北部と共に存続期間が長いという特徴が指摘されている[17]。

従来から庚申塔研究者によって指摘されてきたのが、①足立区花畑三丁目正覚院の元和九年銘[18](写真27)、これに続く②北区赤羽三丁目宝幢院の寛永十六年(一六三九)銘[19](写真28)、そして③荒川区町屋二丁目稲荷神社の正保四年(一六四七)[20](写真29)銘三基の、板碑から形式を引き頭部を山型に整形し、線刻阿弥陀三尊像を主尊とした近似性である。以

写真28　庚申塔〈寛永十六年銘〉
（所蔵 東京都北区宝幢院）

写真27　庚申塔〈元和九年銘〉
（所蔵 東京都足立区正覚院）
＊足立区指定有形民俗文化財。

写真29　庚申塔〈正保四年銘〉
（東京都荒川区町屋稲荷神社　所蔵 東京都荒川区素盞雄神社）
＊荒川区指定有形民俗文化財（民俗資料）。

図10　庚申塔〈元和九年銘〉の3次元計測データによる処理画像

上三基は形態を同じくするが、主尊の像容表現や彫刻技法については異なる特徴を示す。しかし、東京東部および東京北部において初期に属する資料である。①と②は一六年、②と③は八年という短期間の経過で造立事例が出現している。

繰り返しになるが、東京北東部地域には中世庚申待板碑の濃密な分布状況がある。中世庚申待板碑および近世庚申塔でいずれも初発を扼する地域である点を忘れてはならない。石神氏の言う「地域ごとに個別的な発展を遂げた可能性」を踏まえると、東京東部および東京北部においては、庚申待習俗は板碑から庚申塔に継承された傾向が「強い」と指摘できる。

また石神氏の言う東京東部地域で、同氏分類のB-1a型で銘文の点で注目したい庚申塔を一基紹介しておく。既に先著[21]で中世村落の所在比定に引用したこともある史料である。

〔史料2〕庚申塔（延宝八年銘）銘文(22)　東京都足立区栗原一丁目猿仏塚所在

延宝八年庚申十一月五日

奉待庚申供養所願成就

淵江石塚村大施主十六

「黄梅院文書」応永四年（一三九七）七月廿日付鎌倉公方足利氏満寄進状および武蔵守護上杉朝宗施行状には「淵江郷石塚村」（東京都足立区栗原付近）が円覚寺塔頭黄梅院に寄進されたことが記されている。近世初期の正保年間（一六四四～四八）に幕府作成の『武蔵田園簿』(23)段階は栗原村であり、旧「石塚村」名は消滅していたが、施主一六名による庚申塔造立に際し、中世旧村名を使用しているのである。この一例のみを以て断定はできないが、庚申待習俗を共にする講にとって、行が成就し造塔する段階で出現した旧村名は、この集団が中世的な紐帯で結ばれていた可能性を示唆するものと言えるであろう。

3　足立区の庚申塔の研究と調査

足立区の庚申塔研究は、戦前に入本英太郎氏の報告(24)がある。戦後、庚申懇話会が発足、会誌『庚申』に万年一氏等による事例報告が重ねられた(25)。近世庚申塔のまとまった報告は、一九五九年刊行の清水長輝『庚申塔の研究』(26)で区内所在の二七基が集録、初めて元和九年（一六二三）銘（正覚院〔花畑三丁目〕）（註（2）「足立区所在庚申塔目録稿」、関口崇史編「2足立区庚申塔一覧」のNo.1。以下、数字のみ〈　〉で示す）が紹介され、都内近世最古の庚申塔として研究者に周知された。その後、足立史談会や区教育委員会による文化財調査もなされ、従来の調査で判明している亡失分も含め二四八基を区内で確認した。区内現存最古の塔（庚申待板碑を除く）は、先述の正覚院の元和九年銘である〈1〉。近世最末期の塔は文久二年（一八六二）銘の塔が三基ある〈219～221〉。僅かではあるが近代以降も造立され、明治六年（一八七三）銘（安養院［千住五丁目］）〈222〉等がある。下河原公園（東綾瀬一丁目）の平成八年（一九九六）銘〈224〉は、現代の造塔である。区内の造立は一六二〇年代に開始、徐々に増加し一六九〇年代に頂点を迎え十八世紀に逓減する。十九世紀は少数ながら一定の造立を保ち、明治期には広域的な造塔は終焉するが、現代に至るも講の維持されている地域があり、この区域の庚申信仰の息の長さを知ることができる。

なお関口崇史氏のご教示によれば、足立区所在の庚申塔中、安政二年（一八五五）銘（清亮寺［日ノ出町］）〈217〉が貞享三年（一六八六）・寛延二年（一七四九）に、前掲明治六年銘（安養院［千住五丁目］）〈222〉がやはり貞享三年・寛延二年および寛政年中（一七八九～一八〇一）と継続して造立されてきた経緯が銘文から確認できる。事例は二基ながら、近世を通じて講と造塔がこの地域で維持継承されてきた様相が垣間見れるのである。

4　所在地

これから述べる数値は、現在確認できる所在地での集計で、必ずしも造立当時の状況ではないことを断っておく。区内の造立場所は一三八地点である。多くが寺社境内や路傍だが、個人宅の屋敷神等にも祀られた。地域別（近代一〇カ村）では、千住二六基（一三地点）、西新井四〇基（二三地点）、江北三六基（二〇地点）、舎人五基（五地点）、梅島二八基（一五地点）、綾瀬二五基（一四地点）、東淵江一九基（一一地点）、花畑三九基（一七地点）、淵江二四基（一四地点）、伊興六基（六地点）である。江戸開幕前の中世村落の系譜を引く村も近世以降成立の村と大差はなく、区全域で講が組織され、多くの塔が造立された。時間軸に加え、本区域における庚申待習俗の普及度が窺える。

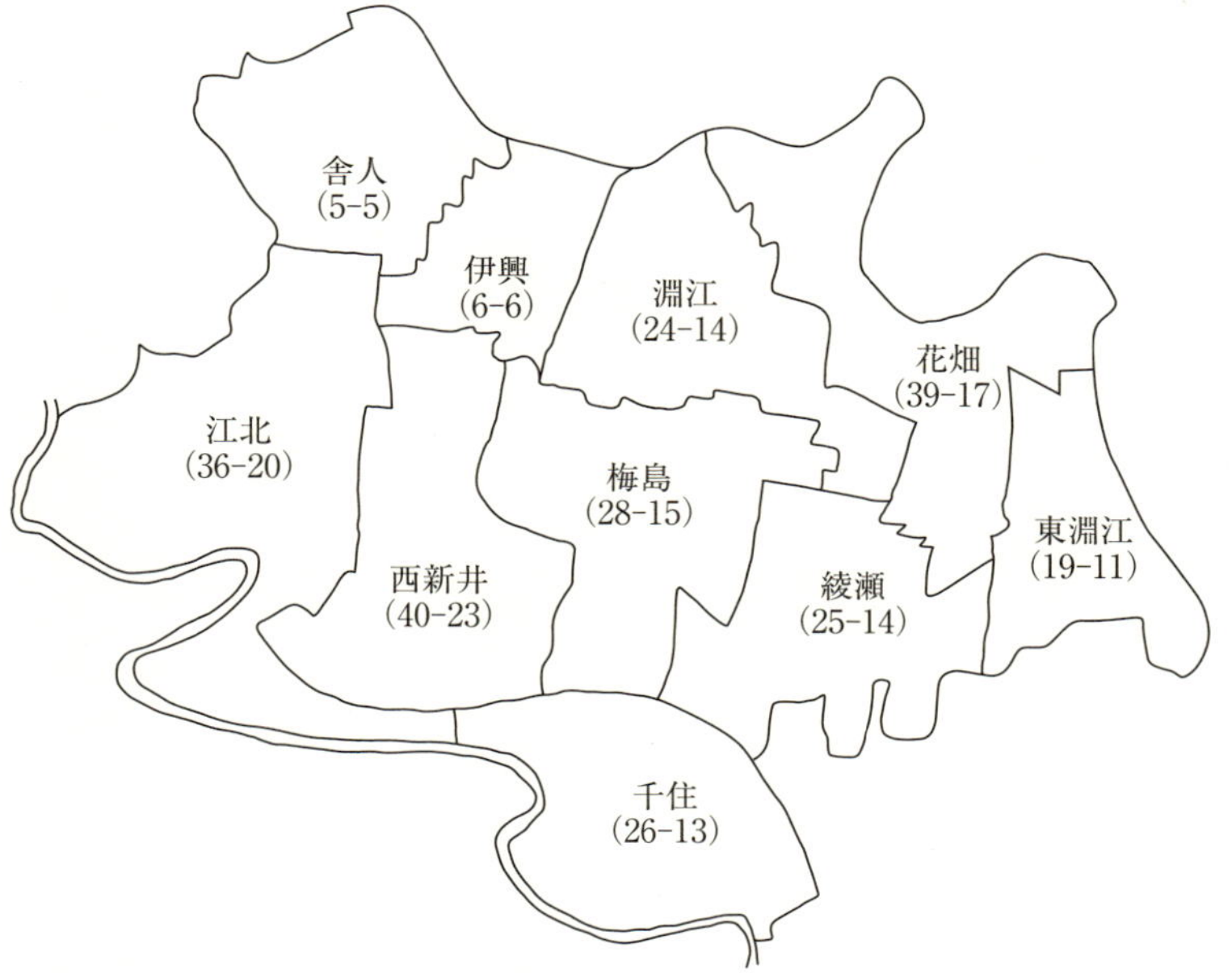

図11　近世淵江・舎人領の庚申塔分布地域
＊図中の(　)内は基数-造立地点数。

5　形態

区内庚申塔には、様々な形態がある（図12）。板碑型は、先述元和九年銘が初見で、三六基（うち双式板碑型二基）ある。十七から十八世紀前半頃までに造立の塔に多く見える。まさに中世武蔵型板碑の造形を意識・継承した形式と言える。その後、この傾向は徐々に変化し、様々な意匠が現れてくる。まず光背型は、承応二年（一六五三）銘（実性寺［花畑三丁目］）〈7〉を上限とし四七基ある。この型は板碑型に遅れて出現し、十九世紀前半頃まで造立された。十七世紀後半から十八世紀前半にかけ多い。

角柱型は、元文五年（一七四〇）銘（阿弥陀堂［扇三丁目］）〈147〉を初現とし、一五基あった。笠付角柱型は、寛文四年（一六六四）銘（源長寺［千住仲町］）〈26〉を上限に一一基あった。区内では両型とも断続的に造立され、前者は比較的新しい時代、後者は古い時代に多い。隅丸方形型は、宝暦十年（一七六〇）銘（個人宅［扇二丁目］）〈159〉一基のみである。駒型は貞享

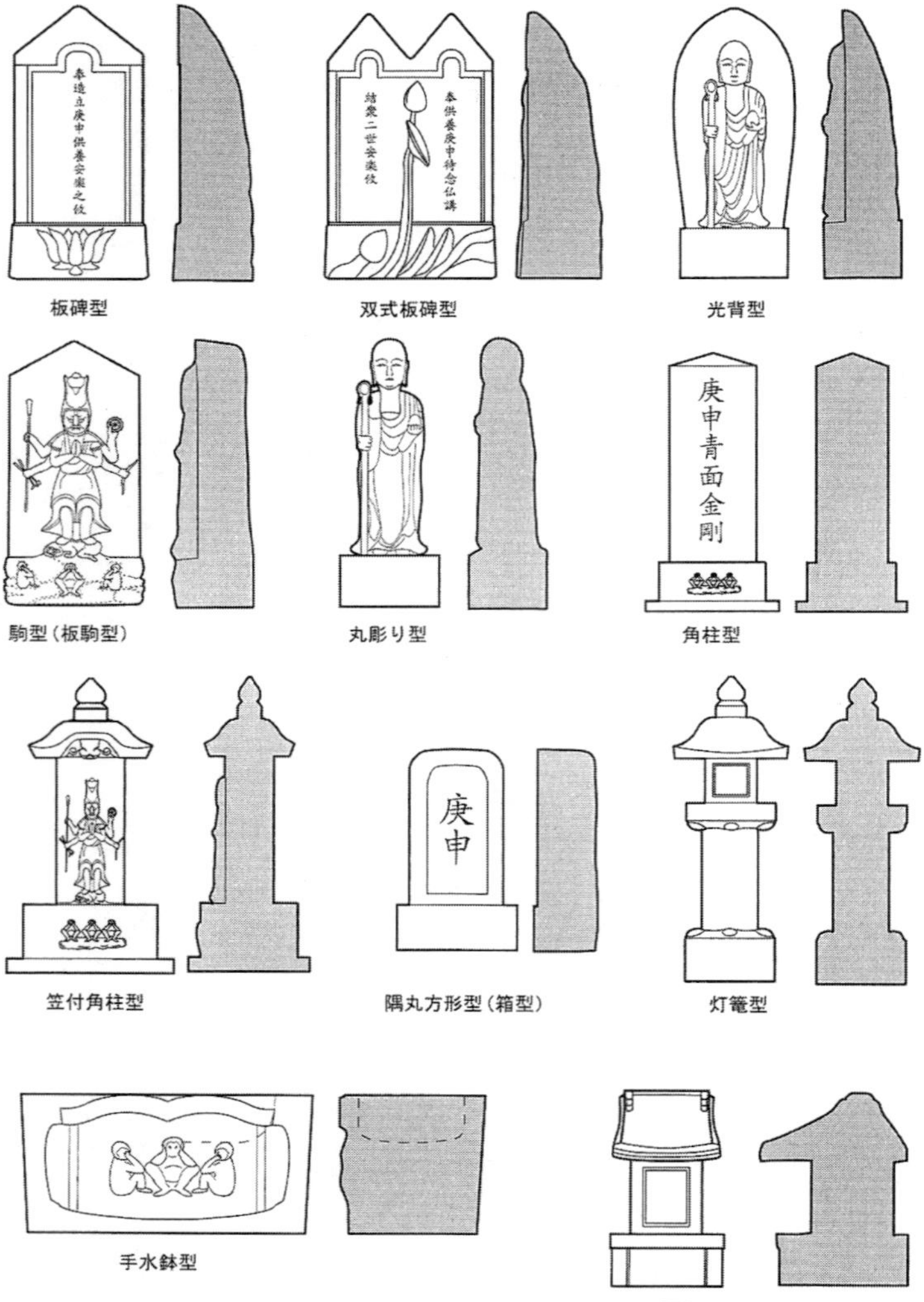

図12　庚申塔の形態分類模式図（作成　村山 卓）

元年（一六八四）銘（不動堂［扇一丁目］）〈61〉が初現で、一〇八基あった。

丸彫り型は、地蔵菩薩立像を刻んだ寛文四年（一六六四）銘（加賀町会館［加賀二丁目］）〈24〉を上限とし六基あった。丸彫り型の庚申塔は、三嶋神社（扇二丁目）に元禄十年（一六九七）銘の仁王立像〈94〉がある以外、全て地蔵菩薩立像である。


自然石型は九基である。川原石様の丸石を用いたもの（七基）と、割り石を不整形で用いたもの（二基）の二種類がある。前者は一般に「庚申」等の文字を刻む「文字塔」に多く、天保九年（一八三八）銘（元宿神社［千住元町］）〈209〉等がある。また丸石の表面を平らにし、板碑型の如き碑面を作り出した例（総持寺［西新井一丁目］）〈225〉もあった。一般的に紀年銘を刻む例は少ない。一方、後者は大正二年（一九一三）銘（個人宅［六月二丁目］）〈223〉等がある。区内の自然石型は、十九世紀以降の事例である比較的新しい形態である。石祠型は、元禄八年（一六九五）銘（北野神社［綾瀬二丁目］）〈87〉他二基が知られる。隣接区では確認できず、極めて珍しい形態である。手水鉢型は、天和三年（一六八三）銘（西光院［千住曙町］）〈60〉以下三基がある。灯籠型は石灯籠を庚申塔とし、延宝六年（一六七八）銘（三嶋神社［扇二丁目］）〈51〉等四例である。絶対数が多いだけに、この地域における庚申塔形態は、多様な変化に富むものであった。中世後期に発生した地縁の造塔は、近世後期に至り形態の点でも成熟の極みを迎えたと言える。

6　主尊

中世の庚申待板碑と異なり、庚申待供養の主尊も近世には多種のものがあった。足立区域で分類すると次のようであった。

青面金剛は一二二基を数えた。そのうち彫像が一一五基と多数を占め、「青面金剛」等の文字を刻んだ文字塔が七基である。寛文四年（一六六四）銘（円性寺〔東和一丁目〕）〈27〉を初見とし、各時代を通じて造立された。この習俗において最も典型的な主尊である。地蔵菩薩は青面金剛に次いで多く、初現は承応二年銘（実性寺〔花畑三丁目〕）〈7〉で二七基であった（六地蔵二例を含む）。

阿弥陀如来は、先述元和九年銘を初出とし六基ある。特にこの塔は、阿弥陀三尊来迎図を線刻し意匠的に優れている。類例は先述した北区赤羽宝幢院（寛永十六年〈一六三九〉銘）や荒川区町屋稲荷神社（正保四年〈一六四七〉銘）等、近隣に小数あり、庚申待板碑主尊の阿弥陀図像と類似し中近世移行期の造塔を探る上でも重要である。ただし、近世庚申信仰は、中世武蔵型板碑に見られる阿弥陀如来を主尊とする信仰思潮からは解放されていると言える。

聖観音菩薩は寛文四年（一六六四）（観音寺〔綾瀬四丁目〕）〈29〉以下三基を認めた。ほか釈迦如来（寛文四年銘（長性寺〔西綾瀬三丁目〕）〉〈28〉、弁財天（元禄二年〈一六八九〉銘（氷川神社〔千住仲町〕）〉〈70〉、如意輪観音（貞享元年〈一六八四〉銘（不動堂〔扇一丁目〕）〉〈61〉、仁王（元禄十年銘（三嶋神社〔扇二丁目〕）〉〈94〉を主尊とするものや山王廿一仏種子（寛文三年銘（胡録神社〔本木南町〕）〉〈22〉を主尊とするものなどがある。

「庚申」や「青面金剛」、「百体庚申塔」等と文字を大書した塔は、元禄四年銘（路傍〔大谷田一丁目〕）〈76〉以下二一基がある。こうした「文字塔」は十八世紀後半から十九世紀にかけ多数造立された。造形を簡略化した形態であり庚申待習俗の浸透と同時にその衰退が見て取れる。

7　造立者

区域で造立者名を刻銘した塔は、一三八基ある。造立に関わった人数はまちまちである。文政十二年（一八二九）銘（円泉寺〔加平二丁目〕）〈207〉は、願主が一名の例から、元禄十五年銘（西門寺・西光寺跡〔舎人二・五丁目〕）〈110・111〉のように九〇人以上の事例もあるが、十数名前後が一般的であった。中世庚申信仰の主体は男性のようだが、区内では十七世紀半ばに女性の講参加が確認でき、元禄七年銘〈林松寺［花畑一丁目］〉〈85〉等は女性中心で造立されている。寛延三年〈一七五〇〉銘〈路傍［梅田四丁目］〉〈152〉は「女講中三拾四人」と刻み、女人講も組織されていた。造立者の多くは俗人だが、僧侶が加わる例は十七世紀頃までで、十八世紀以降はほとんど見られない。以降、庶民を主体に造塔され、農民に加え大工や石工等職人も造塔に参加していた。

おわりに

近世の一定領域に展開した庚申待供養のための造塔について概観すると、中世末期に忽然と武蔵型板碑が消滅する現象自体、大きな謎であるが、地域社会では庚申待習俗においても板碑から見事に庚申塔への変換を遂げたのである。先述したように十七世紀から十八世紀前半までは、旧来の板碑の形状に依拠した板碑型が初期庚申塔の典型的な型式であったが、その後光背型等変化に富んだ形式が出現した。

講を構成する者も、十七世紀半ばを境に、儀礼における導師のような役割を担ったであろう僧侶も参加しなくなった。講が信仰儀礼の場から、地域の寄合に変化したことが知れる。また講に集う者の性差に注目すると、十七世紀中頃から女性の参加が確認できる。行事の平準化がより一層地域社会に浸透して行ったことが明らかになる。

中世入間川下流地域で、十五世紀にさかのぼり出現した地域社会の庚申待や月待を契機に造塔する活動は、十六世紀末から十七世紀初頭、開幕という政治状況と呼応するかのように材質や造形面で大きな変換を図った。その後、十七世紀中頃を期して解体は言うに及ばす、講構成から職業的な宗教者は姿を消し、女性参加も進んだのであった。

地域社会では多分に農事暦等に規定され、当初は慣習として開始された月待は、場に集う多人数の結衆に発展し、中世村落の年貢減免運動の推進主体とも重なることが推測されている。しかし、政治的な局面を措いても、地域内結合の絶え間ない歴史を石に刻んで現代に残し語りかけている。石神裕之氏が先鞭を付けたことで、文献史料を主体とした近世史研究の膨大な蓄積とは別に、石造物に刻記された文字史料を主軸とした中近世通史が模索できる準備が整いつつある。

註

（1）拙稿「第七章　地域の信仰と造塔」（『戦国期東武蔵の戦乱と信仰』、二〇一三年九月、岩田書院）参照。
（2）足立区域全体の庚申塔については、足立区教育委員会事務局文化課文化財係「足立区所在庚申塔目録稿」（『足立区立郷土博物館紀要』第二九号、二〇〇八年三月）を参照。また同区域の造塔の古さと広がりについては、特別区庚申塔共同調査チーム（関口崇史編）「東京東部庚申塔データ集成」（『文化財の保護』第四三号、二〇一一年三月、東京都教育委員会）参照。
（3）石神裕之『近世庚申塔の考古学』（二〇一三年四月、慶応義塾大学出版会）。
（4）千々和到「八　月待に見る都鄙の交流」（『板碑とその時代—てぢかな文化財・みぢかな中世—』、一九八八年三月、平凡社）参照。
（5）有元修一「中世民間信仰の一形態—板碑にみる月待信仰—」（『地方文化の伝統と創造』、一九七六年五月、地方史研究協議会）参照。
（6）縣　敏夫「武蔵板碑における結衆の変遷および分類」（『「開発」と地域民衆—その歴史像を求めて—』、一九九一年十月、雄山閣出版、一〇七頁)。

(7)　前掲千々和到「八　月待に見る都鄙の交流」参照。

(8)　日本古典文学大系『連歌論集』(一九六一年二月、岩波書店)二三七頁。

(9)　諸岡　勝「月待・庚申待・夜念仏板碑資料目録」(『特別展　あしもとの文化財でたどる室町・戦国時代―荒川下流地域の結衆板碑―』、一九九八年十月、足立区立郷土博物館)参照。

(10)　『千葉県史料』中世篇本土寺過去帳(一九八二年三月)六二頁。

(11)　拙稿「東京低地の村と信仰」(『東京低地の中世を考える』、一九九五年三月、名著出版)参照。

(12)　前掲諸岡　勝「月待・庚申待・夜念仏板碑資料目録」参照。ただし近年、縣　敏夫「庚申待板碑の初発について―飯能市上名栗・庚申講銘板碑の検討―」(『日本の石仏』第一三八号、二〇一一年六月、日本石仏協会)が発表され、初出資料が一基さかのぼる可能性も出てきている。

(13)　服部清道『板碑概説』(一九三三年九月、鳳鳴書院)第二篇二章八節「庚申待と板碑」参照。

(14)　前掲『近世庚申塔の考古学』九五頁。

(15)　前掲『近世庚申塔の考古学』四一・四二頁。

(16)　前掲『近世庚申塔の考古学』四二～四七頁。

(17)　前掲『近世庚申塔の考古学』五三頁。

(18)　東京都足立区花畑正覚院庚申塔(元和九年〈一六二三〉銘)、前掲特別区庚申塔共同調査チーム「東京東部庚申塔データ集成」所収「28　東京東部庚申塔データ」のNo.11。

(19)　東京都北区赤羽宝幢院庚申塔(寛永十六年〈一六三九〉銘)、前掲特別区庚申塔共同調査チーム「東京東部庚申塔データ

集成」所収「28　東京東部庚申塔データ」のNo.17。

(20) 東京都荒川区町屋稲荷神社（正保四年〈一六四七〉銘）、前掲特別区庚申塔共同調査チーム「東京東部庚申塔データ集成」所収「28　東京東部庚申塔データ」のNo.22。

(21) 前掲『戦国期東武蔵の戦乱と信仰』四四頁。

(22) 『足立区文化財調査報告書　庚申塔編』（一九八六年三月、足立区教育委員会）一〇六頁。

(23) 『東京市史稿』市街篇第六付録『武蔵田園簿』（一九二九年一月、東京市役所）。

(24) 入本英太郎「東京北郊の板碑」（『武蔵野』第一九巻三号、一九三二年九月、武蔵野文化協会）。

(25) 例えば万年一「隅田川辺両岸庚申塔一覧」（『庚申』第四〇号、一九六五年九月、庚申懇話会）には、一八基の足立区内所在庚申塔が紹介されている。

(26) 清水長輝『庚申塔の研究』（復刻版、一九八八年九月、名著出版）口絵および五三・五四頁。

付記　本節中の図版作成については、凸版印刷株式会社のご協力を得ました。

第二章　水域が育む伝説空間

第一節　水辺を彩る女性往生譚

―中世入間川下流地域の伝説世界―

はじめに

序章でも述べたように、中世江戸と周辺域は湾や河川という水域に添う地勢によって、地域社会を基盤とした伝承文芸的な事象を発生させている。

特に中世入間川(近世荒川)とこれに合流する隅田川周辺には、様々な伝説が遺跡や遺品を伴う形で現在まで伝承されている。それらは史実や住民の地域史観から生成・成長したもう一つの歴史でもある。梅若丸および六阿弥陀の伝説も中世入間川下流域に伝承され、河川や両岸地域史に深く関わる背景を持つものである。

一　梅若丸伝説

東京都墨田区堤通二丁目の梅柳山木母寺(天台宗)に所蔵される、延宝七年(一六七九)、高崎城主安藤対馬守重治が寄進した『梅若権現御縁起』全三巻は、隅田川沿岸を舞台とした母子の悲話伝説を今に伝える。その梗概は次のようなものである。(1)

写真30　『紙本着色梅若権現御縁起』下巻　部分（所蔵　東京都墨田区木母寺）
＊墨田区指定有形文化財（絵画）。

京北白川の貴族「吉田少将これふさ」と「花御せ」夫婦は、日吉社に祈願し梅若丸を授かった。五歳で父を失い、七歳で比叡山に遊学した梅若丸は、山内抗争に巻き込まれ下山し、近江大津の浜で人商人信夫の藤太に勾かされ奥州に向かう。途中、武蔵と下総の境の隅田川まで来て病に罹り、藤太はそのまま梅若丸を捨て去った。「隅田関屋の里」＝隅田宿の住人の介抱の甲斐もなく、貞元元年（九七六）三月十五日、十二歳で世を去った。里人は僧忠円に導師になってもらい、街道の傍らに塚を築き柳を植えて目印として供養した。

都の母親は物狂いに身をやつし、梅若丸の消息を求めて東国へ下った。隅田川を渡る渡舟に乗ると、対岸では梅若丸の一周忌供養の大念仏が、里人たちにより行われていた。その曰くを渡守から開き、梅若丸の死を知った母親は、岸に着くやいなや塚に駆け寄り、一心不乱に夜通し念仏を唱えた。不思議なことに夜更け、塚の中から幼い声で念仏に唱和するのが聞こえてきた。母一人念仏を唱えると、梅若丸の姿が浮かんでは消えた。隅田関屋の里人は、母親に供養のための草庵を塚の傍らに建ててあげた。

その後、母親は塚の対岸、浅茅が原の鏡が池を水鏡に自分の姿を映してみた。その変わり様を嘆き、池に身を投げた。遺骸は容易に見つからなかったが、不思議なことに三日後、大きな亀が母親の遺骸を甲羅に乗せて浮上し、岸に降ろし土を掻き上げて埋葬した。梅若丸を供養した忠円は、弟子のそうせんをその側に置き、これを妙亀大明神と命名し供養させた。梅若丸は山王権現として祀られた。主軸は幼子の悲話ながら、右のような母親の結末からこの伝説も女性往生譚の一類型として位置付けることができる。

絵巻の骨子は、山王信仰の要素（近世初期に混入か）を除けば、観世元雅（永享四年〈一四三二〉没）作の謡曲「隅田川」に極めて類似する。巻末には「破損に及ひ、書画文詞正しからざる故」安藤重治が再興、寄進したと記される。破損した前絵巻の詳細は不明である。ただし、中巻で隅田宿を「東海大路」＝古代東海道の道筋（第三章第三節参照）と記述し、また梅若丸・藤太の道行きの行程が中世鎌倉街道下ノ道に一致するなど、近世以前の交通事情を反映していることから、前絵巻の成立は中世までさかのぼる可能性が高い。

梅若丸をめぐる絵巻には、ニューヨーク・スペンサーコレクション所蔵の「梅若丸伝記」に代表される別系統本が存在する。展開は山王信仰を差し引いたもので、謡曲「隅田川」の内容を絵巻化したものであると言われている。木母寺が別途所蔵する絵巻『梅若丸』一〜三は、この系統に属するものである。(2)

太田道灌の招きにより、文明十七年（一四八五）より三年間、江戸城に逗留した万里集九は、その漢詩文集『梅花無尽蔵』(3)で、隅田川の都鳥を詩に織り込みながら、「河辺に柳樹有り。蓋し吉田の子梅若丸の墓処なり。其の母は北白川の人…」と注記する。この記事が現在分かる限りの梅若丸伝説を記録した最古の史料である。この記事により、伝説は遅くとも十五世紀後半には、流域に流布していたことが明らかとなる。

母子悲話の背景ついて前島康彦氏は、「東国のひなびた地方に広く伝えられていた稚児誘かい伝説」を素地に能作されたものと推定した。(4)その後、中世社会の農業生産の季節性による春から初夏にかけての飢饉、これから誘発される人身売買の現実があったことが指摘されている。(5)梅若丸が隅田川河畔で非命に斃れたのが旧暦三月十五日という設定も、架空でなくこのような時代背景があったのである。

伝説の舞台で、梅若丸に深い憐憫で接した人々が住む「隅田関屋の里」とは、後に第三章第三節および付論で詳説する中世隅田宿である。隅田宿は『義経記』が描写する、石浜と同じく水陸交通の要衝で、多様な物資の中継交易、旅客の往来、宗教者の布教活動が展開した「宿」＝交通集落であった。中世の人身売買は物資と同様、このような場で行われていた。都からさらわれた貴公子が捨てられた場所＝辺境の果てという感覚は現代のもので、伝説の終幕「隅田関屋の里」は、石浜と共に様々な人と物が行き交う流域屈指の殷賑を極めた交通集落であった。(6)

二　六阿弥陀伝説

東京北東地域で、かつて中世入間川下流域の六阿弥陀伝説に因み、近世以降、女性を中心に江戸周辺の豊島郡・足立郡・葛西に所在した縁の寺院を春秋の彼岸に巡拝することが、庶民の間で大変流行した。寺院縁起を拠り所に伝承された内容のあらましは、①両親の熊野参籠（受胎祈願）→②娘の授かり→③中世入間川両岸の領主間の婚姻→④嫁した女性の婚家での冷遇→⑤離縁された女性の侍女を伴った入間川への入水→⑥女性の死を悼んだ父親の熊野権現参籠と霊木受託→⑦熊野灘から入間川へ遡航させた霊木の着岸→⑧霊木を行基に託し六軀の阿弥陀像を彫刻しての女性の追善供養→⑨六体の阿弥陀像の近隣六カ寺への奉納、というふうに展開する。伝説の骨格は共通だが、寺院縁起間で、実家・婚家および登場人物名が異なる。

関係寺院の分布と参詣路を、巡礼者に分かり易く道案内したものに「武州江戸六阿弥陀巡拝之図」（写真31）がある。田端与楽寺（東京都北区）刊行で、現在の東京北東地域を鳥瞰するこの絵図は、武蔵野台地崖線、近世荒川（中世入間川）・隅田川水域を描き、台地と低地からなる地勢を巧みに表現し、その画中に寺院を配する。その他の関係寺院で

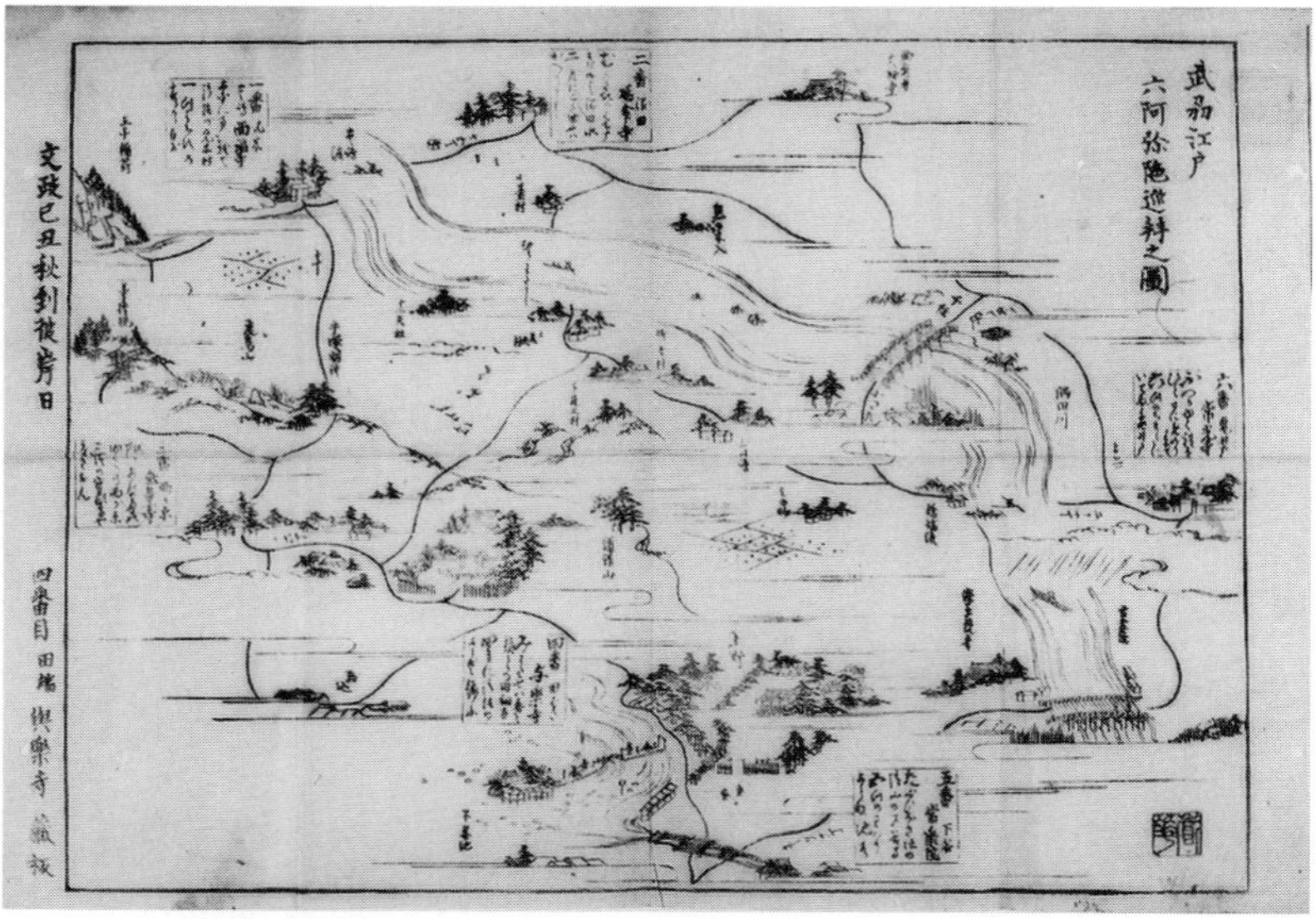

写真31　「武州江戸六阿弥陀巡拝之図」（文政12年〈1829〉田端与楽寺版　保管 足立区立郷土博物館）

も、縁起の類を版行・配布した。永寿堂刊行「六阿弥陀詣」や性翁寺刊行「六阿弥陀根本木余如来略縁起」(7)等がその典型である。

各寺院は、伝説を流布するため遺品を用いた。性翁寺では「当庵本尊彫刻之意趣性応（ママ）寺一寺起立之事」(8)でその由縁を説いている。性翁寺縁起絵(9)は、もと三幅の軸装で参詣者への縁起の絵解きに利用されたものであろう（本章付論参照）。永禄十三年（＝元亀元年・一五七〇）の年号がある阿弥陀三尊種子板碑(10)は、伝説が広まる過程で「足立姫」（性翁寺では入水した女性の名をこう呼称する）の墓とされた。

伝説の主要人物豊島清元（法名清光）は、縁起によっては女性の実父として登場する。歴史上、治承四年（一一八〇）、隅田川渡河後に息子の葛西清重と共に源頼朝軍に参加した豊島郡屈指の豪族である（この時の豊島清元や足立遠元の軍事的な動向については、第三章第一節参照）。東京都北区清光寺には、法体となった豊島清元を象《かたど》った木造豊島清光坐像（写真32）が伝えられる。寛保二年

（一七四二）、同寺釈迦堂住僧祐貞が願主、長谷川弥右衛門が施主となり奉納された。長谷川弥右衛門は、清光寺から中世入間川（近世〜近代の荒川、現在の隅田川）を渡った対岸足立郡新田（東京都足立区新田）の住人である。この時期は江戸六阿弥陀詣の盛況期と重なり、伝説を背景として法体の清元（清光）像が奉納されたことが想定される。長谷川弥右衛門の居住地新田を含めた足立郡南西域の宮城・沼田周辺は、中世入間川を取り込みながら、対岸豊島郡と一体的な六阿弥陀伝説圏を形づくっており、この像の寄進行為が行われたのである。

写真32　木造豊島清光坐像（所蔵　東京都北区清光寺）
＊北区指定有形文化財（歴史資料）。

伝説の起源は、従来、戦国時代の豊島氏（豊島郡）・宮城氏（足立郡）の通婚が背景と考えられてきた[11]。ただし、近年の研究では、この伝説が形成されている背景には、伝説の主要登場人物がいずれも中世入間川流域を拠点とした中世武士団の苗字に取材されていることから、少なくとも三期の画期があったことが考えられる[12]。その始まりであるI期は平安末期から鎌倉期に求められる。中世入間川周辺では、既にこの時期、二大勢力の通婚があった。丹波国氷上郡佐治庄地頭足立氏系図[13]は、豊島清元（清光）の父康家の女（つまり清元妹）が、足立郡の豪族足立遠兼に嫁し、遠元を生んだと記述する。『尊卑分脈』[14]は遠元が「外嶋（＝豊島）」と号したと注記し、豊島氏出身の女性（あるいは清元の女か）と婚姻し、入婿したことを示している（遠元の「元」は清元の通字であろう）。豊島氏と足立氏は、系譜上で少なくとも二世代にわたり通婚している。

【参考系図】

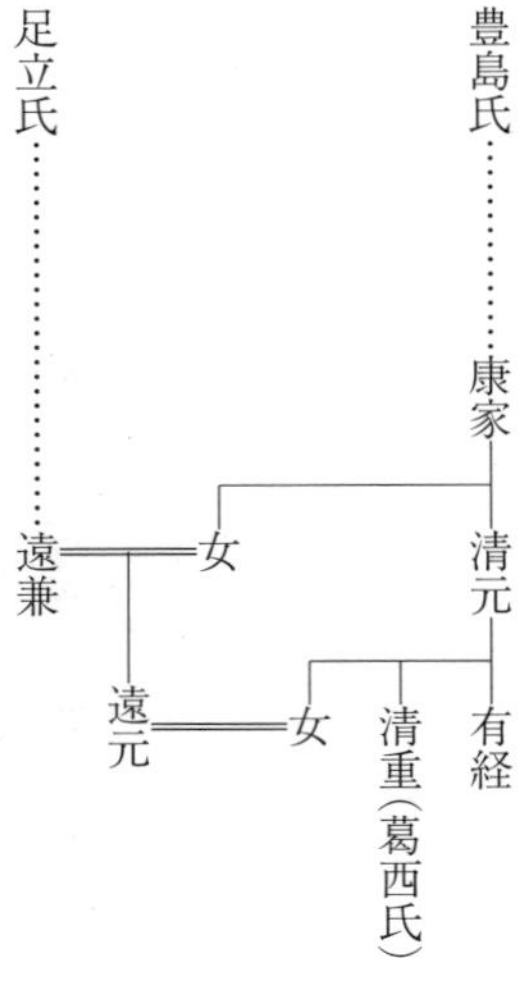

女性往生を軸とした伝説の背景を、熊野信仰（阿弥陀信仰）が下支えし、流布した主体が豊島氏一族であることは言うまでもない。熊野神領である豊島荘が、どの段階で豊島氏から寄進されたのか、また所領を寄進した本所が紀伊熊野山か京都新熊野社かは、現在のところ明らかでない。しかし、荘園鎮守として分霊された若一王子社（現東京都北区王子神社）を中心に、熊野社や熊野地方の地名が豊島荘内に移植された。まさに熊野＝浄土が豊島荘に複写されたのである。その際中世入間川は、女性が往生した彼岸＝豊島荘と、女性が苦しんだ此岸＝足立郡を隔絶する意識を呼び起こす景観なのである。

　これに続くⅡ期は室町時代であり、豊島郡の豊島氏支族と推定される沼田氏が入間川を越えて足立郡側に進出した例証があり、伝説の登場人物の一端に組み入れられた可能性がある。

　伝説の骨格が最終的に完成されたⅢ期は、戦国期に旧来は足立郡宮城村を本貫としていたが、近世初期にはこれを離れ、幕府に旗本として出仕した宮城正次が『寛永諸家系図伝』編纂に必要な系譜調査で、岩付浄国寺および宮城性翁寺と接触することによって相互に系譜と寺歴の再認識が図られ、入水女性の父を「宮城宰相」とする最終的な形態が創出されたことが推定される(15)。

豊島郡および豊島荘には、この他にも水域と関わる伝説がある。荒川区日暮里の諏方神社は、豊島氏一族の経泰創建と伝えられる。同社に伝わる「武蔵国豊島郡平塚庄日暮里邑諏訪大明神縁起千手観音附(16)」には、かつて日暮里が「商舶の入来る、漁舟の押送る」津であり、この地に若狭から八百比丘(八百歳の老僧)が訪れ、豊島左衛門佐に一体の仏像を授けた。これが同神社の別当寺浄光寺の本尊千手観音であるとする。

中世前半を中心に、豊島郡および豊島荘に支配を展開した豊島氏は、信仰を基盤とした領域形成のため、寺社を配置し地域の歴史としての伝説を創出していったのかも知れない。

おわりに

中世入間川とこれに合流する古隅田川の両水域を舞台とした中世由来の伝説を二件紹介した。いずれもまさに水域という地勢に密着して発生した伝承文芸であることは言を俟たない。梅若丸伝説は舞台が僻遠の地ゆえの物語ではなく、むしろ人身売買の消費地でもあったろう交通集落「隅田宿」の人と物資が交錯する場の性格が背景にあったのである。いっぽう六阿弥陀伝説は、中世を通じた流域武士団の存在が伝説の基盤にあった。これに女性往生の思想が加味されて伝説の骨格が形づくられたのである。

東京北東地域を代表する両伝説とも、発生の背景についてはその輪郭が明らかになりつつある。しかし、いずれも唱導した人々の組織・集団については、実態が摑めない。いずれの伝説も、女性往生の願いが強く反映されており、当然、中世の宿の遊女等の女性芸能者、あるいは六阿弥陀伝説の場合は、熊野比丘尼等との関係が想定できるのであろうか。今後、更に考察を深めなければならない課題である。また梅若丸伝説は近世には歌舞伎にも翻案され、六阿弥陀伝説は巡拝習俗に発展する。江戸東京市民にとって、地勢や景観と相俟って卑近な歴史観の大きな一画を占めるものとなった。

註

（1）『隅田川文化の誕生―梅若伝説と幻の町・隅田宿―』（二〇〇八年十一月、すみだ郷土文化資料館）に図版掲載。
（2）拙稿「史料紹介　梅柳山木母寺所蔵『梅若丸』絵巻について」（『足立区立郷土博物館紀要』第二七号、二〇〇六年三月）に図版掲載とともに、詞書を翻刻。
（3）『北区史』資料編古代中世2（一九九五年三月）一〇五頁下段。
（4）前島康彦「五　隅田川梅若ものがたり」（『墨田区史』前史、一九七八年三月）参照。
（5）樋口州男「梅若伝説」（『隅田川の伝説と歴史』、二〇〇〇年六月、東京堂出版）参照。
（6）日本古典文学大系『義経記』（一九五九年五月、岩波書店）一三二・一三三頁。
（7）「六阿弥陀根本木余如来略縁起」および「六阿弥陀詣」とも『特別展　隅田川流域の古代・中世世界―水辺から見る江戸・東京前史―』（二〇〇一年十月、足立区立郷土博物館他）七八頁に図版掲載。
（8）前掲『特別展　隅田川流域の古代・中世世界―水辺から見る江戸・東京前史―』七八頁に図版掲載。
（9）前掲『特別展　隅田川流域の古代・中世世界―水辺から見る江戸・東京前史―』七九頁に図版掲載。

(10) 前掲『特別展　隅田川流域の古代・中世世界―水辺から見る江戸・東京前史―』七八頁に図版掲載。

(11) 塚田　博「六阿弥陀伝説と足立―伝説の背景と諸相の検討―」(『足立区立郷土博物館紀要』第二二号、二〇〇一年三月)。

(12) 拙稿「領域と霊域―中世入間川流域と女性往生伝説―」(『江戸・東京近郊の史的空間』、二〇〇三年十月、雄山閣)および「戦国期宮城氏と六阿弥陀伝説」(『戦国期東武蔵の戦乱と信仰』、二〇一三年九月、岩田書院)参照。

(13) 『新編埼玉県史』別編4年表・系図(一九九一年二月)「二　足立系図」。

(14) 新訂増補国史大系第五九巻『尊卑分脈』(一九六六年八月、吉川弘文館)二八八頁。

(15) 前掲拙稿「戦国期宮城氏と六阿弥陀伝説」。

(16) 前掲『特別展　隅田川流域の古代・中世世界―水辺から見る江戸・東京前史―』八〇頁。

付論　江戸六阿弥陀伝説異聞
―水底から甦る姫御前―

はじめに

近世中頃以降に流行した巡拝習俗である江戸六阿弥陀詣は、近世荒川（現隅田川、中世入間川）周辺の六カ寺および二カ寺（本尊は阿弥陀および観音）を春秋の彼岸に巡拝するものであった。各寺院縁起は、登場人物を異にするものの、さる女性往生の伝説を大きな骨子として縁起が形づくられてきた。あらましは、本章第一節「二　六阿弥陀伝説」で述べたとおりである。

伝説成立過程は一朝ではなく、平安末期から戦国期にかけて三つの画期があったことを旧稿で指摘した(1)。中でも伝説発生の背景には、中世武士団豊島氏が豊島郡で展開させた熊野信仰があった。その起源は平安時代末期、豊島氏が紀伊熊野山あるいは京都新熊野社から勧請した、若一王子社（現東京都北区王子神社）と言われている。対岸領主との姻戚関係は、平安末期の足立氏との通婚に取材している（本章第一節参照）。

この伝説を推進させたのは、豊島氏領である豊島郡域を、熊野に擬した浄土＝霊域に設定し、同氏が信仰面からの郡域把握を行うため造寺や造像を推し進めた結果と推定される(2)。

本節では、以上のような史的背景を踏まえながら、東京北東地域に展開した江戸六阿弥陀伝説と近似しながらも、別途、秩父地方に伝承された異説を紹介・考察することで、伝説の祖形を推察することが目的である。本節の素材は、

写真33　法性寺山門（埼玉県小鹿野町）　＊右上の高台に本堂が見える。

かつて旧稿で紹介・考察を試みているが、紙幅上意を尽くせなかった視点を本書で加味したい。

一　近似する伝説

秩父札所は、中世以来の観音霊場である。現三十二番札所石船山法性寺[3]（埼玉県小鹿野町般若）には、長享二年（一四八八）銘番付が保存され、信仰習俗の古さをしのぶことができる。同寺縁起（「秩父三十四所観音円通伝」明和三年（一七六六）版[4]）は、豊島郡の六阿弥陀伝説に極めて近似した内容を持っている。長くなるが、左に抜粋して示してみよう。

第卅二番　ハンニヤ　石船山法性寺 御堂四間四面南向
本尊観音立像御長六尺二寸　行基菩薩御作
当寺本尊ノ来由ハ、疇昔行基菩薩当郡所々ノ霊地ノ開闢セシ時、当山ニモ観音ヲ安置シ奉ラント、御長六尺二寸ニ彫刻シ、サシモ峨々タル巌ヲ一夜ニ穿テ、本尊ヲ安置シ給ヘリ。（中略）此処ニ弘法大師彫刻シ給フ観世音マシマス。其御姿異相ニシテ幟ヲ取リ笠ヲキタマヒ、一葉ノ舟ニ乗ジ給ヘリ。古昔此国ノ豊島郡ニ豊島権守ト云人有、一人ノ女ヲ持テ寵愛浅カラザリシガ、生長ノ後同郡ノ人ニ嫁シテ栄花タトフリニ物ナシ。或時父ノ方へ行トテ船ニ乗テ、犀ガ淵トカヤ云ル深キ潭有処ヲ通リケル折カラ、俄ニ浪荒ク舟ハ一ツ処ヲ渦メグリテ、忽此船ハ水底ニ沈ベウ見ヘタリシニ、船中ノ者ドモ魂モ消失ヌベキ心地シテアハテ迷ヌ。船長ガ曰、往古ヨリ此所ニテ此川ノ主ト云ナラハヌ悪魚アッテ、船中ノ人ヲ見入ツルトキ必カヽル事ノ侍ベル、其悪魚ノ見入シ人ノ、何ニテモ身ニ添タル物ヲ水面ニ投ルニ必沈ム、一人ノ命ヲ捨テ船中数人ノ命ヲ救フ事ニテ侍ル、早ク各ノ身ニ付タル物ヲ投入給ヘト云（中略）爰ニ権守ガ娘ノミ、唯怖テ前後ヲ忘ジタルノミニテ、未調度ヲ投入ルニモ不及、戦慄テ居タル処ニ、其着シタル笠ヲ空中ニ吹アグルト見シガ、忽水上ニ落ルト等ク、渦マク水ニ巻入テ水底ニ沈ミヌ。（中略）ヒカヘシ袂ヲ振ハナチテ逆巻水ノ泡ト消テ、舟ハ三ツ羽ノ征矢ノ如ク走リ行バ、舟コゾリテ泣ドモ為方ナク、皆同音ノ念仏ノ声ヲ帆ニ難ナク船ハ岸ニツキヌ。サレド此儘ニ陸ニ上リ主君ニハ何トカ申ヒラカンズルト、上リモヤラデ居タル処ニ小船一艘漕来ル。其早事飛ガ如、女ノ声ニテ人々シバシ〳〵呼、各不思議ニ思テ是ヲ見レバ、主君ノ姫ハ船中ニ恙ナクヲハセリ。其舟ヲコギ寄タルヲ見レバ、舟人ハ先ニ姫ガ水底ヘ取レシ笠ヲ着シ、眉面容イトケダカク美キ女ニテゾ有ケル。人々コハ何人ニテ吾君ヲバ御助ケ坐シケルゾヤ、アナ貴、人間ノ所為トハオモハレネド、上下サヾメキ悦モ理成ケル。舟人姫ヲ陸地へ抱上テ、此女子已ニ悪魚ニ見入ラレ、命ノ限ニヲヨベドモ、心中ニ観音ヲ祈ル、シカノミナラズ汝等ガ共ニ死セントセシヲ留テ多命ヲ救ヒシ志ト、汝等主人ト、モニ死セントセシ忠志ト、モニ、天地ヲ感動シテ吾水中ニ入テ毒龍悪魚ヲ降伏シテ、姫ガ命ヲ救ヒシナリ。此後彼犀ガ淵ニ龍魚諸鬼ノ難不可有ト、舟ニ竿サシコギ出給フヨト見ヘシ、忽舟ノ形モミヘズ。（中略）権ノ守夫婦ヲ始、一類佗門走集リ皆々随喜ノ泪ニムセビ、普諸州ヲ巡礼シテ、此石船山ニ詣デ、（中略）本尊ノ御帳ヲカ、ゲテ拝スレバ、コハイカニ娘ヲ救給ヒシ時ノ御姿ニ露バカリモ違ハズ、毗楞伽摩尼宝ノ天冠ノ上ニ笠ヲ頂キ、一葦ノ舟ニ竿サシ給フ聖容モノ云カハス計ニ見ヘサセ給フ。此本尊ハ弘法大師此山ノ形船ニ似タレバ、普度慈航ノ御姿ニ彫刻マシマセシ処也。扨ハ此本尊遙ニ東方ノ犀ガ淵ニ至ラセ給ヒ、吾子ノ命ヲ救ハセ給フ、身ヲ砕骨ヲヒシギテモ、此慈恩ニ報ズベキカハト声ヲ上テ泣ヌ。斯テ此処ニ三日三夜般若心経ヲ書写シテ供養シ、郡中ヲ巡礼シテ古里ニ帰リ、此一類別シテ観世音ヲ信ジ奉リ、度々不思議ノ霊験ヲ蒙リヌ。今モ此国ニハ豊島ノ何某ガ事跡多ク、種々ノ霊験有シ事所々ノ観音ノ縁起ニ載タリ。（後略）

内容をかいつまんで整理すれば、豊島郡の豊島権守の娘が婚礼後の里帰りの途中「犀ガ淵」で悪魚に魅入られ、水中に引き込まれてしまった。幸いにも娘が淵に落とした笠を頂いた一人の美しい女性により救出され生還する。その幸運を喜んだ両親が諸国巡礼の旅に出て、法性寺を訪れると笠をかぶり櫂を持ち舟に乗った観音像に出会い、まさに

写真34　前立本尊（所蔵 埼玉県小鹿野町法性寺）

＊伝説のとおり笠をかぶり、手には櫂を持ち、舟に乗る尊容をとる。

娘を水底から救済したのが観音であることを悟り、信仰を深めたというものである。

二　伝説構造の差異

伝説の考察をするテキストが、十八世紀半ばの編纂物であり、どれほど祖形を維持しているか心許ないが、注目すべき論点を示してみよう。

この縁起が、豊島郡周辺の江戸六阿弥陀伝説と近似するものであることは言うまでもない。片や入間川、片や「犀ガ淵」（比定地は不明）と言ういずれも水域を悲劇の場に設定している。しかし、江戸六阿弥陀と大きく相違するのは、主人公の女性が生死を分ける点である。共に女性救済思想が根底にあるが、江戸六阿弥陀は死後救済であるのに対し、いっぽうの秩父は死を免れる。これは共に悲劇に遭遇する従者たちの運命も同様である。しかし、明暗は分けるが悲劇発生後、両伝説とも父親の巡礼行動に展開するのである。江戸にしても秩父にしても、参詣者たちに巡拝を督励するための伝説であるからこそであろう。なお江戸では、熊野が信仰対象であるから阿弥陀が救済主であるが、秩父では霊場全体の主尊である観音になっている。

遭難女性の父豊島氏当主に付された「権守」という呼称は、国衙の在庁官人を示す。豊島氏遠祖が、平安期に秩父地方に基盤を有した秩父平氏で、平将恒が武蔵権大掾、同重綱が武蔵国留守所総検校職等の職にあったことに付会して創出された受領名であろう。

この伝説を規定しているのは、秩父札所に依拠しているのであるから巡礼習俗であることは言を俟たない。この縁起を伝えた法性寺には、中世秩父巡礼に関する「秩父札所番付」(5)がある。長享二年五月二日付の同番付は、文治三年

(一一八七)に性空が閻魔大王から地獄の罪人を救済したことを賞され、布施を与えられて秩父・坂東・西国巡礼を始めた由来を語り、長享二年に改めて書写したと奥書に記し、三十三番にわたる札所を列記している。奥書の記載内容は措くとしても、番付編成と制定年代は信を置けるものと評価されている。荒川村法雲寺の納札から秩父札所三十三所は、紀年銘である享禄四年(一五三一)までの成立が確認できる。[6] 縁起を伝えた法性寺(番付では「般若岩殿」)が、戦国初期には存在が確認できることから勘案すると、この伝説の形づくられた時期の古さが想定される。

加えて史実上、豊島氏自体が、秩父を本貫とした氏族出身であることも見逃せない。つまり女性の危機を救う観音は、「此本尊遙ニ東方ノ犀ガ淵ニ至ラセ給ヒ」とあるように、豊島氏の出身地秩父からはるか東方の豊島郡に飛来して秩父出身の貴種女性を救命するのである。

写真35　観音霊験記 豊嶋権守の娘 復刻版
(所蔵 埼玉県小鹿野町法性寺)

以下でも旧稿を短く再説しながら、右の法性寺縁起と並び、伝説の祖形を解く鍵が、下総国布川(茨城県利根町周辺)にある六阿弥陀、いわゆる「総州六阿弥陀」[7]と呼ばれる霊場巡拝路に触れてみる。総州六阿弥陀は、星野一楽という人物が、大病を患って幸い平癒した奇特に感謝して文政十年(一八二七)に設定したものである。巡礼路成立は近世後半であるが、布川地域は永禄年間(一五五八~七〇)に、布川城を拠点に茨城県龍ケ崎市南西部・利根町・我孫子市東部・印旛郡北部等を領域支配した下総布川豊島氏の本拠なのである。

布川豊島氏は、武蔵豊島氏との系譜上のつながりについては、肯定・否定両説がある。ただし利根町には布川豊島氏が勧請したという王子神社があり、系図上の関係は別として、武蔵豊島氏と同じ熊野信仰を保持していた点は極めて重要である。

おわりに

江戸時代後半に布川地域に設定された総州六阿弥陀も、その背景に布川豊島氏の熊野信仰の土壌があった。つまり、中世豊島氏「領域」であった歴史を背景に、近世に設定された六阿弥陀「霊域」と位置づけられる可能性を指摘しておきたい。近世後期の巡拝習俗の盛況と共に、受難女性の出身家は、種々の変化を遂げた。豊島郡域から遠隔した、西は秩父、東は布川に展開した近似する伝説や巡礼路の存在に注目すると、伝説上で往生を遂げた女性の出身は、熊野信仰を保持した豊島氏であったことを類推させるのである。秩父地方に伝承された受難した豊島氏女子像は、旧稿で位置づけた伝説成立の三画期のうち、Ⅰ期平安末期から鎌倉期に相当する形が、その後、入間川流域でのⅡ期・Ⅲ期の変容を受けずに祖形が温存されたものであろう。今後も、中世武士団のアイデンティティーとしての霊域と支配領域の関係について考察の深化を目指したい。

註

（1） 拙稿「領域と霊域―中世入間川流域と女性往生伝説―」（『江戸・東京近郊の史的空間』、二〇〇三年十月、雄山閣）参照。

（2）段木一行「Ⅱ　戦国期の王子と荒川流域の文化」（『若一王子縁起』絵巻・解説編、一九八八年三月、北区教育委員会、一八頁）。

（3）『新編埼玉県史』資料編5中世1古文書1（一九八二年三月）第一〇一四号文書。

（4）『新訂増補埼玉叢書』第三（一九七〇年六月、国書刊行会）六五〜六七頁。

（5）前掲『新編埼玉県史』資料編5中世1古文書1第一〇一四号文書。

（6）『新編埼玉県史』通史編2中世（一九八八年三月）第六章二節「七　秩父札所の成立」参照。

（7）「総州六阿弥陀」（文政十一年〈一八二八〉西村屋与八版、『利根町史』五　社寺編、一九九三年十二月）。

付論　絵で解く中世
―古写真に収められた縁起絵―

はじめに

東京北東部で、中世に取材した著名な伝説にいわゆる「江戸六阿弥陀」譚がある。この伝説は、第二章第一節あるいは別稿で述べたように、平安末期から鎌倉初期の武蔵国の一郡規模の武士団豊島氏と足立氏の政治的な通婚に加え、室町期の豊島氏系沼田氏の在地支配が、中世入間川という地勢を素地に展開した。更に近世初期、戦国武士から幕府旗本に転身した宮城氏の自家系譜の再認識活動が加わり、同氏の旧本貫地宮城村性翁寺を拠点とした、「江戸六阿弥陀」譚の最終完成形への発展につながった道筋を推察した(1)。

この付論では、近世後期から近代に掛けて、春秋の彼岸を主にした江戸六阿弥陀詣の習俗(2)が最盛期を迎えた時期に、伝説の具象化に供された絵画公開の旧態を窺える古写真に接する機会があったので紹介したい。この伝説は関係寺院や古文献の間でも、登場人物や主人公である悲劇的女性名をはじめ、その実家・婚家の苗字等が様々である。この付論で取り上げる性翁寺の事例もその類型の一つである。

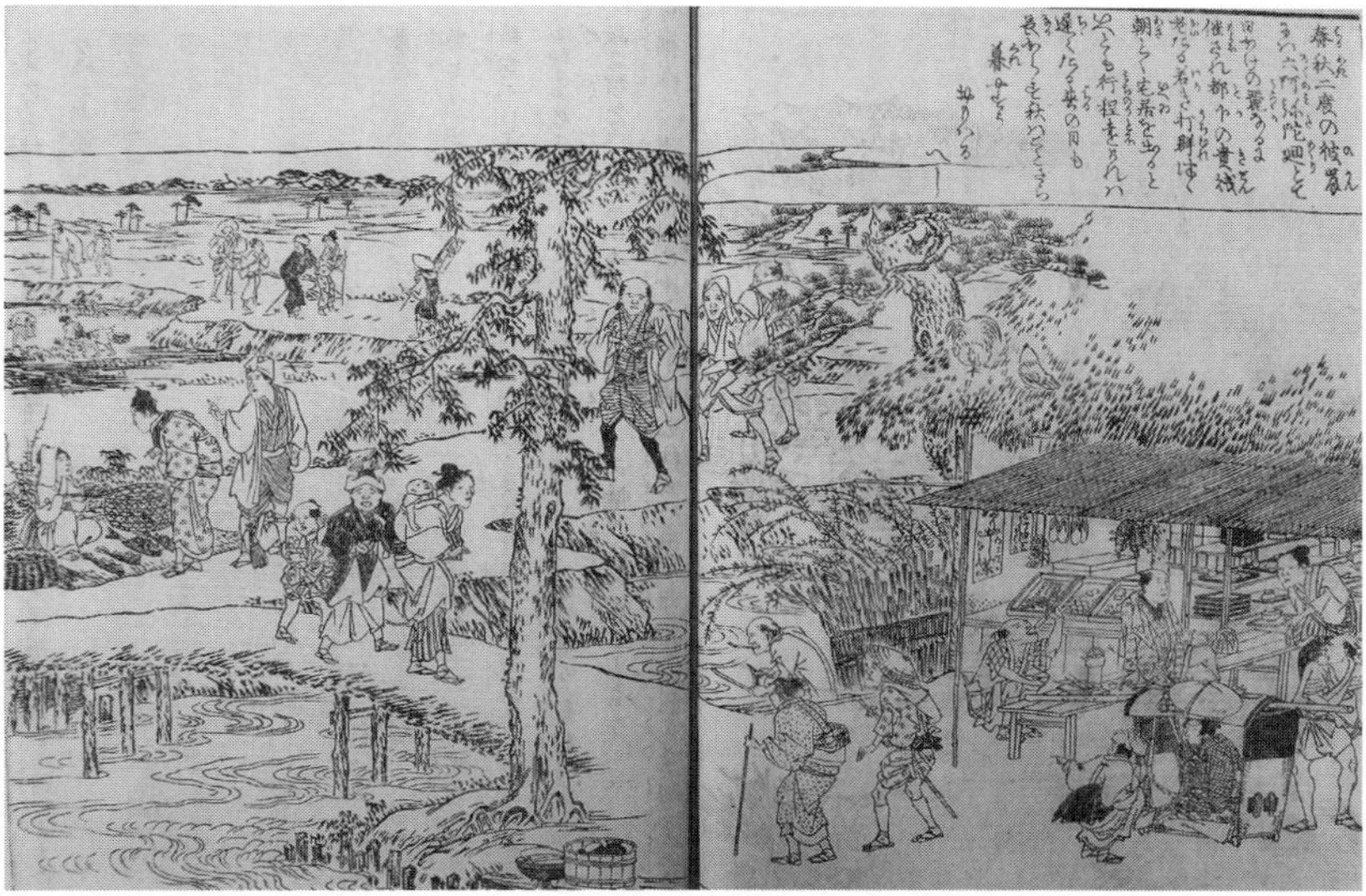

写真36　江戸六阿弥陀詣の風景（『江戸名所図会』巻十七　所蔵　足立区立郷土博物館）

一　古写真に収まる性翁寺縁起絵

東京都足立区扇二丁目に所在する龍燈山貞香院性翁寺（浄土宗）は、縁起によれば神亀三年（七二六）に行基が開基し、明応元年（一四九二）に正誉龍呑が開山したと伝わる寺院である。古くから江戸六阿弥陀詣中、「木余如来」と呼び親しまれてきた。江戸六阿弥陀伝説に因み、左のような寺宝群が伝来している。

A　本尊木造阿弥陀如来坐像（通称「木余如来」）、平安時代末期造像、東京都指定有形文化財（彫刻）

B　足立姫の墓石とされる阿弥陀三尊種子板碑（永禄十三年（一五七〇）銘、足立区登録有形文化財（歴史資料））

C　性翁寺文書（当寺本尊彫刻之意趣・性応《ママ》寺一寺起立之事、足立区登録有形文化財（古文書））

D　六阿弥陀譚を基調にした同寺本尊造立の経緯を画像化した『紙本着色性翁寺縁起絵』（足立区登録有形文化財（絵画）、以下「縁起絵」という）

写真37　『紙本着色性翁寺縁起絵』（所蔵　東京都足立区性翁寺）
＊足立区登録有形文化財（絵画）。

特にDは現在額装され（同寺住職野口竜栄師によれば、昭和五十年代後半に額装に仕立てた由）、法量は、縦一二五五ミリ、横一五九〇ミリの大きさである。足立区文化財登録（二〇一二年二月）に先立つ小澤　弘足立区文化財保護審議会委員の調査所見では、近世後期から近代初頭にかけての制作と推定され、絵師も本画制作に携わる者ではなく、町絵師のような者の手によるものであろうと評価された(3)。

明治十年（一八七七）作成の「浄土宗明細簿(4)」には、性翁寺什物として「一、宮城宰相掛ケ物　壱幅」という記述がある。縁起絵は制作原初の形態が、各一幅の計三幅であったことも想定されるが、この記事によって明治十年時点では、すでに三幅一軸装となっていたことが確認できる。

縁起絵の体裁は、右幅・中幅・左幅の三幅からなり、右幅上から左幅下にかけて十七の場面から構成されている。各場面は雲形によって区切られる。展開を示せば、左のとおりである。

①宮城宰相女子足立姫と豊島左衛門尉息男の婚礼。
②足立姫の入間川入水。
③宮城宰相の捜索(足立姫の遺骸だけ見つからず)。
④侍女一二人の墓建立。
⑤墓所の十二天森が舩方村の鎮守となる。
⑥宮城宰相、巡礼に出立。
⑦宮城宰相、熊野山に至る。
⑧熊野山中から霊木を切り出し熊野灘に流す。
⑨宮城宰相の帰還。
⑩霊木の漂着。
⑪行基、宮城宰相館に逗留。
⑫行基、熊野権現の助力を得て六軀の阿弥陀像に加え、根本で更に一軀の像(木余如来)を彫り出す。
⑬宮城宰相、足立姫の形見の念珠を行基に託し回向を依頼。
⑭行基、足立姫墓前で回向。
⑮菩提樹の実でできた念珠から一夜にして菩提樹が再生。
⑯宮城宰相、墓所脇に庵を結び隠棲。
⑰庵が後に性翁寺になる。

なお画中には、随所に画面内容を簡便に説明する詞書の付箋が貼られている。

本縁起絵については、撮影年次が不詳であるが野口師によれば大正から昭和初期であろうと推定される旧本堂（昭和四十三年〈一九六八〉に現在の本堂に改築）前で展覧された額装前の掛幅段階のものを写した写真が伝わっている（口絵裏・写真2）。

縁起絵を奥に垂下し、手前には中央に足立姫位牌を込めた小型厨子、その前に線香を立てた香炉、厨子両脇には燭台、さらにその外側には花を生けた花瓶等の祭壇具が並ぶ。また縁起左下には、額が配されている。その額には向かって左端に「寺宝　六阿弥陀草創の縁起書」という墨書札が添えられている。額装された中身は、この写真では判然としないが、おそらく当寺縁起を漢文で草し、明応六年の紀年がある先掲「当寺本尊彫刻之意趣・性応《ママ》寺一寺起立之事」であると推定される。ただし、現状の「当寺本尊彫刻之意趣・性応《ママ》寺一寺起立之事」に比べて写真は、著しく横幅が短い。横長の料紙を二つ折りにして冒頭部分を表にして額に込めたものであろうか。

また縁起絵自体にも「六阿弥陀御由来の絵伝」、位牌にも「足立姫御位牌」という墨書木札が添えられている。縁起絵の上方には、横木部材に千社札と思しき紙片が見える。また下方には濡縁のような構造が見え、その前に経机状の祭壇を置いて位牌他を安置しているようである。よって撮影された場所は本堂内ではなく、外部に縁起絵を垂下して撮ったものであろう。恐らく春秋の彼岸においても、多数の巡拝参詣者はこの状態で縁起絵を拝観したことが想像できる。ただしこの写真の撮影は、香華にシャガの花が供されていることから、繁忙期の三月や九月の彼岸を避け、五～六月頃に行ったようである。

右の写真には、「S.ISHIDA.PHOTO.STUDIO」及び「東京・石田写真館」という写真館名が印刷された台紙に添付されて保存されている（印画紙法量は一五一×一〇九ミリ）。また同じ構図を葉書大に縮小した絵葉書も残っており、本来は参詣者へ参拝記念として配布や頒布するために撮影したと想像できる。残念ながら石田写真館の詳細は不詳である。

性翁寺では、既に享保十一年（一七二六）、『木余如来略縁起』を刊行し、六阿弥陀伝説を下地とした同寺縁起の流布を行っている。

写真38　『紙本着色性翁寺縁起絵』に描かれた板碑（所蔵東京都足立区性翁寺）

二　中世的な空間の表出

縁起絵は、足立姫の哀話を見るものに完結かつ巧みに物語る。近世後期制作と推定されながらも画中に中世的な時代観描写を盛り込もうとした作者の苦心が見て取れる。特に白眉なのが、足立姫に従い入間川に入水した一二人の侍女の墓および行基が回向した場面に建立された足立姫墓である。この点については、塚田　博氏が視点を提示しているように[5]、中世石造供養塔である武蔵型板碑が墓石として描出されているのである（写真38）。

先述のとおり性翁寺には足立姫墓として永禄十三年（一五七〇）銘阿弥陀三尊種子板碑が伝来する。縁起絵作者は⑭と⑮の場面をこの板碑の存在を下地に描いたのであろう。これにさかのぼる④の場面で、一二人の侍女の墓も板碑で描く。周知のように武蔵型板碑は、十七世紀初頭を以て廃絶する。その後、各地で廃棄や転用がなされ、近世社会では時間を経るに従い前代の遺物として目されたようだ。全体構成の中では、飽くまでさりげない挿入であるが、縁起絵作者は、同時代には廃絶し通行していない石造物に注目して画面構成を進めたのである。

三　足立姫墓の古写真

性翁寺には縁起絵とは別に、足立姫墓を撮影した古写真(写真39)が保存されている。縁起絵と同様、絵葉書に仕立てたものも保存されている(印画紙法量一五一×一〇九ミリ)。撮影時期は、両構図とも同時期であろう。

生垣で囲った墓域には、中央に「足立姫之墓」と刻まれた三角形を崩したような墓石が基壇の上に立っている。生垣の前面には、「当所は今を去る一千二百余年神亀の昔、足立庄司宮城宰相居住の地にして、関東六阿弥陀根元の旧蹟足立姫の御墓なり。詳は縁起書に説く」と記した、屋根を山形に象った木製看板が括り付けられている。その前には大振りな石材製の線香立てが安置されている。墓石の背後には低木の植栽がある。写真ではかなり不鮮明だが、墓石に向かって右側に頭部を三角形に象った板状のものが見える。実はこれが『遊歴雑記』や『埋木花』等の近世地誌に挿絵入りで紹介されている足立姫の墓石とされる永禄十三年(一五七〇)銘の板碑である。よって三角形状の墓石は、前立の墓石ともいうべきであろう。なお現在は、前立ちの墓石はそのままであるが、本来の墓石は野口師が建てた覆屋中に安置されている。写真の背景右側には、幹の太い樹影が見える。これは既に枯れて次のものに替っているが、足立姫遺愛の念珠を行基が埋納、回向して一夜の内に繁茂したという菩提樹である。現在、同寺境内では足立姫の墓域はきれいに整備されているが、この写真の段階とは趣を変えている(野口師によれば、昭和四十年代に土盛りをして整備)。

この写真で特に注目されるのは、生垣正面の両側の材に更に長尺の材(恐らく竹か)を括り付け、両材に綱を渡し、そこに参詣したいくつかの講中のマネキが垂下している様である。画面には少なくとも一四旒のマネキが見える。講中名で読み取れるものは右から「東高野山　婦人講」「東京　弘心講」「東京駒込　観音講」「東京　念仏講」「新よし原　日光講」「東京　泰平睦」等である。いずれも女性を中心とした江戸六阿弥陀詣での講中であろう。昭和二十年(一九四五)生まれの野口師によれば小学生の頃、春秋の彼岸には浄衣の団体が来寺したことを覚えているという。

写真39　性翁寺足立姫墓と参詣講マネキ(写真提供 東京都足立区性翁寺)
＊撮影時期は大正〜昭和初期。

おわりに

これまで滑稽本や関係寺院刊行の略縁起でしか知られなかったが、右で紹介したように、二葉の写真によって、近世から近代にかけて隆盛した江戸六阿弥陀詣の様相の一端を良く偲ぶことができた。性翁寺では、縁起・縁起絵・位牌・墓石・菩提樹により江戸六阿弥陀縁起が完全に具象化された。そして刷物にした配布用の略縁起が同寺の寺史を周知のものとした。

武蔵野台地崖線上およびこれを見下ろす低地に分

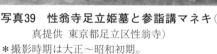

布する江戸六阿弥陀関係寺院は、参詣者や近隣住民に中世の地域に対する印象を醸成した。中世入間川（近世荒川）という水域と相俟って東京北東地域ならではの伝説圏が形成・伝承されたのである。「江戸は徳川幕府創設以後の発展」という史観は依然根強い。しかし、近世江戸・近代東京市民の行楽の一つである江戸六阿弥陀詣盛況の基盤には、中世の地域に対する地勢観・歴史観があったことを忘れてはならない。(6)特に女性講中の多さが注目されるが、巡拝者は如何にこの縁起絵を鑑賞・解釈して、地域史観を醸成したのか、近世・近代の関連文献にも当ることが今後に残された課題である。

註

（1）拙稿「領域と霊域―中世入間川流域と女性往生伝説―」（『江戸・東京近郊の史的空間』、二〇〇三年十月、雄山閣）、同「戦国期宮城氏と六阿弥陀伝説」（『戦国期東武蔵の戦乱と信仰』、二〇一三年九月、岩田書院）を参照。

（2）巡拝の結番は、一番・西福寺（東京都北区豊島二丁目）、二番・延命寺（旧足立郡小台村、明治初期に恵明寺［東京都足立区江北二丁目］に合併）、三番・無量寺（北区西ヶ原一丁目）、四番・与楽寺（北区田端一丁目）、五番・常楽院（下谷広小路、東京都調布市に移転）、六番・常光寺（東京都江東区亀戸四丁目）、木余・性翁寺、末木観音・昌林寺（北区西ヶ原三丁目）である。なお近世江戸六阿弥陀詣習俗全般については、『北区史』通史編近世（一九九六年三月）の第三章三節「2　六阿弥陀と七福神詣」を参照。

（3）平成二十三年度足立区文化財保護審議会意見書。

（4）『寺社2　寺院明細』（一九九五年三月、足立区教育委員会）一七五頁。

（5）塚田　博「コラム　板碑と伝承―隅田川沿岸の二つの伝承―」（『あしもとの文化財でたどる室町・戦国時代―荒川下流地域の結衆板碑―』、一九九八年十月、足立区立郷土博物館）。

（6）本書はこの付論を含め、江戸六阿弥陀詣に限定して考察したが、直近では古田悦造氏が「江戸の3つの「六阿弥陀参」における「武州六阿弥陀参」の特徴」（『歴史地理学』第五六巻二号、二〇一四年三月、歴史地理学会）において、江戸近郊の「武州」・「山の手」・「西方」の三つの六阿弥陀霊場について江戸市民への浸透、あるいは受容度について地誌や切絵図を主要な史料として分析している。それによれば、「武州六阿弥陀」が縁起の明確さから最も認識度が高く、参詣者が多かったとしている。本付論で垣間見た近代に至ってもなお盛況をみた写真39の様子と符合する指摘である。

第二節　石枕のある里
―中世寺院周辺と伝説―

はじめに

隅田川流域で生成された二つの女性往生伝説については、本書第二章第一節で紹介した。同地域にあって、趣を異にする著名な伝説がもう一つある。

当該伝説を主題に一節を立てるに当って、どのような論題にすべきか少しく悩んだ。と言うのも伝説の核となる事物が、中近世を境に大きく変化するからである。江戸東京の怪異譚としては「浅茅が原一つ家」伝説と称した方が通りが良いのかも知れないが、文献上の初見から時間を経ても、その主題に通底する「石枕」という事物に主眼を置き「石枕伝説」と呼称することにする。その伝説については、東京所在の古墳を考古学的に研究した鳥居龍蔵氏が言及したことが近代的な歴史研究の嚆矢である。(1)近年の関連研究では、笹間良彦氏の著書『鬼女伝承とその民俗―ひとつ家物語の世界―』(2)がある。その後、宮田登氏も「境界性」という視角から民俗学的な考察を加えた論考を発表している。(3)

本節は、序章でも触れた比田井克仁氏が、中野長者伝説の考察で示された文献を駆使する方法(4)に学びながら、石枕伝説について中世紀行文学や寺院縁起、そして近世地誌をたどり舞台付近の古刹寺院浅草寺の存在を絡め、この地域を観察することであり、これから派生した怪奇譚や稗史には及ばないことを断っておく。

一　道興が採取した石枕伝説

文明十八年（一四八六）六月に京都を旅立ち、北陸から関東そして東北南部を回遊した道興准后の紀行文『廻国雑記』は、同年の晩秋から初冬にかけ浅草に到達した際に左のような記述を残している。

〔史料1〕廻国雑記(5)

浅草といへる所にとまりて庭に残れる草花を見て。

（中略）

此里のほとりに石枕といへるふしぎなる石あり。そのゆへを尋ければ。中比のことにや有けん。なまさぶらひ侍り。ぬすめを一人もち侍りき。容色大かたよの常也けり。かのち〻母むすめを遊女にしたて。みちゆき人に出むかひ。かの石のほとりにいざなひて。交会のふぜいをこととし侍りけり。かねてよりあひ図のことなれば。おりをはからひて。かの父母枕のほとりに立よりて。友ねしたりける男のかうべをうちくだきて。衣装以下の物を取て一生ををくり侍りき。さるほどにかのむすめつや〳〵思ひけるやう。あなあさましや。いくぼくもなきよの中に。か〻るふしぎのわざをして。父母もろともに悪趣に堕して。永劫沈淪せんことの悲しさ。先非におきては悔ても益なし。これより後の事様々工夫して。所詮われ父母を出しぬきて見むと思ひ。ある時道ゆく人ありと告て。男のごとくに出たちてかの石にふしけり。いつものごとくに心得てかしらをうちくだけり。いそぎものどもとらんとてひきかづきたるきぬをあげてみれば人ひとり也。あやしく思ひてよく〳〵見れば我むすめ也。心もくれまどひてあさましともいふばかりなし。それよりかのち、は、すみやかに発心して。度々の悪業をも慚愧懺悔して。今のむすめの菩提をもふかくとぶらひ侍りけると語伝へけるよし。古老の人申ければ。（後略）

東国の歌枕の巡遊に、自作詠歌を絡めて叙述の骨格を成す紀行文であるが、特に右の伝説については、「たぐひなき霊仏」である浅草寺の説明に先んじ、「石枕」伝説について比較的長い記述をしている。道興にとってかなり印象深い逸話であったようだ。その梗概は「此里（浅草）のほとり」にある「ふしぎなる石」に関する話である。かつて「なまさぶらひ」の父と母、そして娘がいてこともあろうかこれを遊女に仕立て往来の人々を石で出来た枕に誘い込んでは共臥させ、頃合いを見計らっては同衾した男性の頭を打ち砕いて衣服等の身の回りの物を剝ぎ取ることを生業にしていた。そんな罪業をよくよく慚愧した娘はある時、旅人が来たと言って一人石枕に臥した。父母は常のように頭を打ち砕いて早々に男が被った布を上げてみると、床には人一人しかいないので不思議に思って見ると頭を打ち割られて死んだのはこともあろうか自分の娘であった。娘の覚悟を知った父母は、その後、仏道に目覚め追善に努めた、という内容である。右に掲出した記事が、石枕伝説が記録された最古の記述であり、十五世紀後半にまでさかのぼれることが知れる。

本紀行文に関して注意を要するのは、巷間に流布する伝説名である「浅茅が原一つ家」という語彙は、道興が草した右の伝説梗概の箇所には片言も出現しないことである。右の段落に続いて浅草寺とまつち（待乳）山の紹介があった後に、

あさちが原といへる所にて。
人めさへかれてさひしき夕まくれ浅茅が原の霜を分つゝ

という具合に歌枕としてのみ引用される。つまりこの伝説を記録した最古の文献『廻国雑記』では、石枕伝説は「浅茅が原」で展開したとは語られておらず、単に近接する付近の名所として記述の直後に登場するに過ぎないのである。また「一つ家」あるいはこれに類する、荒野に孤立した家屋が舞台であるという景観描写もない。

加えて忌まわしい殺人の場が屋内であったことを示す情景が記述から窺われず、道興が「此里のほとりに石枕といへるふしぎなる石あり」と、石枕とは言いながら事件後も移動することなく「里のほとり」、つまり浅草集落周縁にあり続けるある程度の大きさを持つ石材であったことを推定させるのである。

確かに伝石枕とされる長さ三〇センチメートル程度の全く角が取れ丸みを帯びた石材が、現在、浅草寺塔頭妙音院に伝来する。果たしてこの石材が、道興が見た石枕と同一のものだったかは判じ難い（物体としての石枕については後述）。その点、付近の古墳由来を説く鳥居氏の石枕に関する考察は、浅草寺周辺での古墳実在の可能性の低さという事実において薄弱となってしまっているが、過去の遺物が伝説に発展するという視点で傾聴すべきなのである。恐らく道興の見た石枕は、野外に所在した位置の移動が容易でない大きさを持った石材だったのであろう。

二　浅草寺縁起と石枕伝説

その後、この伝説が文献上顕在化するのは近世初頭である。江戸の名所を案内するため広範に印刷される地誌に先立ち、浅草寺と結びついてその縁起に登場する。

〔史料2〕浅草寺縁起（承応縁起）(6)

（前略）美女在二此池辺之茅屋一。而東州往還旅□闌《ミダリニ》以二磐石一打二殺之一不レ知二其幾許一。故過客止□散村裏寂寥作二芒蕪之地一矣。而観音怜冷□《変二稚児一而》行レ憑嫗求レ宿。嫗許レ之。
男子与二美女一同席寝。仏□打二殺美女一嫗□所為□之
形□《龍》二入二小池中一。故号二其小池一曰二倶梨□《迦羅池一》於二堂傍一今猶存焉。（後略）

承応縁起は、推古朝に宮戸川から出現した観音像を安置した土師中知の末裔という土師保底が承応三年（一六五四）に撰した。(7) 断片的な記述である上に、関係個所に欠損部分が多々あるが、美女が池のほとりに住んでいて、東国を旅する人々を泊めては大石を以て打ち殺す罪を数え切れないほど犯していた。と言うのもこの一帯がうら寂しく他に宿がないからであったとする。この悪業を憐れんだ観音は、眉目秀麗な稚児に変じて美女の母親である老婆に宿を乞うた。稚児と美女は同じ褥に臥したが、老婆は美しい娘を大石で打ち殺してしまった。これを悔いた老婆は龍に変じて小さい池に入水した。その後、この池は倶梨迦羅池と呼ばれ今でも（観音）堂の傍にある、というものである。この縁起において、はじめて荒涼とした景観が舞台設定される点を確認しておきたい。加えて観音示現は、この段階からであることが重要である。欠落部分が多いものの、恐らく父親の存在は当初からなく、母子の物語として構成されていたようだ。観音による女性救済という利生を際立たせる作為として、浅草寺の縁起との融合を期して父親像は捨てられたのであろう。

なお本縁起に先立つ応永縁起は、その実「応永年中の作にかかるものではなく、足利時代末期の作（永禄年中か）とも推考される」と考証され、永禄年間（一五五八〜七〇）の成立とする説もあるが、(8) 注意を払うべきは、石枕という道具が採用されていないことである。伊藤宏之氏のご教示によれば、浅草寺縁起諸本は、一山が統一的に編纂した一系統のものではなく、応永・承応両縁起はそれぞれ別系統の成立過程を取った可能性があるという。浅草寺一山が石枕伝説を縁起に接収するのが、近世初頭以降であると軽々に断ずることはできないということであった。しかし、承応

縁起は、近世初頭段階において浅草寺内で新系統縁起の編纂者(あるいは編纂組織)が、中世までは未接収だった石枕伝説を山内に取り込もうとした動きのあったことを示している。この点について網野宥俊氏は応永縁起中の「此地ハ多年殺生の所なるかゆへに七度焼除て清浄の砌となさんためなり」という火事による本堂焼失後、観音が示現する場面にあるこの件を、石枕伝説の殺戮譚をほのめかすものと解している(9)。七度に及ぶ焼失の原因を石枕による殺戮に求めるなら、因果について明確な記述をするであろう。「殺生」とは生き物を殺すことであり、浅草寺本尊の観音像自体が示現する契機となった宮戸川の漁撈という生業を意味するのではないだろうか。なお古代から中世にかけての浅草周辺における漁撈の様相については、応永縁起自体に絵画的に描写されているのに加え、発掘調査上でも浅草寺遺跡等で貝殻廃棄土坑や土錘が出土する。この点については伊藤宏之氏の簡便なまとめがある(10)。

三　近世地誌の石枕伝説

近世も初期の寛文二年(一六六二)、浅井了意撰で刊行された『江戸名所記』によれば、石枕伝説の舞台は浅草寺の塔頭明王院(近世後期には妙音院に改名。当初は東京都台東区花川戸二丁目四番付近が寺域で、現在の花川戸公園付近に当る。後に寺地は同区浅草二丁目三一番二号の現在地に移転。花川戸公園には姥ケ池のみ残っている)近くの「姥(が)淵」になっている。

〔史料3〕江戸名所記(11)

五　浅草明王院付姥淵

浅草寺のうち明王院の姥淵は、いにしへこの所に人里まれにして、旅人道に行暮、やどをもとむるにくるしめり、野中に柴のいほりありて、年老たるうばわかきむすめと、只二人すみけり、旅人行暮て、此いほりに立ちより、宿をかれば、姥すなはち夜のうちに、その旅人をころす、かくて九百九十九人をころしけり、然るに浅草の観世音ぼさつ、これをあはれみ賜ひ、草刈に現じて笛をふき賜ふ、そのふゑの音をきけば、

日はくれて野にはふすとも宿からし、あさ草寺のひとつやのうち

旅人この笛の音を聞つけて、あやしく思ひ、この庵りに宿はかりながら、宵の寝所をかへてふしけるを、夜ふけてあるじのうば、ひそかに宵のねやにしのび入てみるに、旅人なし、うば大におどろきあやしむ体にて、わがふし戸に立かへりしかば、旅人は夜のうちにかの庵りをにげ出で、あしにまかせてのがれゆき、いのちをたすかりぬ、これひとへに観音の御利生なり、用明天皇の御宇三月十六日に浅草の観音うつくしき児と現じ、この庵りに来り、一夜の宿をかり給ふに、むすめはなはだ愛まよひて、みづから此児のふしたる所に忍び来りて、寝臥けり、姥ひそかに来りて、かのちごをころすとおもひて、わがむすめをころしけり、それより大に歎き悲しみて、つひに本体をあらはしそのたけ十丈ばかりの大龍のすがたとなり、龍宮にかへりぬ、これ沙竭羅龍王の化身として、姥とあらはれ、観音の御利生をあらはさんためにかゝる御はうべんをめぐらし賜ひけり、かのうばのりうぐうにかへりしところ、今は淵となり、姥が淵と名づく、白川院の御製に、

武蔵には霞の関やひとつやの、石のまくらや野寺あるてふ

と詠し賜ひけるも、かの姥がすみけるひとつやと、浅草の観音おはします、野寺の事をよみたるべしと申つたへたり、今は人の家屋たちつゞき、軒をならべて、にぎやかなりのちに、浅草の寺内院宇おほくたちて、明王院もはじまれり、子ともの嗽入てわずらふ時は、竹の筒に酒をいれて、木のゑだにかけ、うばが淵にいのれば、咳嗽の病たちまちにいゆると也、（後略）

写真40　現在の姥ケ池（東京都台東区　東京都指定旧跡）

右の『江戸名所記』では、「人里まれにして、旅人道に行暮、やどをもとむるにくるし」という状況設定を採っている。野中に柴の庵があって、その住人は老婆と若い娘の二人とし、父親の存在は全くない。宿を借りた老婆に打ち殺される。ここでは旅人を石枕に誘い娘に共臥させるという件はない。そして九九九人を殺めた後、浅草寺の観世音菩薩がこの悪業を憐んで笛の音に和歌を託し、一〇〇〇人目の犠牲者となってしまうところだった旅人をこの庵から逃した。更に用命天皇の治世三月十六日に美しい稚児に変じた観音が、一夜の宿を庵に借りに来た。これに恋い焦がれた娘は、稚児の寝所に忍び込んで添い寝した。秘かに稚児を殺しにきた老婆は、誤って自分の娘を殺めてしまう。これを大いに嘆いた老婆は、一〇丈ばかりの大きな龍の本性を現し、龍宮に帰って行った。老婆が龍宮に帰った場所は淵となって、「姥が淵」と呼ばれた。なお伝白河天皇詠歌「武蔵には霞の関やひとつやの、石のまくらや野寺ありてふ」は、この伝説を詠んだものとする。

また本書は伝説の舞台となった周辺が、「今は人の家屋たちつゞき、軒をならべて、にぎやかなり」と景観変化も述べている。これに伴い、浅草寺内にも塔頭が多く建って、明王院も開基されたとする。結局、『江戸名所記』は、流転した石枕が最後に明王院へ落ち着くことを主張する点に重点がある。

右の文献から一五年後、近行遠通が撰し延宝五年(一六七七)に刊行された『江戸雀』(12)も、この伝説を採用している。成立が近いこともあってほとんど同工異曲の内容である。異なる点だけを挙げれば、前掲『江戸名所記』では、旅人の殺害方法として一旦は明瞭な記述が消えた石枕が再び現れると共に、さらに「上より大石をおとし頭をうちくだく」という方法に変化している。殺害した人数も数千人に増えている。また観音が変じた草刈童子の笛に託した告げで、辛くも庵を脱した旅人が避難し夜を明かした堂は、観音堂(浅草寺)であったとして、観音が悪業を為す家に赴くのに加え、遭難しかけた旅人を堂内に庇護し、観音の霊験は完全無比なものに拡大する。近世前期段階で、石枕伝説は宗教的な物語性が大幅に加味された。

近世も更に降り、文化八年(一八一一)に津田大浄が記した『遊歴雑記』(13)もこの伝説を採用しているが、専ら名所・旧跡の巡遊が目的なので、姥が池の実見が主眼であり、そのついでにこの池に纏わる話の概略を付記した程度である。殺害方法のみ下に石枕、上に大石であることは、前掲『江戸雀』と同工である。ただし同書は、後述するとおり、この伝説の更なる変貌の時期を突き止める指標となる可能性を秘めている。

四　伝説の変化

中世紀行文学や近世地誌に記録された石枕伝説を表4に羅列したが、十五世紀後半の『廻国雑記』では、登場人物は父母と娘であった。近世地誌では母子だけに変化する。母と娘だけにすることで女性が伝説の主体であることが際立つようになったのであろう。また殺戮する旅人を泊める理由も中世では、売春であったが近世には単に旅泊のためとなる。その理由もその周辺にしかるべき宿がないくらい淋しい土地柄で家が一軒のみ（いわゆる「一つ家」）であった。観音の化身が親子の罪業を悟らせるため麗しい稚児に変じて一つ家に泊まり、これに恋した姥の娘が身代わりに石で打ち殺されるという展開も近世になってからである。

以上、中近世を通じて、浅草周辺の石枕伝説を通覧した。家族構成や殺害道具の差異、観音の利生等の話の大筋は別にして注意を払いたいのは、石枕の家が所在する周囲の景観である。『廻国雑記』は立地について「此里（浅草、筆者注）のほとり」としている。しかし、近世初期の浅草寺承応縁起では「散村裏寂寥作芒蕪之地」、『江戸名所記』では、「いにしへこの所に人里まれにして、旅人道に行暮、やどをもとむるにくるしめり」と荒涼たる状況に変化する。『江戸雀』もこの論調を踏襲する。近世後期の『遊歴雑記』に至っては「往古此あたり平原にして」と人家が全くな

表4　石枕伝説の変遷

	文献成立・刊行年	文献・資料名	家族構成	時代設定	景観	現場	殺害方法	観音示現	備考
1	文明十八年（一四八六）	廻国雑記	父・母・娘	中比		石のほとり	石枕	無	
2	承応三年（一六五四）	浅草寺縁起（承応縁起）	嫗・美女（娘）	（記述欠落？）	散村裏寂作芒蕪之地	池辺之茅屋	磐石	有	
3	寛文二年（一六六二）	江戸名所記	年老いたるうば・わかきむすめ	用明天皇の御宇	人里まれ	野中に柴のいおり	（記述なし）	有	
4	延宝五年（一六七七）	江戸雀	年おひたる姥・若かりしむすめ	むかし	人家まれ	しばのいほり	石のまくら・大石	有	
5	文化四年（一八〇七）	浅草寺誌	老婆・ひとりの娘	昔	人家まれ	野中の一家	石の枕・上より石	有	
6	文化八年（一八一一）	遊歴雑記	老婆・娘	往古	平原	一ツ家	石の枕・大石	無	
7	文化十年（一八一三）	浅草寺志（姥社縁起）	老婆・弱女	崇峻天王の御宇	無双の広野	野中の一家	石の枕・石を釣	有	勧善懲悪

い状況を表現する。この伝説に「浅茅が原」と併記して「一つ家」と語彙を冠するのは近世以降のことで、『廻国雑記』に採取された頃は、むしろ石枕という事物のほうが聞く者を引き付ける主体であった。そして当の石枕は浅草集落のほとり（外縁）にあったのである。

『廻国雑記』が伝説の時代設定を「中比のこと」、つまり余り遠くない昔としているのに対し、承応縁起は推古朝、『江戸名所記』や『江戸雀』は用明天皇の治世（第三一代　五八五?～五八七?）と実年代が付与されている。しかし、『江戸名所記』と『江戸雀』では浅草寺縁起上で第三三代推古天皇三十六年（六二八）に出現したとされる浅草観音が、それを二代さかのぼる用明天皇の時代に稚児に化して姥親子の前に出現するという矛盾を来している。

以上、いわゆる石枕伝説を文献上でたどると、十五世紀後半に道興が採取した段階では、同時代からさほどかけ離れていない過去に起こった事件として捉えられていたのである。近世になると、伝説の舞台は他に人家とてない一軒家（一つ家）に変化する。

五　固定化する石枕伝説

文化十年（一八一三）成立で松平冠山編の『浅草寺志』巻十[14]には、浅草寺諸塔頭を列記し、境内図や什宝、歴代住職の墓石等を解説する。妙音院（前名は明王院）の項には、祭神が娑竭羅龍王の化身である姥神を祀る「姥社」、姥の娘を祀る「姫像」、姥社の北にある「姥池」、開帳の際は見物に供する「石枕」[15]等が備わっていることを記述している。なおこの段階の姥社は、咳に効能がある民俗神となっていた旨も同書に述べられている。所謂「咳のおばさま」に類する民間信仰である。

妙音院の項で注意すべきは、前述の什物群に加え「白木の板に書きて、社（前述「姥社」のこと、筆者注）の前に掲げ」る「縁起」が掲載されている。時代設定等は措くとして、この縁起ではこの付近で「猛悪無道の盗賊」が徒党を組んで旅人の旅装を剝ぎ取り、殺害していることを憐れんだ観音が、娑竭羅龍王を老婆に、その第三龍女を娘に化身させ「野中の一家に住ひさせ」て盗賊らを誘い石枕で悉く退治し尽くし、平和が訪れたという内容になっている。『廻国雑記』を嚆矢として伝承されてきた石枕伝説の、悪業の親子が為す善良な旅客からの金品の強奪から一八〇度の転換が図られている。編者松平冠山も、さすがに余りの内容の変化に驚いたのか、論評は加えず不問に付しつつも右の縁起に続き、『廻国雑記』、『江戸名所記』、『江戸雀』、『江戸砂子』の関係記述を引用している。

果たして道興が見た石枕と同一か否かは別として、物体として「石枕」も道興が目視して以来、妙音院什物としてこの段階で再び（あるいは初めて）顕在となる。

以上、十九世紀初期段階で、石枕伝説は浅草寺塔頭妙音院に、遺跡（姥池）や遺物（石枕）を用意し「姥社」縁起に説明され固定化を果たす。なお、右の姥社縁起で注意すべきことが一つある。『浅草寺志』に先んじること六年前の文化四年、日下部利政が撰した『浅草寺誌』も、『浅草寺志』に比べて取材と記載の規模は少ないが同寺一山内の諸事を記録している。同書中にも「妙音院」が立項されている(16)。「姥神」像を紹介し、娑竭羅龍王の化身である点も踏まえた説明をしている。しかし、その直前に載せる縁起は、前述『浅草寺志』所収の「姥社」縁起の懲悪譚ではなく、旧来の悪業を生業とする母子譚のままである。日下部利政が未知だったのか、敢えて採用しなかったのかは不明であるが、六年の短い歳月を隔ていずれも浅草寺一山内を細かく紹介した『浅草寺誌』と『浅草寺志』に伝説内容に大きな差異があるのである。他にこれを傍証する史料を今は持たないが、文政四年に『浅草寺志』が成って以降、同十年に『浅草寺志』が刊行される短期間に、妙音院が「姥社」縁起を換骨奪胎して悪行譚から懲悪話に改編した可能性を指摘しておきたい。因みに本節「三　近世地誌の石枕伝説」で例示した文化八年成立『遊歴雑記』も、旧来の悪業譚を採取している。姥社縁起の成立時期をさらに絞り込む一助となるかも知れない。

六　中世浅草寺周辺の景観

『廻国雑記』には、石枕伝説の現場の風景に関しては何も語られていない。実態として荒涼としていたが、なぜ道興准后が書き留めなかったのかは不明である。ただし、道興は浅草に旅泊し、「この里」と呼称していることから、旅客の需要に応えるだけの集落が存在していたことは間違いない。なお中世浅草寺周辺の景観を偲ぶには、約一七〇年前の「とはずかたり」まで遡及してみる必要がある。

後深草院女房二条の半生や、周囲との人間関係、そして尼となり出立した旅の記録等を編んだ日記文学で、嘉元四年（＝徳治元年・一三〇六）から正和二年（一三一三）までの間に成立した「とはずがたり」には、前年信濃国善光寺に詣で、正応二年（一二八九）八月には浅草寺参詣の様子が左のように記述されている。

〔史料4〕とはずがたり(17)

（前略）

八月の初めつ方にもなりぬれば、武蔵野の秋の気色ゆかしさにこそ、今までこれらにも侍つれと思ひて、武蔵の国へ帰りて、浅草と申す堂あり、十一面観音のをはします、霊仏と申すもゆかしくて参るに、野の中をはるぐ〳〵と分け行くに、萩・女郎花・荻・薄よりほかは、また混じる物もなく、これが高さは、馬に乗りたる男のみえぬほどなれば、推し量るべし、三日にや、分け行けども、尽きもせず、ちとそばへ行道にこそ宿などもあれ、

はる〴〵一通りは、来し方行く末、野原なり、

観音堂は、ちと引き上がりて、それも木などはなき原の中におはしますに、まめやかに、草の原より出づる月影と思ひ出づれば、今宵は十五夜なりけり、雲の上の御遊びも思ひやらる﹅に、御形見の御衣は如法経の折、御布施に大菩薩に参らせて、今こ﹅にありとはおぼえねども、鳳闕の雲の上忘れたてまつらざれば、余香をば拝する心ざしも、深きに変はらずおぼえし、草の原より出でし月影、更け行きま﹅に澄み昇り、葉末に結ぶ白露は玉かと見ゆる心地して、

雲の上に見しも中〳〵月ゆへの身の思ひ出は今宵なりけり
涙に浮かぶ心地して、

くまもなき月になりゆくながめにも猶面影は忘れやはする
明ければ、さのみ野原に宿るべきならねば、返りぬ、

さても、隅田川原近きほどにやと思ふも、いと大なる橋の、清水・祇園の橋の体なるを渡るに、きたなげなき男二人会ひたり、このわたりに、隅田川といふ川の侍なるは、いづくぞと問へば、これなん、その川なり、この橋をば須田の橋と申侍、昔は橋なくして、渡し舟にて人を渡しけるも、わづらはしとて、橋出で来て侍、隅田川などは、やさしき事に申置きけるにや、賤が言わざには、須田川の橋とぞ申侍、この川の向かへをば、三芳野の里と申けるが、（後略）

「ちとそばへ行道にこそ宿などもあれ」と浅草寺に近づいてようやく宿があったが、おしなべて「来し方行く末、野原なり」と付近の景観を描写している。観音堂自体も「ちと引き上がりて、それも木などはなき原の中におはします」とあり、微高地上で周囲に樹木もない平原の中にあるという有り様であった。以上の景観描写に旅の寂寥感を表

写真41　現在の浅草寺本堂（東京都台東区　写真提供 浅草寺）

出する二条の文学的な誇張が含まているかどうかは現段階では判断し難い。特に八月の秋たけなわの時期であり、「萩・女郎花・荻・薄よりほかは、また混じる物もなく、これが高さは、馬に乗りたる男のみえぬほどなれば」という秋草の繁茂する様を、馬上の男性の丈よりも高いと表現している[18]。

加藤晋平氏は、一九七五年に浅草寺五重塔院建設予定地（現五重塔院）で実施した発掘調査の所見に基づき、鎌倉時代の浅草寺の景観を二条が記した「木などはなき原の中」にあったわびしい寺であったと指摘している[19]。加えて直近の関連史料として、後の金沢称名寺二世長老釼阿が弘安八年（一二八五）に浅草寺に参詣して詠じた漢詩[20]には、雁塔（仏塔）が高く聳えていたと表現するが、これについても加藤氏は調査でその痕跡が確認できないことから層塔については釼阿の文飾であろうと推定している[21]。果たして寺院に付属しこれを支える集落は存在しなかったのであろうか。否、十二世紀末期には、浅草周辺（千束郷）が鶴岡八幡宮創建に大工を派遣しているので、浅草寺を核として寺院関連集落が形成されていたことが想像できる[22]。

右のような文献上の所見は別として、浅草周辺、特に隅田川右岸に形成された微高地（自然堤防および砂州）には古墳時代前期以来、人々の居住したことが遺跡調査で確認されている。[23] 京畿の大寺社の規模とは比較にならないし、当然、二条のような都人の思う殷賑には程遠い様相であろうが、「石枕伝説」は中世奥州街道（鎌倉街道下道）沿道の交通集落浅草付近に展開したのであろう。[24]

七　石枕伝説の画像化

先述の近世地誌による石枕伝説の紹介に加え、近世後期になると画像化によって江戸市民に浸透したことが、岩田秀行氏によって明らかにされている。[25]

特に安政二年（一八五五）は浅草寺観音の開帳年であり、三代歌川豊国（一七八六～一八六四）の未上演の役者絵「浅草寺開帳石の枕姥ケ池ノ故事」という三枚続きの作品は、開帳に合わせて当時、実在の中村座の役者で架空の芝居絵を描き、前年の火事で消失していた同座再興時の繁盛を祈願したものと岩田氏は指摘している。

武者絵に加え、怪奇物を得意とした近世末期の浮世絵師・歌川国芳（一七九七～一八六一）も、安政二年に浅草寺に奉納された大絵馬通称「一ツ家図」を創作している（写真42）。浮世絵作品でも同じく安政二年に「浅茅原一ツ家之図」（大判三枚続）を出している。[26] また天保年間（一八三〇～四四）には、「観世音霊験一ツ家の旧事」という作品がある。[27] 画題として石枕伝説を旺盛に採用している。ただし、注意すべきはここに例示した三作品とも、老婆の凶器は包丁状の刃物になっており、伝説本来の故事である「石枕」は忘却され、宿を借りて微睡む観音の化身の稚児、包丁を手にしてこれを襲わんとする老婆、老婆に取り縋って凶行を阻止しようとする娘が共通して描かれている。岩田氏によれば、明治二十三年（一八九〇）四月に豊原国周が出した「梅幸十種之内　一ツ家」と題する役者絵は、同年同月市村座

写真42　大絵馬「一ツ家図」（所蔵 写真提供 浅草寺）
＊他の絵馬・扁額群と共に台東区登載有形民俗文化財。

で上演された芝居「一ツ家」に取材したものだが、その構図は歌川国芳の通称「一ツ家図」大絵馬を翻案したものであり、国芳の絵馬を下に後年に劇作されたものであると指摘し、江戸市井の人々は芝居の筋からこの伝説に接触し、吸収したと結論付けている。また大絵馬や歌舞伎に加え、安政三年に浅草で展示された松本喜三郎作の生人形「一ツ家」も、石枕伝説の変貌と市井への拡散に寄与したことが川添　裕氏によって指摘されている。(28)

歌川国芳の作品等を瞥見しても、石枕伝説が観音の霊験譚として完全に固着した近世末期から近代の様相が垣間見れるのである。話は前後するが、「一ツ家図」は通称であるが、(29)大絵馬本体には何処にも画題表記はなく、他の国芳作品に牽引されてこの呼称が巷間から付与されたものであろう。なお「浅茅が原」という呼称も同様、近世後期に付名されたものと推定される。

「浅茅が原」の浅茅という語彙、特に古代の和歌に詠じられた用例の変遷をたどり、その意味が時代の推移とともに大きく転換することを論じた柳澤良一氏の論考(30)によれば、『万葉集』では恋愛歌にも詠み込まれ、若く美しい女性を表象すると共に秋の季節感を醸し出していた。平安期を迎えると、秋になっての色褪せや枯れることから心変わりの連想を生じるようになったとする。さらに平安中期に至ると、「荒廃して人の訪れない邸宅」を秋の荒涼とした風物を象徴するようになったとしている。

「浅茅が原」の場所については、近世の解釈として文化十一年（一八一四）、向島花屋敷主人菊塢著『墨水遊覧誌』には次のように記載されている。

〔史料5〕墨水遊覧誌[31]

浅茅が原　かゞみ池　妙亀尼堂

いづれも総泉寺の門前にあり、回国雑記に云、浅茅が原といへる所にて、人めさへかれてさびしきゆうまぐれ、あぢ（さ脱）がはらの霜をわけつゞ、（後略）

また『江戸名所図会』（天保五〜七年〈一八三四〜三六〉刊行）[32]にも、同様の記述が見受けられ、浅草寺界隈から北に約一キロメートルほど上がった、現白鬚橋西詰で台東区橋場二丁目付近にあった総泉寺門前付近としている。「浅茅が原」という地名が石枕伝説の代名詞となったのは、本節「一　道興が採取した石枕伝説」でも触れたが、『廻国雑記』の石枕伝説の記述の直後に、道興が詠歌の素材とした「浅茅が原」を伝説の現場とする解釈が後世に生じたものである。至近ではあるが浅草地域からは離れており、むしろ中世石浜の周縁部と言ってもよい「浅茅が原」は、道興の詠歌の寂寥感も手伝い「一つ家」という設定と相俟って、近世後期特有の景観描写を創出した。

おわりに

原初の石枕伝説は、中世奥州街道（鎌倉街道下道）が通過する浅草寺を中核とした浅草集落内で旅客を相手に商いする遊女宿で発生した事件であったと推定される(33)。当然、十五世紀後半段階から女性往生の願望がこの伝説を支えたが、近世を迎えて浅草寺とその塔頭明王（妙音）院が介入することによって変成男子さながらの観音の稚児、老婆の大龍へという霊異譚に変貌を遂げた。

近世初頭、浅草寺は江戸幕府の保護下で寺勢は拡大し、「石枕」という本来は寺とは無関係な在地伝説を接収し、地域との結び付けを図り、霊験譚に編成し直したのである。浅草地域の都市化により、観音堂以外、昔は何も無かったという無から生じる有という歴史的な過程は一般に受容され易い心象である。石枕伝説が近世に大きな変容を遂げたのもそのような背景があるのではなかろうか。中世に由来する伝説が、江戸という都市の膨張に呼応して近世的な変貌を遂げる様は、地域住民の歴史観形成とも関連して更なる考察の必要がある。

註

（1）鳥居龍蔵「七　浅草の古墳（高塚）に就て」（『武蔵野及其周囲』、一九二四年九月、磯部甲陽堂、後に『鳥居龍蔵全集』第二巻、一九七五年十二月、朝日新聞社、に所収）では、石枕はもともとこの地域にあった古墳中のものが地上に出現し、伝説化したと推論している。

（2）笹間良彦『鬼女伝承とその民俗—ひとつ家物語の世界—』（一九九二年二月、雄山閣出版）。同書は本伝説を近世地誌を下に変遷を追うという本書と同じ手法を採るが、文献の成立年次を無視している点が見受けられる。

（3）宮田登「石枕伝説考」（『浅草寺』第四七〇号、一九九九年五月、浅草寺、後に『大江戸を歩く』、二〇〇四年六月、東京美術、に所収）。

（4）比田井克仁「第Ⅵ章　伝説と史実のはざま―中野長者伝説の研究―」（『伝説と史実のはざま―郷土史と考古学―』、二〇〇六年十一月、雄山閣）。

（5）『廻国雑記』（『群書類従』第一八輯、一九五四年十一月、群書類従刊成会）。

（6）網野宥俊「二　承応縁起に就いて」（『浅草寺史談抄』、一九六二年五月、金龍山浅草寺）。

（7）前掲網野宥俊「二　承応縁起に就いて」。

（8）網野宥俊「一　浅草寺の縁起と寺誌の種類」（『浅草寺史談抄』）。なお応永縁起は『台東区のたからもの』（二〇〇五年九月、台東区教育委員会）二八〜三二頁に写真図版掲載。

（9）網野宥俊『浅草寺出土遺品記』（一九五二年六月、浅草寺教義普及所）九頁。

（10）伊藤宏之「中世の浅草地域」（平成二十六年度　江戸東京博物館都市歴史研究室シンポジウム『浅草地域のあゆみ―江戸の信仰とにぎわい―』、二〇一四年十一月、江戸東京博物館）。

（11）『江戸名所記』巻二（『江戸叢書』巻の弐、一九一六年七月、江戸叢書刊行会）三二〜四二頁。

（12）『江戸雀』十巻目（『江戸叢書』巻の六、一九一六年十一月、江戸叢書刊行会）七九〜八一頁。

（13）『遊歴雑記』初編の中（『江戸叢書』巻の参、一九一六年八月、江戸叢書刊行会）一五九・一六〇頁。

（14）『浅草寺志』上巻（一九四二年三月、浅草寺出版部）六六・六七頁。

（15）現存する妙音院所蔵の伝「石枕」は、前掲『鬼女伝承とその民俗―ひとつ家物語の世界―』五七頁に写真図版が掲載されている。

(16)『浅草寺誌　附浅草名霊抄』（一九九二年十二月、金龍山浅草寺）三四〜三七頁。

(17)新日本古典文学大系『とはずがたり』（一九九四年三月、岩波書店）一八六・一八七頁。

(18)この描写に関連し、『更級日記』（新日本古典文学大系『土佐日記　蜻蛉日記　紫式部日記　更級日記』、一九八〇年十一月、岩波書店、三七四〜三七七頁）にも菅原孝標女が、上総国府から帰京する際、武蔵国に入り立ち寄った竹芝寺跡（現在の比定地は不詳）への途上の風景が、男性が携えた弓の先端よりも高く生い茂る葦蘆の様を述べている。武蔵野周辺を旅する都人の景観を表現する手法には、摺り込まれた前提がある可能性もある。

(19)加藤晋平「浅草寺私考」（『物質文化』第一八号、一九七一年十月、物質文化研究会）。なお浅草寺の創建時期自体については、鶴岡静夫「第一章一節　浅草寺の創建」（『関東古代寺院の研究』、一九六九年十二月、弘文堂）では、「奈良時代の中頃、後期頃」、また坂詰秀一「浅草寺創建年代考」（『立正大学文学部論叢』第三八号、一九七〇年九月）では、「蓋然性の高い年代は、平安時代―恐らく中頃―に求むべき」としており、定説は確立していない状況にある。

(20)釼阿漢詩（『金沢文庫古文書』第九輯〈仏事篇下〉、一九五六年三月、第六八三四号文書）。

(21)前掲加藤晋平「浅草寺私考」。

(22)『吾妻鏡』に所見する「浅草大工」について湯浅治久氏は、「第一章　中世の千束郷―浅草寺と湊町石浜・今戸、そして隅田―」（台東区文化財調査報告書第四七集『台東区文化財講座記録集　中世の千束郷』、二〇一三年三月、台東区教育委員会）で、「中世的な国衙領としての千束郷」に結び付く「大工」という印象を述べている。さすれば武蔵国衙傘下の工人群として拠点地（集落）を浅草寺付近に持っていたことが推定できるだろう。

(23)前掲伊藤宏之「中世の浅草地域」参照。なお浅草寺域に絞った考古学的調査研究の軌跡は、同じく伊藤宏之「浅草寺における考古学的調査―これまでの調査成果と今後の課題―」(『文化財の保護』第四八号、二〇一五年七月、東京都教育委員会)に詳しい。

(24) 交通という視点に関して言えば、陸路とは別に石浜・今津・鳥越等を包摂した中世浅草が利根川水系や江戸湾に接しながら人的・物的に水運と深く関わった点が、盛本昌広「中世浅草地域における海上交通と流通」(『交通史研究』第七六号、二〇一二年二月、交通史研究会)に詳説されている。水陸路の結節した中世浅草が、伝説上では未開地とする言説は再考を要する。

(25) 岩田秀行「「一ツ家」の役者絵」(『浅草寺』第四四九号、一九九七年四月、浅草寺、後に前掲『大江戸を歩く』に所収)。

(26) 鈴木重三『国芳』(一九九二年六月、平凡社)の「カラー図版」第二一九号および「図版解説」同上号。

(27) 前掲鈴木重三『国芳』の「カラー図版」第二一八号および「図版解説」同上号。

(28) 川添 裕「浅茅ケ原一ツ家」(岩波新書『江戸の見世物』、二〇〇〇年七月)。

(29) 裏面銘文等、原品の詳細については台東区文化財調査報告書第五一集・浅草寺絵馬扁額調査報告書『浅草寺の絵馬と扁額』(二〇一五年三月、台東区教育委員会)二七頁「26　一ツ家図」参照。

(30) 柳澤良一「「浅茅が原」の風景―和歌の用法を中心として―」(『金沢大学国語国文』第二五号、二〇〇〇年二月)参照。

(31) 『墨水遊覧誌』(『江戸叢書』巻の壱、一九一六年六月、江戸叢書刊行会)二九頁。

(32) 『新板江戸名所図会』下巻(一九七五年一月、角川書店)四〇四頁。

(33) 前掲伊藤宏之「中世の浅草地域」では、本伝説を「隅田宿に関わる伝説か」と推定しているが、微視的に隅田川沿岸でも、北部の石浜―隅田宿ではなく、あくまで浅草周辺が本来の伝承地であろう。

第三節　絵図に嵌《は》める中世
―地域由緒をめぐる文書・旧記・絵図の相剋―

はじめに

本節はさる地域の近世旧家層が育んだ、近世以前の地域開発に関わる伝説と景観を考察する。ただし、伝説の分析については、口承文芸を主軸とした民俗学の手法に拠るのではなく、伝説を文字や画像などで具象化した史資料を用いることにする。

今回、考察対象とする史資料は、地域社会の時代観を大きく規定するものながら、その成立には家の由緒形成と深く関わりを持つものである。近世史研究においては、家と由緒について既に多くの成果がある。比較的近年の研究で学んだものには、偽文書や由緒書を介して職人受領を軸に近世民衆の由緒意識を論じた間瀬久美子氏の研究(1)、相撲や芸能者を統括する家々の権威の源泉を追究した高埜利彦氏の仕事(2)、近世甲斐国における「浪人」身分成立の背景を検討した山本英二氏の論考(3)、紀州藩領赤塚村上田家の由緒形成を分析した深谷克己氏の論説等(4)がある。また本節の考察対象地域については、近世淵江領在地社会に機能した「由緒」関連史資料を集成した成果もある(5)。

なお本節の関心は、あくまで由緒の歴史的な形成過程の考察にあり、もとより分析対象とした各史資料を所蔵する各旧家の地域社会で培ってきた伝統や信用の否定を意図したものではないことを明記しておく。

一　中・近世の千住地域周辺

本題の個別史料の考察に入るまえに、各史料が生み出された地域である武蔵国足立郡および豊島郡にまたがる千住宿周辺（現東京都足立区千住および荒川区南千住）について概観しておく。後述する『旧考録』の起源伝説は措き、この地域が初めて史料上に所見するのは、永禄二年（一五五九）に後北条氏が作成した、家臣団への知行役賦課のための台帳『北条氏所領役帳』である。同史料中には、北条氏配下の江戸衆「千葉殿」の所領の一つとして「下足立　専住」が記載される。ただし、この「専住」は、近世千住宿ではなく、現千住元町の小名「元宿」に相当すると推定される。さらに元宿ついては、戦国期淵江城の城下集落に由来する可能性について先著で指摘した。(6)

天正十八年（一五九〇）、徳川家康が関東八カ国を領国とし江戸入城を果たすと、その四年後の文禄三年（一五九四）には伊奈忠次を奉行として千住大橋が架橋された。慶長二年（一五九七）には、一～五町目が宿駅に指定されたという。江戸開幕後、万治元年（一六五八）には掃部宿・川原町・橋戸町が、寛文元年（一六六一）には荒川南岸の小塚原町・中村町も編入され、最終的に一〇カ町を以て千住宿が形成された。(7)

天保十五年（一八四四）作成の「日光道中宿村大概帳　千住　草加　越ケ谷　壱」(8)には、「宿内町並南北弐拾弐町拾九間余（中略）宿内人別九千九百五拾六人（中略）宿内惣家数弐千三百七拾軒」とその規模が記録されている。近世千住は日光道中初宿として品川・内藤新宿・板橋と並び、江戸北門として位置づけられていた。

二　文書に記すランドマーク―橋と堤の構築伝説―

江戸北辺である千住周辺は、近世初頭、二つの大規模土木事業により宿駅としての形態を急速に整えて行った。その土木事業とは、千住大橋架橋と掃部堤築堤である。いずれの工事も一次史料を欠くものの、その竣工は千住大橋が文禄三年、掃部堤が元和三年(一六一七)とされる。この二大事業に大きく関わったとされるのが、石出吉胤である。千住大橋は、『新編武蔵風土記稿』(以下『風土記稿』)によれば「御入国の後、北国の通路自由ならしめんが為、伊奈備前守忠次に命ぜられ文禄二年より三年に至りて掛渡」(9)すとある。つまり徳川家康が江戸入府後、北関東、東北への交通路の整備の一環として伊奈忠次を奉行として、荒川への架橋を実施させたのである。

この事業を在地にあって助成したのが、石出吉胤と伝えられる。石出家にはその拠り所とされる左の文書が伝来している。

〔史料1〕徳川秀忠奉行人連署奉書(10)

其方儀元木村千住宿開発幷荒川橋造、其外今般水除之大堤築立候事、上様御喜色之御事候、且昨春御鷹狩之砌、御成先ニ而千住一円拝領被仰付候事、可為家之面目、猶子孫受領尤候旨御意候也、

松前隼人正入道

願海(花押)

元和三年

巳七月

写真43　木造時代の千住大橋（『南足立郡誌』、1912年3月、東京府南足立郡教育会）

大久保相模守
忠隣（花押）
石出掃部介（ママ）

右の徳川秀忠奉行人連署奉書には、元木（＝本木）村・千住宿（掃部宿のことを指すか）の開発、荒川橋（千住大橋）造り、水除大堤（掃部提）構築の四件の開発事業が書き立てられている。これらの記述を補足するため、また『風土記稿』「掃部宿」の項に立ち帰ってみよう。

〔史料2〕『新編武蔵風土記稿』足立郡掃部宿[11]

掃部宿は豊島郡小塚原町の北に続けり、当村の開墾は名主庄左衛門が先祖石出掃部亮なりと云。彼家の譜に云、掃部亮吉胤は千葉の氏族にして遠州石出に住す、故に在名を名乗れり、後又下総国千葉に移り、文禄年中本郡本木村に来りて土地を開きしが慶長三年当村に移りて開発せしと云、其頃はこゝを掃部亮町と唱へりと、

（中略）

荒川水除堤　綾瀬川の堤より屈曲して築けり、高さ一丈二尺、此堤は元和二年東照宮御放鷹の時、石出掃部亮が

願上しによりて築かせられしと云、

右の記述をもとに、石出吉胤の開発に関わる事績を整理するならば、文禄年間（一五九二〜九六）に本木村を開発、さらに慶長三年に掃部宿を開発、元和二年に荒川水除堤築堤に着工したとある。ここで注意すべきは、先の連署奉書と右の『風土記稿』の記述を対比すれば、石出吉胤の千住大橋の架橋に関する功績は『風土記稿』中に語られていないことである。また後述の旧記『旧考録』にも記事はなく、石出家所蔵文書が唯一の所見である。

荒川水除堤についても『風土記稿』は、元和二年の着工のみを語るが、『南足立郡誌』[12]は、石出吉胤の荒川架橋事業への関与を記述するとともに、元和三年の完成を主張している。この一年という短期間の工事もまた伝説に属するものと言えるであろう。『南足立郡誌』の記述は、石出家所蔵文書を唯一の根拠として執筆されたものであろう。他の史料に所見のない荒川水除堤の元和三年完成説は、石出家所蔵文書の紀年から踏襲されたものと言える。

石出吉胤の出自について『風土記稿』では、千葉氏一族の出身で遠江国を経由して足立郡本木村に入植したことが記されている[13]。前掲『南足立郡誌』では、「幼名を千葉徳太郎と称し、大永二年四月八日小田原に生る。（中略）父は従六位上千葉日向守幸胤にして、吉胤は実に其長子なり。吉胤は初め北条氏の家臣なりしが、天正十八年庚寅七月北条家没落の後、家臣原七郎に頼て遠江国榛原郡関川沢鳴村に住す。同十九年八月十五日霊石を得て之れを祝る。石神村と改め姓を石出と改む」（原文には句読点はなく、筆者が付記）と説明される[14]。

この記述で注目すべきは、石出家がその出自を中世千葉氏に求める点である。千住を含めた近世淵江領一帯は、十五世紀半ばに下総国から本貫を移した武蔵千葉氏（前掲『北条氏所領役帳』の「千葉殿」）の一円支配が戦国末期まで継続した地域である。近世後期においても『風土記稿』等に徴する限り、千葉氏一族に関する遺跡や寺社が散見する。また、同領内佐野新田の佐野家、竹塚村の河内家等は、同じく千葉氏末裔を名乗る近世開発名主である。これらの家筋は旧領主の由緒を地域開発の正統性の根拠に据えていた。[15]石出家の系譜では、この点が特に色濃く、血筋のみではなく当初の入植地本木村は武蔵千葉氏の所領経営の拠点であった旧淵江であり、次に開発したとされる千住一帯も旧所領の一つであった。[16]

千住大橋は、江戸開幕以前に架橋された橋梁としてつとに名高いばかりではなく、その境界性は種々の民俗伝承を派生させている。[17]交通上は言うに及ばず、まさに江戸北辺のランドマークであった。[18]また掃部堤も、千住宿北岸を荒川の乱流から守る生命線として機能していた。いずれも近世千住宿地域の開発に関わる構築物である。石出家の徳川秀忠奉行人連署奉書[19]は、千住宿形成に関わる橋と堤という二つのランドマークを込めて、由緒を形づくった。

三　旧記で醸す中世―『旧考録』が語る近世以前の千住周辺―

近世日光道中の宿駅千住宿は、最終的には一〇カ町から構成されたが、その一画を占めた千住二町目の名主・年寄などの宿場役人を勤めた家系に永野家がある。同家には多くの文書群が伝来するが、その一つに一『旧考録』[20]という旧記がある。前後編から構成され、前編はその奥書によれば、弘化二年(一八四五)成立で、作成者は永野彦右衛門政重である。後編は安政年間(一八五四~六〇)頃までに内容が確立されたものと推定されている。[21]千住二町目を中心とした寺社縁起、千住宿の変遷、関係著名人の事績等に加え、宿場成立前史に関する記述が随所に散見する。これらを概観すると、内容の重複が目立つが、本書の考察対象である近世以前の千住地域をめぐる伝説は、左のように整理できる。

Ⅰ千住(寿)の集落は延喜年間(九〇一~二三)の開発である。その当時は、千寿と千崎の二つの地名が存在した(「両社草創駅邑起本暦代記」)。

Ⅱ延長四年(九二六)、稲荷大明神を勧請した(「稲荷大明神勧請之記」、「千寿旧古奥州街道之考」)。

Ⅲ承暦年間(一〇七七〜八一)、源義家の奥州遠征の時、荒川渡河に際し、両岸の陣所跡に八幡宮を勧請した(「御末社白旗八幡宮略縁起」、「両社草創駅邑起本暦代記」)。

Ⅳ建久年間(一一九〇〜九九)、源頼朝が奥州街道の守護のため関を設けた。その名残が関屋の里の地名に残っている。その関守で永野家遠祖大江道知は、この地に天満宮を勧請した(「関屋天満宮略縁記」、「両社草創駅邑起本暦代記」)。

Ⅴ弘安二年(一二七九)、氷川大明神が勧請された。Ⅱの稲荷大明神と合せて二ツ森と称した(「氷川宮略縁起」)。

Ⅵ同じく弘安二年と記した書物(具体的名称は不明)に和田・千崎・千寿・原の地名がある。元宿の名称もその証と言える(「千寿旧古奥州街道之考」)。

Ⅶ奥州街道は、橋場・浅茅ケ原で荒川を渡り、隅田村に入り千住に至った(「千寿旧古奥州街道之考」)。

Ⅷ勝専寺は、文応元年(一二六〇)の創建である(「身影三尊阿弥陀如来略縁記」)。

『旧考録』は多くの伝説を糾合した編纂物であるが、その大きな編纂意図の一つに前編の記主永野彦右衛門家の千住定住の由緒の記録による顕在化がある。その核心は、建久年間に源頼朝により設置されたという関と、同地に勧請された縁起を有する関屋天満宮である。永野家の創始に関わるこの伝説は、氷川大明神・稲荷大明神の二ツ森両社や勝専寺の縁起、源義家の奥州遠征に因む奥州街道の道程、和田以下四カ所の集落に関する伝説と時系列と景観の上で巧みに融合しながら近世以前の千住を創出し、同家の由緒を確立している。

付言すれば、『風土記稿』の「千住宿」の項には「関屋塚」の項目を見出すことができる。その記述によれば、同所は「名主庄衛門が持」ちであった。庄衛門はすなわち石出氏当主である。また『風土記稿』には「関守大江道知」の伝説も採取されていない。『旧考録』前編成立の弘化四年を二十年余さかのぼる、『風土記稿』が作成された文政五年(一八二二)の段階で、永野家遠祖譚の拠点「関屋塚」が石出家の所有に帰しており、官撰地誌に『旧考録』と同種の記事が採用されていないことは大いに注目される(後述)。

四　絵図に嵌める中世―「延徳地理全図」の景観―

近世千住宿内の掃部宿には、同宿の名主や近代に至り千住駅長を勤めた高尾家があった。同家には多数の文書が伝来している[30]。この文書群中には、中世千住地域の景観を図化したと称する「延徳地理全図」(写真44・図13)がある。

早速、この絵図の記載内容について検討してみよう。図面中に記された銘文は左の通りである。

〔史料3〕延徳地理全図　詞書[31]

本国遠江榛原郡高尾村産此地ニ住ス、此図三牧《ママ》書二牧《ママ》者本国両家ニ贈、甲斐国都留郡高尾村住居為安堵図書状添贈之、

于時延徳元己酉年二月廿八日

高尾仁右衛門尉

此―破―アリ

惜或破古紙絶タリ、古絵図有之所安政卯年十月二日夜四ツ時、大地震ニ而昔土蔵皆潰相成壁土崩下、漸日掘出シ

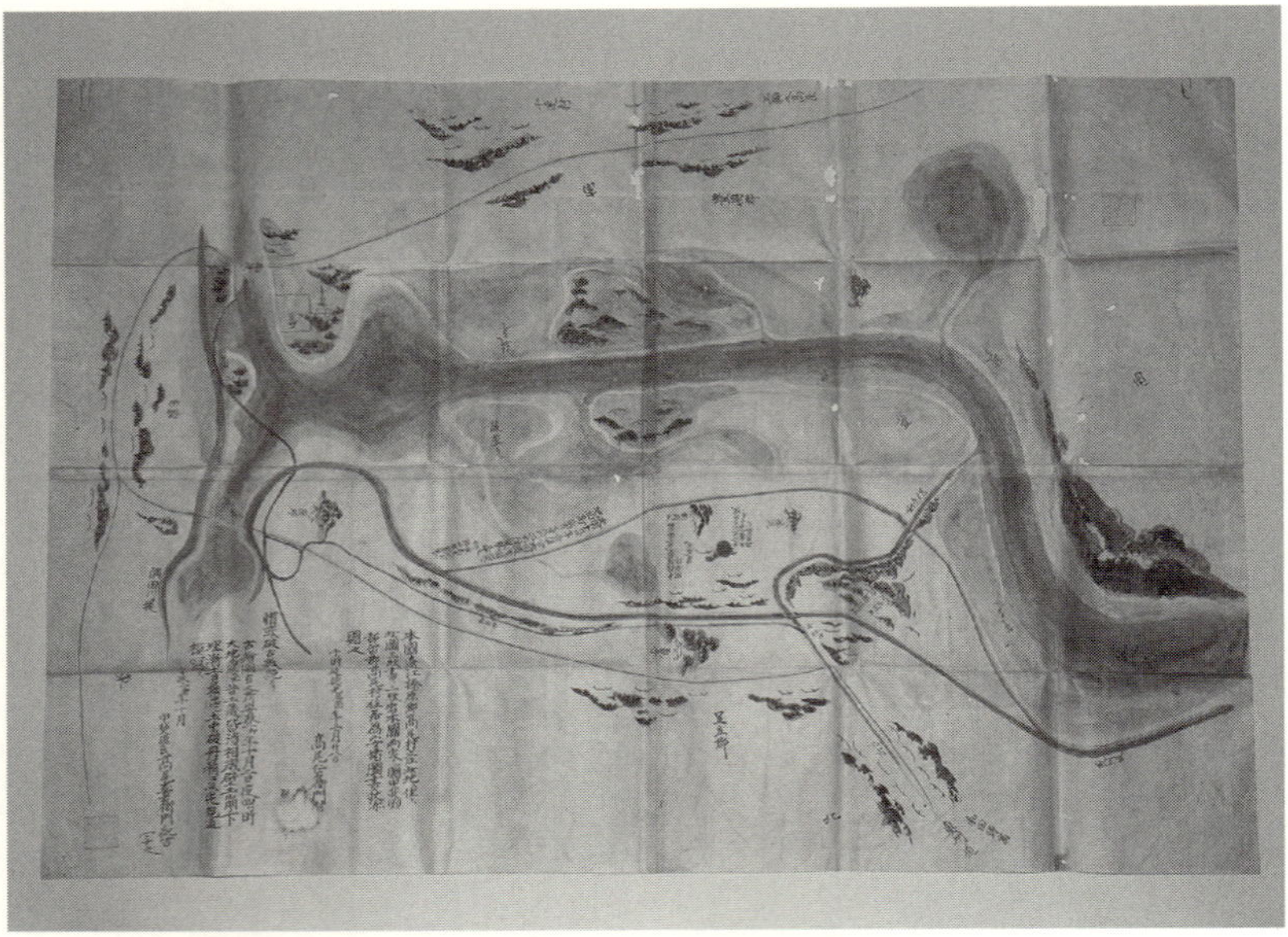

写真44　「延徳地理全図」（高尾家文書　保管 足立区立郷土博物館）
＊本図は天辺が南、地辺が北の方角。

土中破丹精ヲ以先規通模写ス、
　　安政二卯年十月
　　　　　甲斐源氏高尾喜右衛門紀吉
　　　　　　　　　　　　写之

詞書前段によれば、高尾家の遠祖仁右衛門尉は、遠江国榛原郡高尾村の出身で掃部宿に移住した。この図面は三枚作成し、二枚は本国の両家（「甲斐国都留郡高尾村住居」はそのうちの一つの意味か）に、安堵を図るため書状を添えて贈った（延徳元年〈一四八九〉二月二十八日）。後段には、安政二年（一八五五）十月二日夜四ツ時の大地震で土蔵が全て壊滅し、壁土が崩れ落ちた中からようやく古絵図を取り出し、丹精を込めて原図のとおり模写したと記されている。

つまり現存の「延徳地理全図」の詞書は、延徳元年作成のものを、安政二年に転写したことを主張している。その真偽については、十分検討の余地もあるだろう。本節ではこの史料を近世後期、当該地域旧家層の意識下の歴史観や地域像の表出として捉え考察の対象

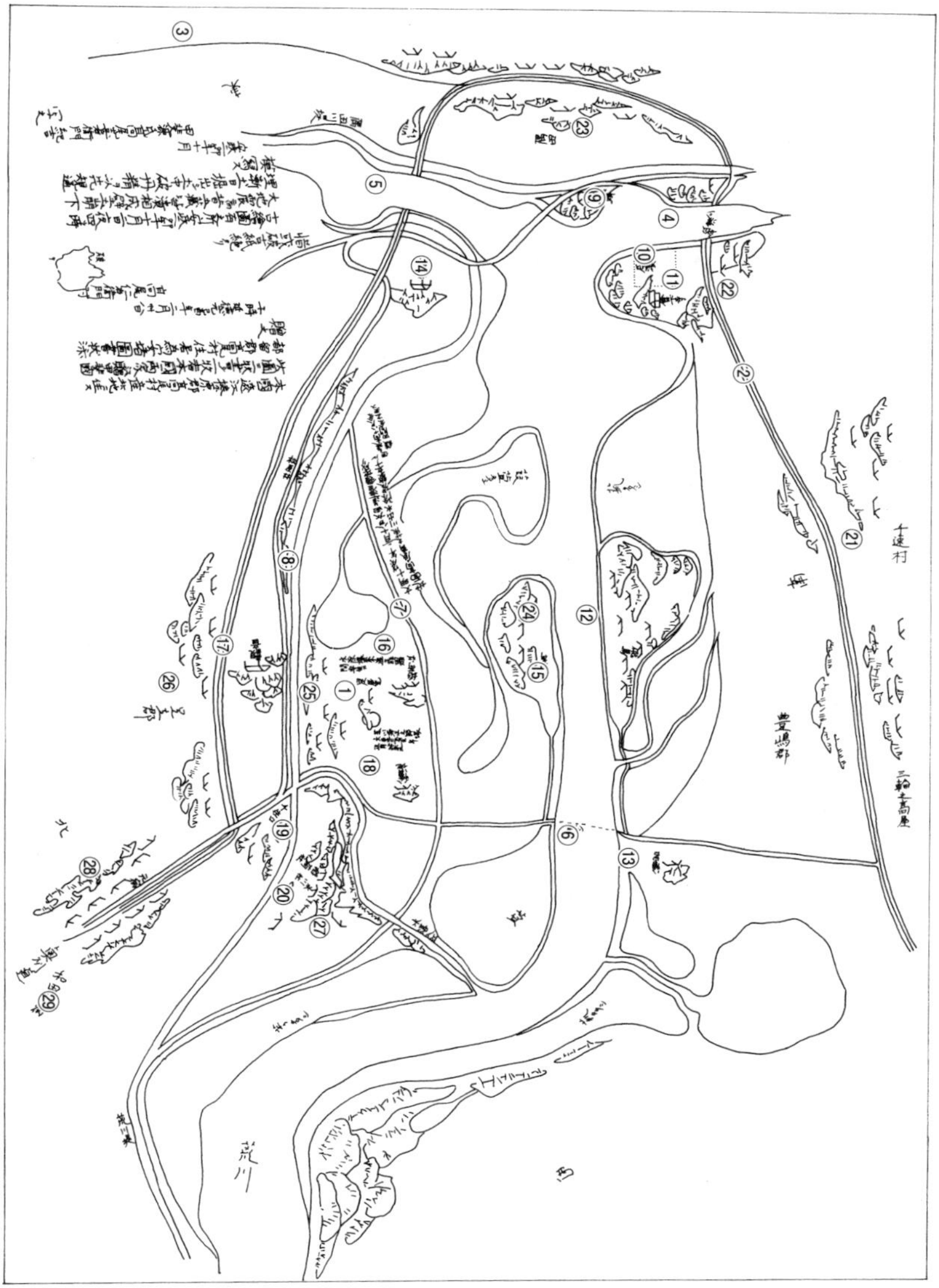

図13　「延徳地理全図」模写(原図 高尾家文書　保管 足立区立郷土博物館)
＊丸数字は筆者注。

としたい。

はじめに本図の大まかな構図を把握してみよう(以下、絵図の記載事項を説明するため、加増が模写図中に丸数字を便宜付番した)。本図は南を天、北を地として作図されている。南はおよそ豊島郡千束村(東京都台東区)付近、北は足立郡千住宿(東京都足立区)の北端、東は葛飾郡隅田村(東京都墨田区墨田付近)、西は千住の西端である。中央部には近世荒川(現隅田川)を描く。構図の中心を占めるものは、作図意図からして高尾家の①屋敷地である。

また、陸路は次のものが図示されている。②荒川南岸を西から東に走り、〈石浜〉・〈会下寺〉の南で渡河し、〈隅田村〉に入り、再び古隅田川を西岸に渡って足立郡に進み、そのまま西行して〈元宿〉の南で、大きく北に進路を曲げるもの。本図ではこれを〈奥州道〉と注記する。③〈隅田村〉から北上するもの。以上の二経路である。また陸路に付属する渡河点④～⑥がある。(32)

構築物として、次の二本の堤防がある。⑦は高尾家の所在する掃部宿を南から囲む堤防である。これには「文明十年戊戌年三月」に「太田道灌領地成」ったが「地面高低有之」ので、「荒川出水除堤」を「築立」てたと注記する。⑧は⑦の北にあって、同じく掃部宿を囲む堤防。東西で⑦と結接する。西部に〈荒川堤〉と注記がある。

建造物では、画面左上から⑨隅田村の荒川沿岸にあって〈関屋駅〉と記されたもの。⑩は⑨の対岸で〈石浜〉と記され、建造物を示す屋根の表現は無いが、点線で囲まれた区画。⑪は⑩に隣接し、〈会下寺〉とある寺院。⑫は⑪から画面中央に横移動した、荒川沿岸の〈飛鳥〉。⑬は更に画面右側によった〈八幡宮〉である。

荒川北岸では画面左から、⑭は〈薬師〉。⑮は画面中央部で荒川北岸の〈稲荷社〉。⑯は⑦脇の〈稲荷社〉。⑰は⑧の外側にある〈観音〉。⑱は⑯の西方の〈八幡宮〉。⑲は⑦・⑧に囲まれた区域の西詰めの〈稲荷社〉。⑳は⑲に隣接する〈氷川社〉が見えている。

寺社の建造物とは別に、この図面には集落を表現した屋根群が九カ所描かれている。㉑は〈千束村〉。㉒は〈石浜南部付近〉。㉓は〈隅田村付近〉。㉔は〈現足立区千住橋戸町付近〉。㉕は〈掃部宿付近〉。㉖は〈現足立区千住一丁目から五丁目付近〉。㉗は〈現足立区千住宮元町付近〉。㉘は〈元宿〉。㉙は〈和田野宿〉である。

以上、①を中心として陸路・寺社・集落からこの図面が構成されていることを確認した。②から㉙におよぶ各構成要素は、集合体として①、つまり高尾家の掃部宿移住年代を中世と規定する。各構成要素について詳しく検討することに移るが、総体として前項で取り上げた『旧考録』の諸記述と、多くが一致することが特徴である。②・③はこの図中の主要道路で、特に②はⅦ（以下、引用するローマ数字は前項中で用いたものを指す）と合致する。④〜⑥の渡河点のうち、④・⑤は先のⅦに合致する。豊島郡から足立郡へ直行する⑥は、Ⅲの源義家の通行伝説を念頭に置いた描写であろう。ついでに述べておけば、⑬・⑱の両八幡宮は源義家が荒川両岸の陣所跡に勧請したとされる八幡宮を表しているることが推定される。⑬は現東京都荒川区南千住六丁目熊野神社、⑱は渡河点北岸の俗称「白旗八幡」である。⑦は第一項で述べた石出吉胤の構築と伝えられる掃部堤である。ただし、この絵図では、太田道灌の事業となっていることに注意を要する（後述）。なお、千住を含めた淵江領一帯に太田道灌伝説は、今のところこの他に所見がない。⑧は荒川堤としか表記がなく、構築年代等を示す記述はない。

⑨〈関屋跡〉は、『旧考録』が主張する、源頼朝が奥州街道の守護のため設け、永野家遠祖大江道知が関守を勤めたという故事に対応し、関守の在番する構造物を表現するものである。ただし、第三章付論でも触れるが、地形は中世の旧状とは乖離して天保六年（一八三五）に内川が埋め立てられ、隅田村と陸続きの状態で描かれている。因みに中世三俣南端にあった関屋、そして内川を南に渡った隅田川沿岸にあった隅田宿、その対岸の石浜は集落として全く無視され図中に登場しない。石浜・隅田宿について、近世後期の地誌類にその痕跡が語られる(33)が、本図はこれらを参照す

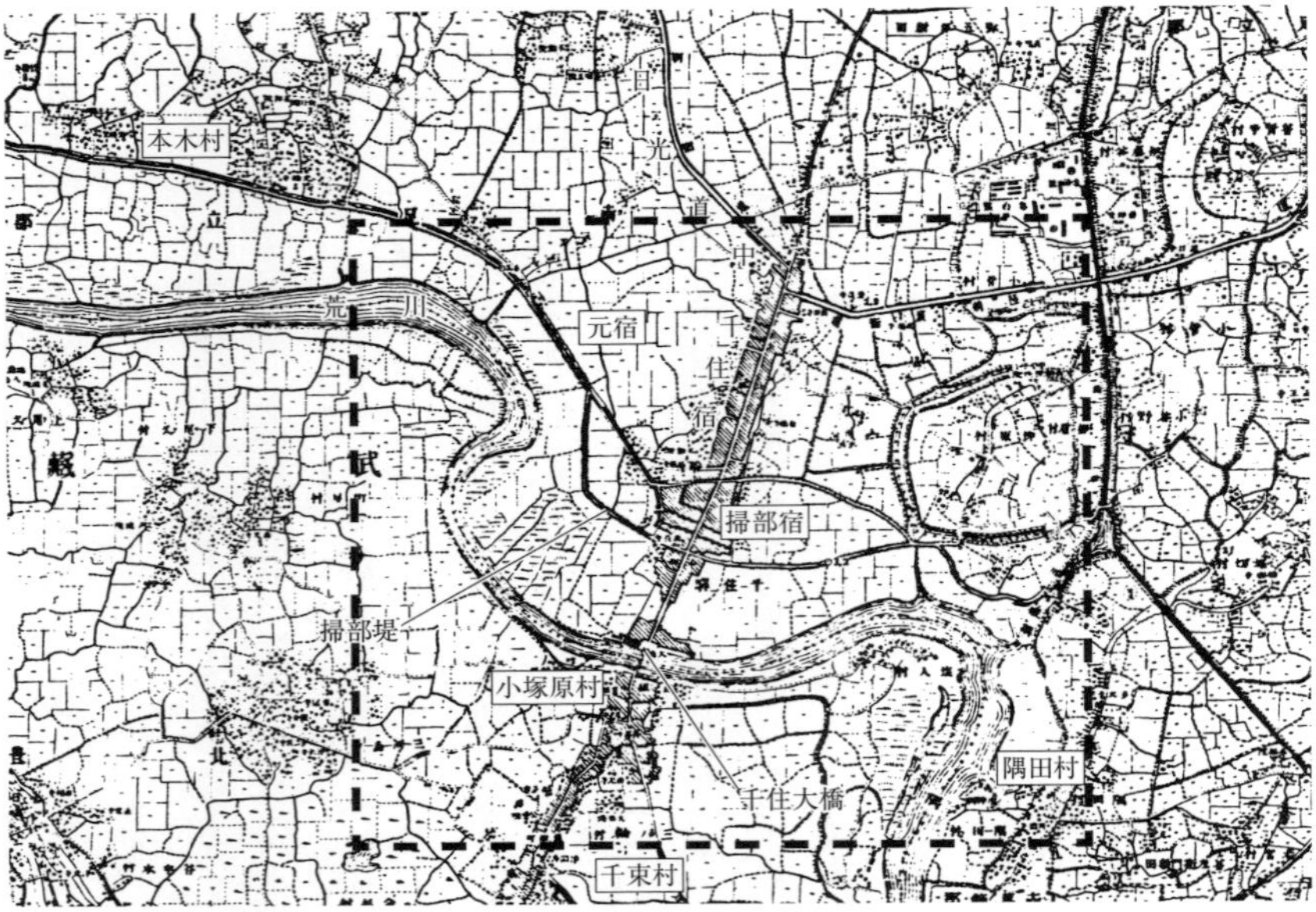

図14　近世千住宿付近と「延徳地理全図」の範囲（迅速測図〈明治13年・1880〉を改変）
＊破線で囲った範囲が「延徳地理全図」に相当。

ることなく、飽くまで『旧考録』が構築した歴史地理観で作図が為されている。
⑩は荒川に面し、一定区画を点線で占定し、中心に「石浜」とのみ表記する。この箇所の表現は、一定範囲を囲むものであり、「長禄江戸図」が村落名のみ表記しているのとは表現を異にしている。あるいは中世石浜城の存在を意識したもので、点線は城域の占地をおおまかに表している可能性もある。⑪は⑩に隣接し、他の寺社に比べ略称を用いず「会下寺」と固有名詞で表示されている。この両者は他の記述が類似した内容を『旧考録』に持つのとは異なり、同書中には関連事項を見出すことはできない。類似性を他に求めるとすれば、「長禄江戸図」が想起できるのである。
高尾家には、「長禄江戸図」と構図および記載事項が酷似する「御入国以前之江戸図」（写真45）が他の文書群と共に伝来している。同図はその包紙および本紙詞書によれば、「田安中納言宗武卿」

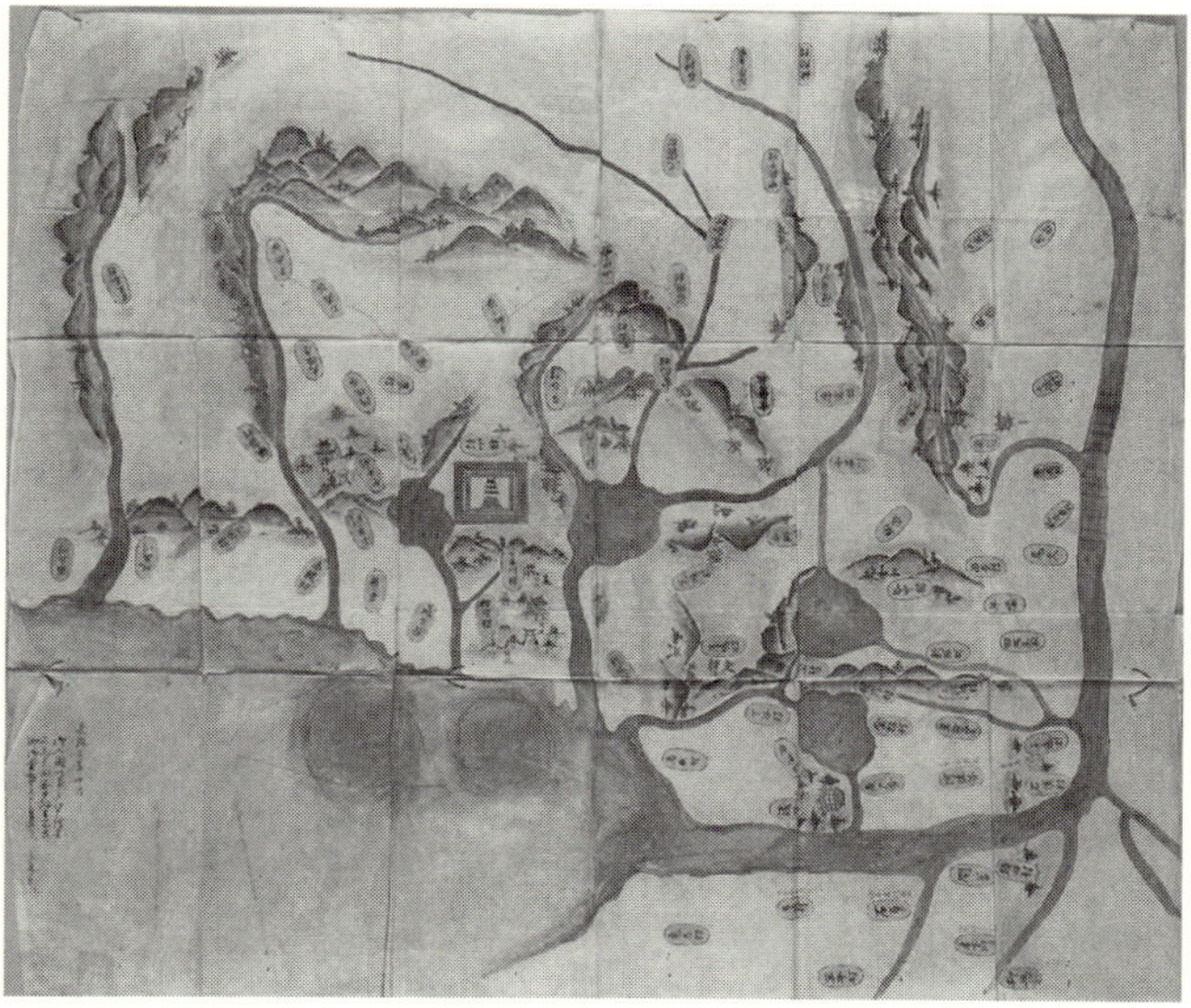

写真45　「御入国以前之江戸図」（高尾家文書　保管 足立区立郷土博物館）

（田安宗武〈一七一五～七一〉）の求めに応じ作成、その閲覧に供した旨が記されている（時期については未詳）。前後に関連史資料を欠き、詳しい作成伝来過程は不明だが、おそらく御三卿・田安宗武の淵江筋への鷹狩行の折り、千住の旧家高尾家の由緒につき下問があり、中世入植の証左として作成、提出したと推定される（森朋久氏ご教示）。

同図の存在を加味すると、高尾家は既に十八世紀中後期段階、巷間に流布していた「長禄江戸図」に関する情報を有し、自家の由緒主張の根拠として転写本を作成する知識を有していたことが考えられる。「長禄江戸図」は現段階の研究では、永禄二年に後北条氏により作成された『北条氏所領役帳』記載の地名をもとに、近世になって中世に仮託して描かれた地図であると言われている[34]。⑩・⑪はまさに「長禄江戸図」の該当部分の引用であろう。

さらに補足して述べれば、㉑〈千束村〉も「長禄江戸図」に所載の村落名であり、この三地点を以て「延徳地理全図」は「長禄江戸図」に接続が可能になる。翻って言えば、近世において『北条氏所領役帳』の地名を引用し、中世江戸の景観を地図上に擬作した「長禄江戸図」の地理観の延長線上に、荒川以北の景観を巧みに合体させようとした作図意図がここに読み取れるのである。

⑫は小塚原村所在の飛鳥社を指し示すものである。小塚原地名起源の伝説である瑞光石で著名で、延暦年間(七八二〜八〇六)の創建と伝えられる社である(現荒川区南千住六丁目・素盞雄神社)。⑬は前述。⑭は伝千葉常胤の守護仏の薬師如来を本尊とする西光院(現足立区千住曙町)に相当する。⑮は『風土記稿』の「掃部宿」に見える橋戸町の鎮守の「稲荷社」を指すか。⑯も同じく「掃部宿」内の俗称「寿稲荷」を表すものだろうか。⑰の〈観音〉はⅧの勝専寺に該当する。⑲はⅡ、⑳はⅤに相当し、前述のとおり両社で近世千住一〜五町目の総鎮守「二ツ森」を形成していた(現足立区千住宮元町・千住神社)。

最後に集落を表記した箇所に触れる。㉑については前述した。㉒は今戸周辺の集落を表したものか。㉓は村名として図中に表記された「隅田」村に伴うものである。㉔〜㉗については時代観の調整を意図した表現というよりも、寺社に付属した集落の成り立ちを表現したものであろうか。㉘はⅥの「元宿」に当たる。㉙は同じくⅥの「和田」に関連すると思われるが未詳である。ただし、『風土記稿』の「千住三町目」の項には小名「牛田」地域内に「和田ノ宿」[35]の地名を採取している。

「延徳地理全図」の記述内容について、各要素に分解するかたちで検証を進めてみた。そこでは前項で紹介した『旧考録』の記載と極めて強い関連性を指摘した。さらに絵図の時代観の補強を図るために、「長禄江戸図」との接続の作為を看取した。以上のことを勘案すると、「延徳地理全図」は『旧考録』と「長禄江戸図」を下敷きに、詞書で主張する延徳元年の段階に擬えて作成された絵図であることが分かる。

五　文書・旧記・絵図の相剋

本節では近世における限定した地域を素材に、旧家層が保持した由緒創出の装置としての文書・旧記・絵図の存在に着目した。この項では、以上の相互関係の整理を試みてみたい。各家とそれに伝来した史料を、以下のように略号を用いることにする。

石出家＝A　徳川秀忠奉行人連署奉書＝a　永野家＝B　旧考録＝b　高尾家＝C　延徳地理全図＝c

まずA・B・C三家の所持したa・b・cに共通する特徴は、いずれも近世宿駅である日光道中千住宿の前史や成立要件を主眼とした構成を取っていることである。aでは千住大橋と荒川水除堤（掃部堤）がこれに該当する。乱流荒川に架かるこの橋梁の架橋は、近世初期の江戸北辺にあって、五街道の一つ日光道中整備のための大きな事業であった。この地域の象徴的な構築物である千住大橋と荒川水除堤が、aの中に取り入れられている。また前述のとおり、Aはその系譜を旧領主である千葉氏に結ぶ点をも勘案すると、文書という文字史料を根拠に、中世から近世にかけての時代観の変遷の中に自家の由緒を融合させている。

伝説の記録化という点で、いちばん典型的な存在がbである。B系譜の説明のみに終始するわけでなく、宿駅内の種々の逸話をも記述の対象にしている。だがBの系譜に関する記述部分に改めて注目するならば、その遠祖「大江道知」の存在を見逃すことはできない。この人物の事績には、前日光道中＝奥州道の「関守」、つまり宿駅の長に通じる印象を創出しようとする意図が看取される。

披見する者の視覚を捉えるかたちで宿駅成立以前の時代観を表現したのがcである。構図の中心は前述のとおり、あくまで「居宅」である。これを取り巻くものは、その成立の故事が周知されて、半ば地域の史実として受容されていた寺社等である。しかし、絵図全体の要素を糾合してその時代を規定するのは、日光道中前史としての「奥州道」であろう。

次にa・b・cの相関的な関係について述べてみよう。事実の発生から数年の経過を隔てて作成された同時代史料としての立場を取るaは、史実として認定された段階で、b・cに比して絶大な由緒の証拠能力を有することになる。

ここでひとまずaとは離れて、b・cの両者だけの関係について触れてみよう。千住宿の旧家Bが、地域の様々な故事を集成したb、その中には前述のとおり、奥州道の関守＝遠祖大江道知の伝説を中心とした前日光道中の景観が語られている。cは延徳年間を入植の契機とし、その居宅を中心に中世の景観を画像で構成している。その構成要素を子細に見ていくならば、その大半がbの記述を図面上に具象化したものであることに気付く。各々の成立の時間的な関係も整理すれば、bは前編が弘化二年、後編が安政年間の編纂である。cは安政二年作成に係るものである。成立の前後関係をみても、cはbの記述内容の大きな影響下に作成されたものと言える。以上、三者の関係を整理すれば、aとは相対的な位置にあってbが編集され、そこからcが派生したことが考えられる。

更にaとb＝c間では、次のような特徴を見出すことができる。つまりaで記述される石出吉胤の千住大橋、宿場開発、掃部堤築堤の事績は、b＝c中には記録・画像のいずれの形にしても所見がない。a中の石出吉胤の諸事績は、b＝cで無言の否定あるいは差し替え（cの掃部堤の太田道灌構築記事）がなされているのである。

近世宿駅中で展開した由緒の創出と相互の葛藤は、以上の諸点を踏まえると次のように意義づけが可能である。Aは中世の旧領主の系譜を称し、石出吉胤の日光道中千住宿成立に関わる重要な事業である千住大橋架橋と掃部堤修築を、aにより中世末期から近世初頭の時代の過渡期に沿った由緒を形成した。これに対しBは、bにより千住の成立を平安初期の延喜年間に設定し、遠祖とする大江道知が関守を勤めたとする関の設置を鎌倉期の建久年間とし、A＝aに比して由緒の時代観を大幅に遡らせている。Cはbの記述と時代観に追従したかたちで、cを作成し、bのなかに形づくられた時代観と景観の傘の下で、画像化により新たな由緒を創出したのである。

なお、創出されたこれらの伝説は、官撰地誌『風土記稿』に記事はなく、独自の言説をa・b・cの中で形成した。

おわりに

地域における旧家の由緒創出と相互間の拮抗の問題を、文書・旧記・絵図という各々の具体的な挙証品に即して検証した。依然未着手であるが、各旧家の宿駅内での政治・経済的な活動と由緒の関連にも分析の手を入れる必要があるだろう。各家の宿内での諸役への就任、検地帳を利用した所有石高の推移の検証等により、各家・各史料の関係がより鮮明に跡づけられる可能性がある。

なお三件の由緒形成をする文書・記録・絵図を通覧して疑問なのは、近世千住宿の中世隅田宿からの宿場機能移管に関する伝承(36)が全く関説されていないことである。第三章第三節で詳説しているが、隅田宿から千住宿への転換は、状況的に伝承の域を越え史実とすることができる。その歴史的な過程を巧みに利用することなく、想像上の遠祖や景観を創出する意図と効果は何処にあるのかは、今後の検討課題である。

近世初期起立の宿駅内で、それぞれ旧来からの由緒を主張する旧家が、その証左とする文書・旧記・絵図を用意する過程で、必ず既知の史実を踏まえて挙証物を作成していく営為に注目した。限られた地域の中で、周知の史実のうち、何を選択して挙証物を創作するのかという問題は、歴史観の選択という点から今後も検討の余地がある。近世新開の宿場で、由緒を中世にまでさかのぼらせようとする意識は注目すべきである。また中世のどの段階に由緒を求めるのかも、説明の妥当性の創出という点から見極めてみる必要がある。

註

（1）間瀬久美子「近世の民衆と天皇—職人受領と偽文書・由緒書—」（『岡山の歴史と文化』、一九八三年十月、福武書店）。
（2）高埜利彦「第一章　近世国家における家職と権威」（『近世日本の国家権力と宗教』、一九八九年五月、東京大学出版会）。
（3）山本英二「浪人・由緒・疑文書・苗字帯刀」（『関東近世史研究』第二八号、一九九〇年六月、関東近世史研究会）。
（4）深谷克己「由緒地域の村役人家」（『国立歴史民俗博物館研究報告』第六九集、一九九六年三月）。
（5）『葵の御威光—江戸近郊徳川領の歴史と伝説—』（二〇〇六年十月、足立区立郷土博物館）。
（6）拙稿「もうひとつの千葉氏—武蔵千葉氏に関する史料と基礎的考察—」（『八潮市史研究』第一三号、一九九三年三月、八潮市立資料館、後に「千葉氏本宗家西遷と武蔵千葉氏成立」、『戦国期東武蔵の戦乱と信仰』、二〇一三年九月、岩田書院、に所収）参照。
（7）『千住宿』（一九八六年十一月、足立区立郷土博物館）一一頁。
（8）『近世交通史料集』六（一九七二年三月、吉川弘文館）一頁。
（9）大日本地誌大系『新編武蔵風土記稿』第七巻（一九七七年五月、雄山閣）一三二・一三三頁。
（10）『足立区文化財調査報告書』№12（一九七八年三月、足立区教育委員会）三五頁に釈文が所収されているが誤記誤読があり、多田文夫氏の手稿を参照した。

(11)　前掲『新編武蔵風土記稿』第七巻一三三頁。
(12)　『南足立郡誌』(一九二六年三月、東京府南足立郡教育会)「第二篇町村誌」二・三頁。
(13)　前掲『新編武蔵風土記稿』第七巻一三二頁。
(14)　前掲『南足立郡誌』「第二篇町村誌」二・三頁。
(15)　前掲拙稿「もうひとつの千葉氏―武蔵千葉氏に関する史料と基礎的考察―」参照。
(16)　『戦国遺文後北条氏編　別巻　小田原衆所領役帳』(一九九八年十二月、東京堂出版)七六・七七頁。
(17)　宮田登「宿場周辺の民俗文化―千住宿を中心に―」(『特別展　江戸四宿』、一九九四年十月、特別展江戸四宿実行委員会)参照。
(18)　松野美幸「資料紹介　描かれた千住大橋―館蔵浮世絵の中から―」(『足立区立郷土博物館紀要』第一五号、一九九三年三月)参照。
(19)　本文書は、紀年である「元和三年」部分が後世の追筆の可能性があること、連署した一人大久保忠隣の失脚後であることなど、検討の余地は多い(多田文夫氏ご教示)。
(20)　『永野家文書』二(一九九三年十月、足立区立郷土博物館)に翻刻。
(21)　前掲『永野家文書』二「解説」(森　朋久氏執筆)参照。
(22)　前掲『永野家文書』二の四二頁。
(23)　前掲『永野家文書』二の四七頁。
(24)　前掲『永野家文書』二の九頁。
(25)　前掲『永野家文書』二の二〇頁。

(26) 前掲『永野家文書』二の二五頁。

(27) 前掲『永野家文書』二の二頁。

(28) 前掲『永野家文書』二の三五頁。

(29) 前掲『新編武蔵風土記稿』第七巻一三三頁。

(30) 現在、一括して足立区立郷土博物館で保管。

(31) 資料名称は、本紙を収納している包紙上書による。『企画展　地域へそそぐ眼差—江戸時代の地誌と足立の地域像—』（一九九四年一月、足立区立郷土博物館）、および前掲『特別展　江戸四宿』に写真図版が掲載されている。なお、本資料については、羽田栄太氏が「古隅田川考（３）」（『足立史談』第一八一号、一九八三年三月、足立区教育委員会）でその存在を初めて紹介している。羽田氏は同稿で「荒川」の呼称、近世開削である綾瀬川とおぼしき河道（ただし作成者は、古隅田川と認識していた可能性もあり）や「元宿」の地名に注目し、中世作成に疑問を呈している。

(32) 千住周辺の近世以前の古道をめぐる伝説については、多田文夫「近世初期街道整備と伝承について—足立区域の奥州街道・日光道中—」（『足立区立郷土博物館紀要』第一八号、一九九六年三月）に整理されたが、更に筆者が「ノート　奥州街道隅田宿から日光道中千住宿へ」（『特別展　隅田川流域の古代・中世世界—水辺から見る江戸東京前史—』、二〇〇一年十月、足立区立郷土博物館他）で伝承面に加え実態的な中世奥州街道から近世日光道中への転換を論じた。同論考は改稿の上、本書第三章第三節に所収。

(33) 例えば『雨の舎』（加藤敬豊著、享保十八年〈一七三三〉刊、『近世地誌史料集』、一九九三年三月、足立区教育委員会、三頁）には、「隅田の宿は木母寺の前、隅田川の岸に有りしとぞ、其跡今は田と成て、土手の内にかすも町残り、奥州道のかわりし時、隅田の宿は千住へ移りて、今の千住の宿也と、里の翁の語り侍れば（後略）」、『墨水遊覧誌』（文政十一年

〈一八二八〉、前掲『近世地誌史料集』七一頁)には、「鐘が淵　鷺の名所なり、奥州海道は千住通りになりて、隅田村の千軒町も引きうつり(後略)」と隅田宿の衰退や千住宿への移動を説いている。

(34)「古代・中世にあったという地図」(飯田龍一・俵元昭『江戸図の歴史』、一九八八年三月、築地書館)参照。

(35)前掲『新編武蔵風土記稿』第七巻一三六頁。

(36)前掲註(33)に同じ。

第三章　地名に潜む歴史空間

第一節　源頼朝の「隅田宿」通過と足立遠元
―足立・豊島・葛西三郡の結節地点―

はじめに

この章では、東京北東地域の中世に関する歴史地名をいくつか俎上に上げ、地域史上の意義を考えてみたい。その手始めは「隅田宿」である。隅田宿については、本書第二章第一節で、梅若丸伝説に因み中世の宿としての環境について言及した。後出第三節でも当時の交通事情を踏まえて詳説するが、本節は治承・寿永内乱期に河川という地勢によって形成された隣接二郡との軍事的な関係を、足立郡を本拠とした足立遠元を主軸として考察してみる。

足立遠元については、金澤正大氏による一連の先行研究がある。それらによれば、遠元は足立「郡最大の在地領主として一円領掌に近い状況であったと考えられ」るとし、後述する源頼朝軍営への逸早い参加で本領安堵（頼朝幕下での本領安堵の初見）を獲得するが、その安堵とは「足立郡司職であったことは十分にいえる」と推理している(1)。なお内乱の過程で、頼朝の「乳母比企尼を要石とした、武蔵武士の比企・足立・秩父一党の身内関係を基礎として」頼朝の武蔵国支配を成立させたと評価している(2)。また遠元女子が後白河院近臣である藤原光能に嫁していることについて、「光能・遠元・盛長（安達、筆者注）のラインは康信（三善、筆者注）以上に中央の機微に接した情報を頼朝にもたらすことが可能で」あり(3)、『吾妻鏡』治承四年（一一八〇）十月八日条で「日者有労」と頼朝に賞され、本領安堵を得た「労」

とは、京都政界に関する情報提供の功績であるとしている。(4)

一　源頼朝の武蔵進軍

治承四年八月、以仁王の令旨に呼応した源頼朝は、伊豆・石橋山で平氏打倒の挙兵をしたが敗退し、海路で安房に退却した。その後、東京湾岸を席巻し、九月中旬には下総国府(市川市)に到達した。その進軍は、房総の有力武士団千葉・上総両氏の帰順、服属が前提となっていた。

その順調な行軍も、武蔵入国を前ににわかに緊張を孕んできた。太日川(江戸川)・隅田川の対岸には、いまだ帰趨を明らかにしない江戸氏一族がいたからである。

源頼朝の武蔵進軍については、古くは峰岸純夫氏、後に鈴木敏弘氏と今野慶信氏が細密な考察をしている。峰岸氏は『吾妻鏡』(以下『鏡』)の記述の時系列上の錯綜を整理し、頼朝の通過した隅田宿の歴史地理的な比定を行った。(5)鈴木氏はこれを更に綿密に考証し隅田宿が隅田川東岸であると断定した。(6)今野氏は種々の軍記物語を駆使し、一次史料の欠落を補完して、頼朝の行軍経路を復元した。(7)

頼朝の武蔵侵入については、これらの研究により考察が尽くされた感もあるが、この節では隅田川渡河後の周辺武士団の参集について、『鏡』の記述に依拠しながら、特に足立遠元に注目してみることにする。

二　足立遠元の源氏軍営参向

従来、この段階の経過については、頼朝の入国に対峙する江戸氏の首領江戸重長、これに調停工作を試み、事無きを得させた豊島清元・葛西清重等の存在が注目されてきた。

これに比して、文献上に存在の稀薄なのが足立遠元である。『鏡』以外では、遠元の頼朝陣営への参加を記すものは、『源平闘諍録』[8]のみである。『鏡』に拠る限り、遠元は頼朝の武蔵入国に当たり、逸早く軍営に参向した。遠元は開幕後の彼自身、あるいは一族の事績を検索すれば、鎌倉幕府内で枢要な位置を占めていたことが分かる[9]。その点で、後の鎌倉入部を決定付けた頼朝の武蔵入国にまつわる諸武士団の動向が、彼等自身の幕府内での力関係の基礎を形づくったのである。

言うまでもなく『鏡』は、鎌倉幕府の根本史料ではあるが、鎌倉時代後期に、執権鎌倉北条氏の立場から編纂された記録である。当然、その利用については慎重でなければならない。しかし、治承・寿永内乱期の足立遠元の動向については、他の史料に比して同書の所見が詳細を極めるので、一旦これに拠りつつ若干の視点を記したい。

三　源頼朝の武蔵入国と足立・豊島・葛西各氏

『鏡』の治承四年十月二日条によれば、千葉常胤・上総広常が用意した船に乗った頼朝は、太井(日)・隅田の両河川を越えて三万の軍勢で武蔵国に入国した。渡河を果たした頼朝の軍勢には、豊島清元と葛西清重が真っ先に馳せ参

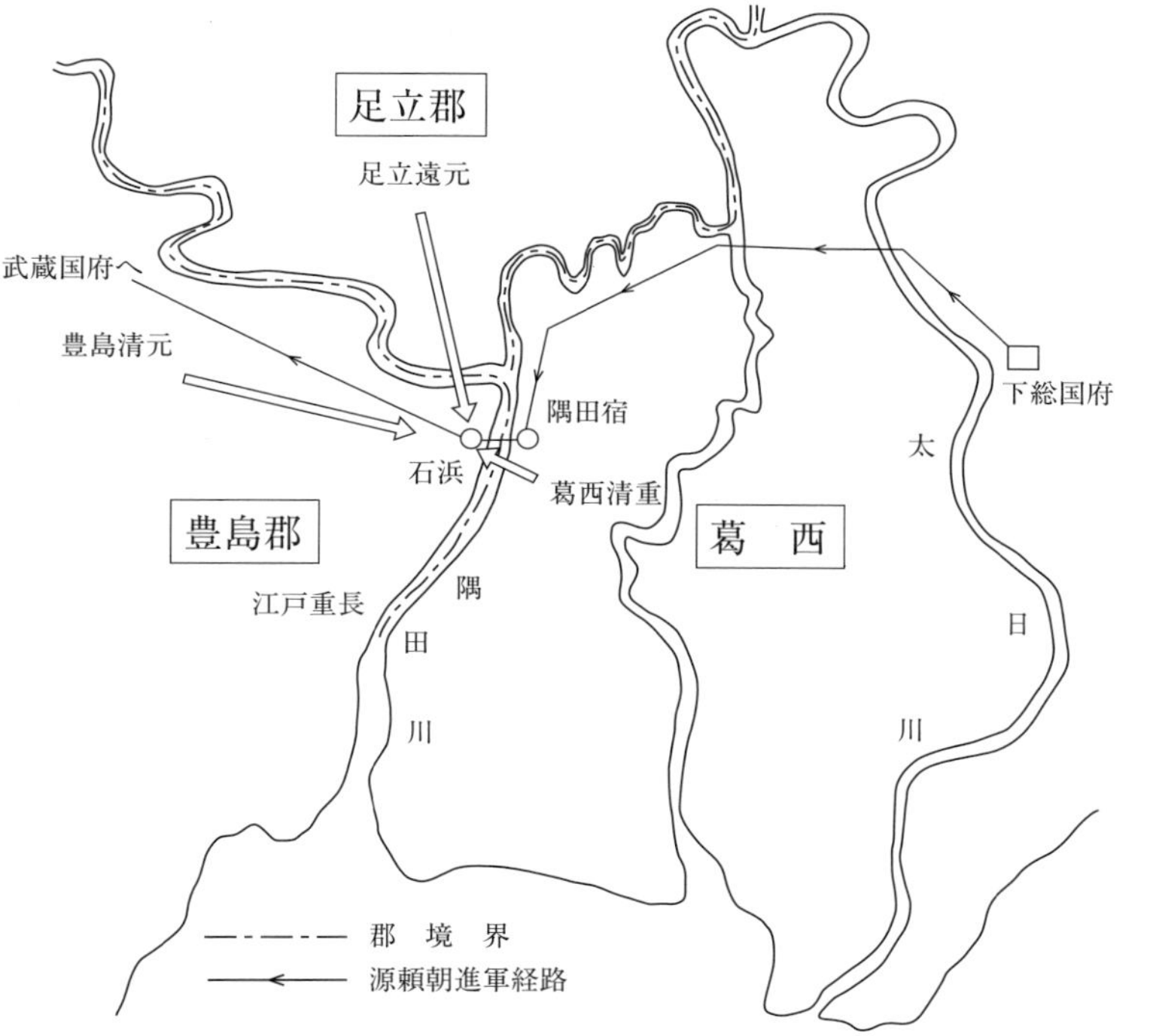

図15　結節する三郡と隅田宿・石浜

じたとある。

二日辛巳、武衛相乗于常胤・広常舟檝、済太井・隅田両河、精兵及三万余騎、赴武蔵国、豊嶋権守清元・葛西三郎清重等最前参上、又足立右馬允遠元、兼日依受命、為御迎参向云々、今日、武衛御乳母故八田武者宗綱息女小山大掾政光妻、号寒河尼、相具鍾愛末子、参向隅田宿、則召御前、令談往時給、以彼子息、可令致昵近奉公之由望申、仍召出之、自加首服給、取御烏帽子授之給、号小山七郎宗朝後改朝光、今年十四歳也云々、

足立遠元も「兼日命を受くるにより」、つまり以前から内々に命令を受けていたので、「御迎えとして（隅田川西岸に）参向」したと記される。

三者が頼朝の下に結集した場所は、従来より諸説があった。「一　源頼朝の武蔵進軍」

で述べたように、まず峰岸純夫氏が、『鏡』の十月二日条内での記事の前後移動であることを指摘され、後に鈴木敏弘氏により同日条内で時系列の錯綜があり、三者の参集は隅田川渡河後、つまり同河川西岸であると結論づけた。この段階で、頼朝の武蔵入国の脅威となっていた江戸氏一族が、その阻止を謀るなど、何等かの反抗をした形跡は史料上に見えない。頼朝の武蔵進軍は平和裡に完了したのである。つまり豊島清元と葛西清重、そして足立遠元は源頼朝が隅田宿を発ち、江戸氏との衝突が回避された後に帰順したのである(この視点については鈴木敏弘氏のご教示)。

四　足立・豊島・葛西三郡の結節地点

以上のような動きには、諸将の虚々実々な軍事均衡感覚を見て取ることができる。ここでは足立遠元に限って、その動静の背景を考察してみよう。

遠元は『平治物語』によれば、平治の乱(一一五九)に頼朝の父源義朝の配下で京都に上り、源氏の勢揃いや六波羅の戦闘に参加したことが見えている[10]。源氏敗退後、平氏政権下での動向を窺い知る史料はないが、恐らく本貫武蔵国足立郡に帰還し、歴代にわたり郡内で涵養した勢力を維持したと考えられる[11]。

『鏡』によれば、頼朝挙兵に際し武蔵入国以前から加勢を求められていたが、実現したのは頼朝の隅田川渡河の成功を確認してからである。三者の頼朝幕下への参入は、その時期と合わせ、その場所の位置関係にも注目をしなければならない。頼朝が着岸した地点は、隅田宿の対岸で、『鏡』には表記がないものの、他の中世史料に所見する石浜に相当すると思われる(古代の住田の渡、近世の橋場の渡の対岸)。

この地点周辺は大河の交差により、足立・豊島・葛飾三郡の境界を形づくっていた。足立・豊島・葛西各氏にとり、各自の本拠から至近の距離にあり、有事の際の軍団の参集、撤退には格好の位置を占めていたのである。次節で触れる武蔵野合戦において、一旦敗退した足利尊氏が軍営の立て直しを図ったのと同じである。

次に『鏡』において、遠元と共に頼朝の馬前に参じた豊島清元と葛西清重の関係にも触れておかねばならない、三者は本書一一〇頁に既出の参考系図のように、極めて緊密な血族・姻族の関係にあった。つまり遠元は、豊島清元の妹が足立遠兼に嫁して生まれた子であり、葛西清重は豊島清元の男子である。なお『尊卑分脈』の遠元の項には、「外嶋（＝豊島）と号す」という注記がある。おそらく遠元は、姻族関係でその名字を分与される程、豊島氏と緊密な間柄であったことが推定されるのである。

以上、足立・豊島・葛飾各郡の一郡規模の大武士団足立・豊島・葛西各氏は、強固な通婚関係を背景に軍事行動を展開したのである。なお金澤正大氏は、豊島清元・葛西清重の源氏軍加勢を促したのは、両者との縁戚関係を有した遠元ではなかったかと推測している(12)。翻って頼朝からすれば、足立・豊島・葛西各氏一族という武蔵・下総の大規模武士団を糾合するため、敢えて三郡が結節し軍事力の均衡が保たれる隅田宿を通過することが、三氏を一度に掌握し、その後の軍営の興隆を図るために必須の行軍だったのであろう。

おわりに

平氏滅亡、鎌倉開幕に伴い、遠元は公文所寄人に連なり、幕府の有力御家人としての位置を確立する。その端緒は、何と言っても頼朝の武蔵入国に当たり、その最前に駆け付けた功労にある。ただし、その背景には軍事的緊張下でも、時・場所・血縁を背景に状況を冷静に判断するしたたかで老練な坂東武者の横顔を垣間見ることができる。

足立氏一族の研究は着実に進みつつあるが、いまだ途上である。今回紹介した『鏡』の記事が、平治の乱の敗北で坂東に一旦逼塞したかに見えた足立遠元が、鎌倉幕府創設という歴史の表舞台に再登場する局面において隅田宿そして石浜が大きく関与した点は意義深い。

治承・寿永内乱における源頼朝軍の武蔵進軍に際し、入間・古隅田川合流地点に古代以来形成されていた隅田宿(対岸は石浜)の軍事的な意義について、この地点で勢力圏を接する豊島郡の豊島清元、葛西の葛西清重そして足立郡の足立遠元という姻戚関係にもある三者の動向と絡めて考察した。親子関係にある豊島清元、葛西清重に対し、清元女婿である遠元の政治的な配慮が隅田宿の地理関係と相俟って頼朝渡河を成就させたのである。後節にも登場する武蔵野合戦共々、中世を通じたこの渡河点の存在意義を再考すべき時期であろう。

註

(1) 金澤正大「鎌倉幕府成立期に於ける武蔵国々衙支配をめぐる公文所寄人足立右馬允遠元の史的意義(上)」(『政治経済史学』第一五六号、一九七九年五月、政治経済史学会)。

(2) 金澤正大「鎌倉幕府成立期に於ける武蔵国々衙支配をめぐる公文所寄人足立右馬允遠元の史的意義(下)」(『政治経済史学』第一五七号、一九七九年六月)。

(3) 金澤正大「武蔵武士足立遠元」(『政治経済史学』第五五四号、二〇一三年二月)。

(4) 金澤正大「武蔵武士足立氏の系譜再論」(『政治経済史学』第五六二号、二〇一三年十月)。なお金澤氏にはこの他に、鎌倉幕府内における遠元子孫の動向に触れた「遠元以降の足立氏系譜」(『政治経済史学』第五六八号、二〇一四年四月)がある。

（5）『結城市史』第四巻古代中世通史編（一九八〇年十月）第二編一章「一　朝光の登場」（峰岸純夫氏執筆分）参照。

（6）鈴木敏弘「『吾妻鏡』治承四年十月二日条の解釈をめぐる一考察—隅田宿の位置を中心に—」（『日本社会史』第三四号、一九九四年六月、日本社会史研究会）、後に『中世成立期の荘園と都市』（二〇〇五年五月、東京堂出版）第三部二章「形成期の都市的な場」に所収。以下断りのない限り、鈴木氏の所説は上記文献による。

（7）今野慶信「治承四年源頼朝の武蔵入国の経過について」（『北区史研究』第五号、一九九六年三月）。

（8）『北区史』資料編古代中世2（一九九五年三月）第四編軍記の史料一〇。

（9）鎌倉幕府内の足立氏一族の動向については、『吾妻鏡』の関連記事を検索・整理した杉山博「郷土史研究ことはじめ—足立の土豪たち—」（『足立区立郷土博物館紀要』第五号、一九八八年三月）参照。

（10）日本古典文学大系『保元物語　平治物語』（一九六一年七月、岩波書店）二一八・二二五・二三五・二三六頁。

（11）足立氏は古代足立郡司武蔵武芝の系譜を引くとする説がある（『国史大辞典』第一巻、一九七九年三月、吉川弘文館、「足立氏」の項参照）。

（12）前掲金澤正大「武蔵武士足立遠元」。

第二節　「石浜」と中世戦記
―敗走する足利尊氏が見た風景―

はじめに

隅田川右岸に面した中世「石浜」の歴史的な性格については、一つは「都市的な場」(1)、もう一つは軍事拠点(2)としての研究が提出され多彩である。石浜等の隅田川流域まで視野に入れた古代から中世の「武蔵野」論も発表されている(3)。本節ではこれらを踏まえながら、南北朝内乱を活写した軍記物語『太平記』巻三十一の武蔵野合戦を読み直す。足利尊氏が来訪した石浜について、文学上の景観描写を検証し、歴史地理的な整理をしたい。よって『太平記』記述と史実の不適合を、批判することが目的ではないことをはじめに断っておく。

本論に先立ち、地勢上の石浜の位置関係を確認する。中世入間川と古隅田川の合流で形づくられた国郡堺の南西に当たり、武蔵国豊島郡に属する。ほぼ現在の東京都荒川区南千住三丁目から東京都台東区橋場一・二丁目の隅田川右岸一帯に比定される。両河の北の対岸は、同国足立郡、東は下総国葛西である。

一　武蔵野合戦と石浜

文和元年（一三五二）、当時鎌倉にいた足利尊氏を攻めるため、上野で兵を挙げた新田義宗・同義興・脇屋義治等は、鎌倉街道上道を伝って南下した。その進軍に応じて、尊氏は同年閏二月十七日、武蔵国久良木郡神奈川に撤退した。以後、戦線は武蔵野合戦と呼ばれる。その推移は、倉持文書の次の史料から窺える（傍線は加増注、以下の史料も同じ）。

〔史料1〕倉持師胤着到状写[4]

同御判

着到

倉持五郎三郎師胤

右、去閏二月十七日武州御下向之間令供奉、同廿日於金井原致軍忠、石浜江御供仕、同廿十八日小手指原御合戦抽忠節、至于所々御陣　鎌倉入令供奉候了、然早下給御判、為備末代、恐々言上如件、

観応三年五月　日

足利軍に属した倉持師胤の申告によれば、閏二月十七日の尊氏の武蔵進軍に従軍、同二十日に金井原（東京都小金井市）で新田軍と戦闘し、尊氏と共に石浜へ移動、同二十八日は再び小手指原（埼玉県所沢市、『太平記』と文字表記が異なるが、行論では史料引用以外「小手指原」を用いる）で会戦した。なおこの史料だけでは、尊氏の石浜移動の背景は必ずしも明確ではない。倉持師胤の報告が正しいことは、足利軍に属した松浦太郎への尊氏の御感御教書写（松浦文書）[5]にも、同様の経過が記されていることからも分かる（ただし、石浜への移動は記載なし）。

同時代史料ではないが、『喜連川判鏡』には左の記事がある。

〔史料2〕喜連川判鏡(6)

同月廿五日、基氏元服、任左兵衛督、同日錦ノ小路恵源禅門、於大休寺逝去、今歳四十六、閏二月十六日、義詮南帝ト御合体破レテ、新田ノ一族ニ足利追討ノ宣旨ヲ被下、新田義興義宗義治武蔵上野ニ起ル、武州金井原ニテ将軍新田ト合戦、同二十日於小手差原、妙法院宮信濃軍勢等ト合戦、乍両度新田敗北、将軍ハ石浜御陣、同月二十三日、新田義宗新田義興鎌倉ニ乱入、基氏軍敗レテ石浜ノ御陣へ御開キ、新田両将鎌倉ニ入替ル、同二十八日、将軍石浜ヨリ進発アリ、於笛吹山（峠イ）義宗ト合戦、義宗越後へ落ツ、（後略）

『喜連川判鏡』は、尊氏以来の足利氏歴代の花押と事歴を細にわたり記す系図で、文書と照合できることから、内容的に正確であるとされる(7)。しかし、武蔵野合戦の記述については、前述の同時代史料と異なり、小手指原合戦および尊氏の石浜への移動を閏二月二十日とし、金井原の戦闘をそれ以前のこととして記述している。端的に言えば同書の期日記載は、後掲『太平記』と同じである。恐らくこの記事については、『太平記』を引用したのであろう。

二　『太平記』の武蔵野合戦と石浜

続いて『太平記』西源院本（以下「西源院本」）中の足利尊氏石浜転進部分を見てみよう（アルファベットと傍線は加増注）。

〔史料3〕『太平記』西源院本(8)

第三十一巻

第一話　武蔵小手差原軍事　鎌倉合戦事

（中略）

閏二月十六日之早旦ニ、将軍僅ニ五百余騎ノ勢ヲ卒シ、敵ノ行合ハンスル所マテト武蔵国へ下リ給フ、（中略）久米川ニ一日逗留シ給ヘハ、都合其勢八万余騎、将軍ノ陣へ馳参ル、（中略）三浦カ相図之相違シタルヲハ、新田武蔵守夢ニモ知ルヘキナラネハ、時刻ヨク成ヌトキテ、明レハ（A）閏二月廿日之辰刻ニ武蔵小平（手）差原へ打臨ミ給フ、一方之大将ニハ新田武蔵守義宗五万余騎、（中略）一方ニハ新田左衛門佐義興ヲ大将ニテ其勢都合二万余騎（中略）四方六里ニ引ヘタリ、（中略）敵小手差原ニアリト聞ヘケレハ、将軍モ十万余騎ヲ五手ニ分テ（B）中道ヨリソ寄ラケ（レ）ケル、先陣ハ平一揆三万余騎、小手之袋・四幅袴・旗符ニ至ルマテ一色ニ皆赤カリケレハ殊更光耀テソ見ヘタリケル、（中略）将軍之十万余騎直引ニ引立テ曾テ後ヲ顧ス、新田武蔵守義宗自旗先ニ進テ、天下之為ニハ朝敵也、我カ為ニハ親之敵也、只今尊氏カ頭ヲ取テ軍門ニ晒スハ何レノ時ヲカ期スヘキトテ、自余之敵共之南北へ分レテ引ヲハ少シモ目ニ懸ス、只二ツ引両之大旗之引ニ付テ何クマテモト追懸給フ、引勢モ策ヲアケ、追兵モ懸足ヲ出セハ、（C）小手差原ヨリ石浜マテハ坂東道ステニ四十六里、片時カ間コソ追付タル、将軍石浜川ヲ打渡り給ケル時ハ、已ニ腹ヲ切ントテ鎧之上帯切テ抛捨、高紐弛サントシ給ヒケルヲ、近習之侍共二千（十）余騎返シ合テ、追懸クル敵ノ川中マテ渡シ懸タルト引組々々打死シケル其間ニ、将軍急ヲ遁レテ向ノ岸へ懸上給フ、落行敵ハ三万余騎、追ル勢ハ五百余騎、（D）河向ノ岸高シテ屛風ヲ立タル如クナルニ、数万騎之敵返シ合テ爰ヲ前途ト支タリ，日已ニ酉ノ下リニ成テ淵瀬モ見ヘワカネハ、新田武蔵守義宗継テ渡スニ及ス、自称ツ、ク御方ハナシ、安カラヌ物哉ト牙ヲカウテ本ノ陣へト引返サル、是ソ将軍之御運ノツヨキ所ナル、（中略）新田武蔵守、将軍ヲハ打漏シヌ、今日ハ已ニ日暮レヌレハ、勢ヲ集テ聽テ明日（E）石浜へ寄ムトテ小手差原へ打帰リ、（中略）南

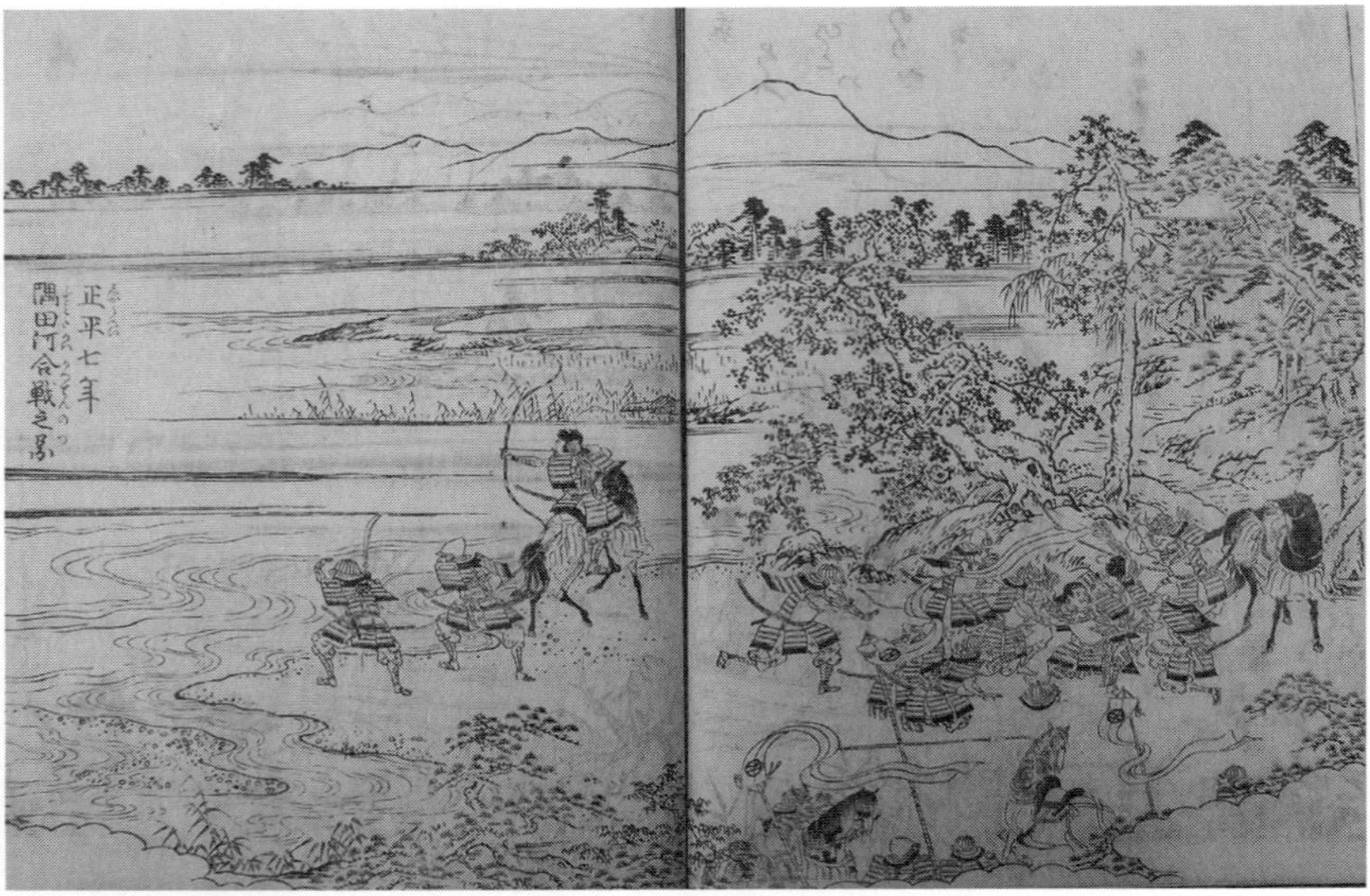

博物館）

遠江ハ今日戦ニ打モク（ラ）サレ、左馬頭（注・基氏）ヲ奉具足、（F）石浜ヲ指テ落ラレケリ（後略）

第二話　笛吹崇軍事

新田武蔵守将軍之御運ニ退後シテ（G）石浜合戦ニ本意ヲ達セサリシカハ、武蔵国ヲ前ニナシ、越後・信濃ヲ後ニ当テ、笛吹ニ陣ヲ取テソヲハシケル、聞之大江田式部大輔（中略）都合二万余騎、先朝第五宮上野親王ヲ大将ニテ新田武蔵守ニ力ヲ合セント笛吹へ打出ル、将軍又小手差原之合戦ニ事故ナクシテ石浜ニヲハスル由聞ヘケレハ、千葉介（中略）（H）石浜上野介（中略）都合其勢八万余騎、将軍之陣へ馳参ル、（中略）将軍同二月廿五日（I）石浜ヲ立テ武蔵之府ニ着給ヘハ、（後略）

本節で引用した西源院本は、応永十九年（一四一二）から同二十八年にかけて書写されたもので、『太平記』諸本のうち古態本に属する。[9] 流布本ついても、上記の箇所はほぼ異動はない。[10]

この記述のうち、（A）小手差原は金井原の誤りで、小

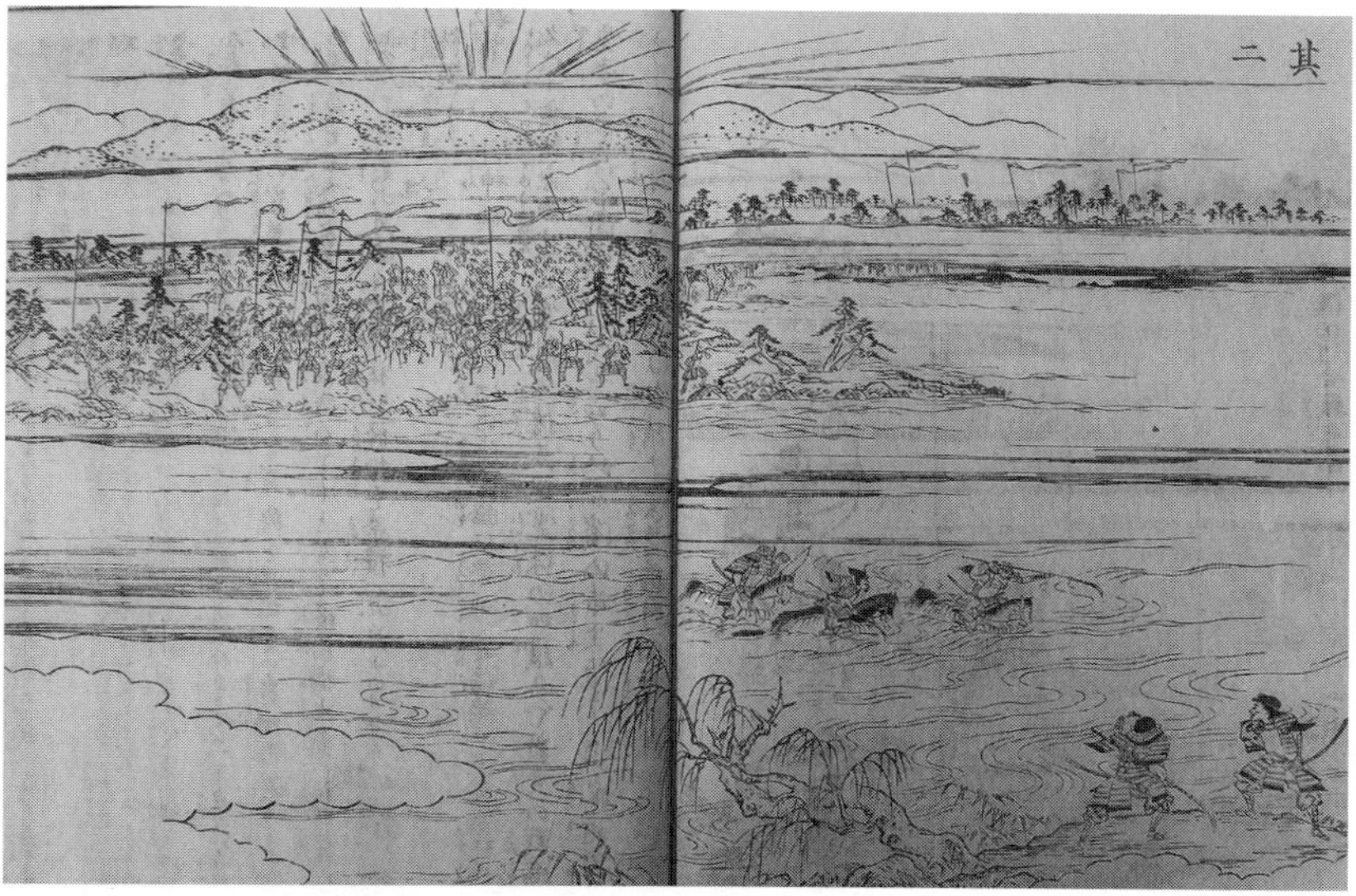

写真46　「正平七年隅田川合戦之図」（『江戸名所図会』巻十七　所蔵 足立区立郷土

手指原で戦闘が行われたのは閏二月二十八日であることは先述のとおりである。足利軍が小手指原（金井原）から石浜まで行軍したルートは、（B）中道（鎌倉街道）から鎌倉街道下道の石浜に連絡する街道、つまり源頼朝軍が隅田川渡河後、武蔵府中に向かったそれとほぼ合致するだろう(11)。

（C）のとおり尊氏は小手指から石浜まで来て、石浜川を渡る時点で早くも鎧の高紐を切って切腹支度に入ろうとしたが、近習が川中で必死に防戦し、対岸に上陸させている。西源院本が使う「石浜川」は、石浜の前面にある河川という意味であろう。西源院本を素直に読めば、尊氏は、石浜から前面の川を渡り、対岸に移動しているのである。

その点で言えば、近世後期を代表する地誌『江戸名所図会』巻十七が、「正平七年隅田川合戦之図」と題して書中に入れた挿絵（写真46）は、画面右奥方向（東北方）に筑波山を示して方位を確定し、左方向（西）に新田軍、河川を挟み右手前（東）に尊氏主従を配しており、西源院本

写真47　鴻之台とね川（「富士三十六景」所蔵　足立区立郷土博物館）

他の記述を忠実に再現描写しているのである。

　では尊氏がほうほうの体で渡り切った対岸を、西源院本他は何処に設定したのだろうか。隅田川を挟み、豊島郡石浜の対岸に求めれば、下総国（現在の東京都墨田区墨田付近）になる。ただし、それでは（Ｄ）の描写と矛盾が出てきてしまうのである。「河向ノ岸高シテ屏風ヲ立タル如クナルニ」とあるように、急峻な断崖の景観を描写している。尊氏が上陸した対岸が現在の墨田区側とすると、この一帯は中世段階から平坦な低地の只中に位置しており、台地状の地形ではない(12)。

　このような事情で、近世段階から西源院本他の石浜については、新井白石の『新安書簡』をはじめ、さまざまな比定がされてきた(13)。しかし、史料1と擦り合わせる限り、武蔵野合戦で足利軍が石浜付近まで展開したことは史実である。西源院本他が設定した尊氏上陸の対岸は、やはり石浜周辺に求めたほうがいいようである。実態は措き、『太平記』が描写する条件を満たす景観は、何処が妥当であろうか。端的に述べれば、石浜から隅田川さらに太日川（現江戸川）を渡河、つまり東京低地を横断した下総台地西端を表現しているのではないだろうか。現在でも、葛飾区柴又付近から江戸川を渡った松戸市から市川市側は、急勾配の崖状になっているのであり、西源院本他の記述に合致するのである（写真47）。

あるいは屏風のごとき崖とは、武蔵野の平原の果てを表象する地形ともとれる。続いて(E)から(G)にかけては、足利・新田両軍の石浜をめぐる動静が叙述される。(F)では尊氏の子息基氏も石浜に撤退したとする。

石浜から隅田川のみ渡った対岸には、歴史地理的には隅田宿が立地していた。治承四年(一一八〇)には、武蔵入国を前にした源頼朝軍も宿営している(『吾妻鏡』)。同宿は貞和三年(一三四七)、江戸重通代子息重村が鎌倉公方足利義詮の催促に応じ、警固の番を勤めている。[14]『太平記』祖本が成立したのと同じ、十四世紀前半の段階で、隅田川渡河の戦略地点であった。[15]『太平記』作者は足利軍が渡河したのが、隅田川のみであったという構成を採れば、当然隅田宿の存在を叙述中に組み入れたであろう。しかし、西源院本は全く同宿を記述に盛り込んでいない。

いっぽう『太平記』の別本である天正本は、尊氏の渡河をめぐる状況について異なる叙述をしている。特に西源院本(C)に該当する箇所については、次のように記述する(カタカナは加増注)。

〔史料4〕『太平記』天正本[16]

小手指河原より石浜まで、坂東道(ア)五十余里を片時が間に追い立てられて、討たるる物数を知らざりけり。(イ)隅田川を渡らんとし玉ふ時は、将軍すでに腹を切らんとし玉ひしを、近習格勤の者ども二十騎河中にて返し合わせ、支へ戦ひしその間に、将軍急を遁れて、(ウ)石浜入道が宿所へぞ入らせ玉ひける。

両本間で(ア)の距離の齟齬は措くとしても、天正本では(イ)のとおり隅田川と具体的な河川名をあげている。また西源院本では断崖状の対岸に上陸するが、天正本では(ウ)「石浜入道が宿所」になっている。なお西源院本では、石浜の尊氏の下に参集した諸将のなかに(H)石浜上野介がいる。石浜上野介・石浜入道の実名等は明示されず、江戸氏庶流の石浜氏の誰に相当するのかは不明である。石浜入道宿所の所在地については、隅田川左岸の下総国葛西に武蔵国豊島郡を本貫とする石浜氏の本拠が立地するのは、歴史地理的に不自然と言える。

三　『太平記』の石浜は石浜城か

『荒川区史』は石浜城について所在を隅田川右岸、現在の白鬚橋西詰付近に想定し、その変遷を第1期江戸氏段階（平安末期―南北朝期）、第2期足利政権段階（南北朝期―室町期）、第3期千葉氏段階（室町中期―末期）、第4期小田原北条氏段階（天正十八年〈一五九〇〉廃城）の四段階に分けて解説している。(17)特に第2期については、「将軍足利尊氏及び鎌倉公方足利基氏が利用した石浜城」とし、入間川の水運を介して基氏の入間川御陣と連動した戦略網を形づくったとする。しかし、西源院本他の石浜は、いままで検証してきたように隅田川右岸、実態としての豊島郡石浜を指すのではない。さらに同本で尊氏が上陸した対岸の情景は、防塁や堀、櫓等の構造物の存在は叙述されていない。また天正本も隅田川と尊氏党の一員石浜入道居館所在地が、歴史地理上の矛盾を来している。ゆえに『太平記』諸本を以て、実態の豊島郡石浜に足利陣営の城郭が存在したことを結びつけるのは再考すべきなのである。

中世石浜の文献上の研究は、徐々に蓄積されつつある。しかし、残念ながら考古学的な実態解明は進んでいない。特に足利尊氏段階を含め、石浜城の存在の立証は調査条件の制約はあるが、遺構面からの取り掛りが先決であろう。

おわりに

『太平記』諸本を素直に読み返してみると、同書は史実で尊氏が拠った隅田川右岸の武蔵国豊島郡石浜のみではなく、対岸一帯を尊氏の退却、反撃拠点として設定している。武蔵野合戦については、「都市府中の周縁を舞台とした

図16　武蔵野合戦が展開した武蔵野周辺

合戦」という位置づけが提出されている。[18] 西源院本他の石浜は、豊島郡石浜および対岸域を合戦の展開した武蔵野の一部、あるいは武蔵野の果てを限る川を渡河した武蔵野周縁域の印象を醸し出す文学的な舞台として鑑賞すべきかも知れない。その点、隅田川渡河後の左岸についても実態地形ではなく、下総台地西縁の涯線と思しき景観を展開させたのも、武蔵野の果てを表象するための仕掛けかもしれない。また西源院本の（Ⅰ）の部分は、小野一之氏の指摘[19]と同様、尊氏に武蔵国府域と隅田川流域の往復運動をさせており、治承四年の源頼朝武蔵国府入部の情景を彷彿とさせる。

『太平記』諸本中の石浜が、文学的な虚構の上に成り立っていることは否めない。ただし、武蔵野の行き止まりである虚構の石浜も実態の石浜の重要な属性の一つとして地域史研究の視点に位置づけるべきであろう。

註

（1）湯浅治久「東京低地と江戸湾交通」（『東京低地の中世を考える』、一九九五年三月、名著出版）や柘植信行「第三章四節　隅田川沿岸に生きる人々」（『台東区史』Ⅰ通史編、一九九七年六月）参照。

（2）『荒川区史』上巻（一九八九年三月）「第二章三節　石浜城と足利鎌倉政権」参照。

（3）小野一之「中世武蔵国府の「周縁」―合戦と開発―」（『府中市郷土の森紀要』第一四号、二〇〇一年三月）。また特別展巡回講座「隅田川に育まれた歴史・伝説・景観」（足立区立郷土博物館他主催）で同氏講義「隅田川から武蔵野へ―在原業平の伝説―」（二〇〇一年十一月十一日実施）では、在原業平の隅田川渡河の物語について、隅田川が武蔵野の入口であり、治承・寿永内乱期の源頼朝武蔵入国および武蔵野合戦時の足利尊氏石浜来訪も、これをなぞったものであるとの指摘がなされた。

（4）『北区史』資料編古代中世1（一九九四年二月）第二編中世古文書第五八号文書。

（5）『新編埼玉県史』資料編5中世1（一九八二年三月）第三九一号文書。

（6）『続群書類従』第五輯上（一九二七年二月、続群書類従完成会）所収。

（7）『国史大辞典』第四巻（一九八四年二月、吉川弘文館）の「喜連川判鏡」の項参照。

（8）『北区史』資料編古代中世2（一九九五年三月）第四編軍記（二一六頁）。

（9）前掲『北区史』資料編古代中世2の二一三頁上段の解説。

（10）日本古典文学大系『太平記』三（一九六二年十月、岩波書店）巻第三十一「武蔵野合戦事」。

（11）今野慶信「豊島氏の成立」（『豊島氏とその時代―東京の中世を考える―』、一九九八年六月、新人物往来社）参照。

（12）本節の初出稿発表後、鈴木敏弘氏は「太平記の史料性―景観描写を中心に―」（『史潮』第五九号、二〇〇六年五月、歴史学会）にて、本稿に触れ「河向ノ岸高シテ屛風ヲ立タル如クナルニ」等の表現は、『太平記』の常套表現であり、これを以て、実態の下総台地の景観に比定するのは不適切である由の批判をしている。小稿は、論中でも断っているように、『大平記』の記述と実態としての地点や景観を比定することが目的でない。武蔵野周縁論に即した場合、下総台地崖線は、その果てを表象するものと想定したのである。なおこの場合は、常套表現ではなく実際の涯線景観を示したとしても何等の問題はなかろう。

(13) 前掲『荒川区史』上巻「第三章三節　石浜城と足利鎌倉政権」で関説されている。

(14) 前掲『北区史』資料編古代中世1第二編中世古文書第五六号文書。

(15) 鈴木敏弘「中世都市の一側面―隅田川河口の「都市的な場」とその機能―」(『関東地域史研究』第一輯、一九九八年十月、文献出版、後に『中世成立期の荘園と都市』、二〇〇五年五月、東京堂出版、の「第三部三章　中世都市の軍事的な性格」に所収)参照。

(16) 新編日本古典文学全集『太平記』③(一九九七年四月、小学館)五一八頁。

(17) 前掲『荒川区史』上巻「第三章三節　石浜城と足利鎌倉政権」参照。

(18) 前掲小野一之「中世武蔵国府の「周縁」―合戦と開発―」参照。

(19) 前掲小野一之講義「隅田川から武蔵野へ―在原業平の伝説―」。

付論「石浜」と隅田川の印地打ち
―礫の行き交う国堺―

はじめに

近世初期、三浦茂正（浄心）によって執筆された随筆集『慶長見聞集』は、慶長・元和期（一五九六～一六二四）の江戸市中と周辺の風俗・景観等を巧みに描写している。幕府成立期の新興都市江戸の姿を垣間見れる貴重な文献である。ここでは短い項目ながら興味深い記述を同書に見出したので、備忘を兼ねて紹介してみたい。

一　隅田川を介した印地打ち

同書には隅田川に纏わる左のような話が収録されている。

〔史料1〕『慶長見聞集』巻之九「武蔵と下総国さかひの事」(1)

見しは今、角田川は武蔵と下総のさかひをながれぬ、されば河なかばよりこなたには石有、あなたはみなぬまなり、爰に浅草の者云けるは、下総の国に石なき事を、浅草の童部共あなどり笑て、五月になればゐんしせんとて、舟に石をひろひ入、河向ひに見えたる牛島の里の汀へ舟をさしよせ、牛島のわらは共をつぶてにて討勝て、利口を云いて年々笑ふ、古歌に「うなゐ子か打たれ髪をふりさけて向ひつふての袖かさす也」とよみしは、下総の国

写真48　白鬚橋付近から望む隅田川下流（左が牛島、右が浅草）

牛島の童子共の事かと思ひ出せり、去程に牛島のわらは是を無念に思ひ、常に武蔵の石をひろひぬすみをき、五月浅草の子供側の舟に取乗来る時、牛島のわらは岸根に出てゐんしをする、其岸へ打たるつぶて頓てこなたの岸へよると語る、愚老聞て木石心なしといへ共、花実の時をたがへず、武蔵の石は下総の地にとまらずかくのごとくの国境を如何成かよくしりて、分られたる事の不思議さよといへば、（後略）

中世の名残もいまだに残る近世初頭、三浦浄心の関心は、武蔵国と下総国の地質の差が国堺に沿っているという点である。右の逸話のあらましは、隅田川は武蔵と下総両国の国堺を流れるが、川の中間から武蔵側には石があるが、下総側には無くて沼地であるとしている。これを侮った浅草側の子供たちが、毎年五月になると印地打ち（石合戦）をしようと、自分たちの側に豊富な石を舟に乗せて対岸の牛島の里に押し寄せて、石を投擲して打ち勝っていた。これに悔しさを覚えた牛島の子供たちは、いつも武蔵側から飛んできた石を蓄えておき、五月になると岸辺に出て武蔵側に印地を打った。対岸の下総国牛島側に打った礫は、結局、武蔵国浅草側に戻るという内容である。

印地打ちは、かつて網野善彦氏の研究(2)で論及されて注目を集めた習俗である。この逸話ではその民俗的な意味合いよりも、三浦浄心が採集した地質上の観察が興味深いのである。

つまり隅田川という大河川を境に相い対する武蔵と下総では、地質が全く異なるという指摘である。浄心はその良い例示として、旧暦五月頃に盛んに行われた礫の合戦を引き合いにしたのである。一旦、浅草の子供によって武蔵から下総に飛ばされた石も、牛島の子供によって武蔵側に投げ返され、もとの土地に戻るというものである。

さて『台東区史』通史編Ⅰによれば、浅草周辺の地質組成の概略について「自然堤防　浅草公園　沖積層（一五メートル以上）砂礫層を含む」と説明している(3)。まさに浅草周辺は小石を含んだ砂礫で形成されている。

二　浅草砂利と「石浜」

『慶長見聞集』の記事を裏付けるような記述が、喜多村信節著『嬉遊笑覧』にあるので左に示してみよう（傍線は加増注）。

〔史料2〕『嬉遊笑覧』巻一上　居処(4)

浅草砂利　○むかし江戸にては地突に用る砂利は浅草の産を用ゆ「正保五年日記」子の二月廿一日町触に、町中海道悪敷所へ浅草砂に海砂まぜ高低なき様に中高に築可レ申候、ごみ泥にて築申間敷事。又寛文三年卯四月十日町触に、今度日光へ神田橋より本郷通を被為成候云々海道悪敷所は浅草砂にて中高に一両日中急度築立可申事など多数見えたり。浅草には今に砂利場と云処あり、また古へは隅田川の辺をすべて石浜といへり、今もこのあたりの土中に小石多し（後略）

文政十三年（＝天保元年・一八三〇）成立の『嬉遊笑覧』によれば、正保五年（＝慶安元年・一六四八）および寛文三年（一六六三）の町触であり、慶長期からはほぼ半世紀を隔ててはいるが、江戸市中の街道整備に浅草砂利で舗装するよう指示したことが知れる。

また文化十年（一八一三）年に成立した松平冠山撰『浅草寺志』巻十四は、次のような記事を載せている。

〔史料3〕『浅草寺志』巻十四(5)

砂利場　北大門外東の方

江戸砂子に云、此所の土地砂利にて、其砂利をほりたる跡池と成てちかきほとまてあり。今は埋て町屋となる。此所を今はむめ堀といふ。梅堀といふ意か。

増補俳諧所名集に云、砂利場、所の名埋堀とも。

按するに砂利取場の跡は、今百姓喜八と云もの、地面のうち也。

右によれば、十九世紀前半、浅草寺の北大門の門外の東に砂利を採取する場所があったことが分かり、『慶長見聞集』の言う地質の特徴を裏付けている。

おわりに

史料2『嬉遊笑覧』で、更に目を逸らせないのが「古へは隅田川の辺をすべて石浜といへり、今もこのあたりの土中に小石多し」という記述であろう。隅田川右岸には小石が多いということに加え、古くは川辺を総じて「石浜」と称したと述べている。すると中世以来の歴史地名「石浜」は、この地質に由来するものということになる。本書は特に第三章で石浜に関説したが、中世「石浜」なる地名はあるいは地点ではなく、場合によっては帯状の広域に解釈すべき事例として再検討する必要が出てくる。中世隅田川右岸に所在した石浜や浅草等の地名は、地点名なのか広域名であるのか代称なのか、今後史料上の用例を精査することが求められてくる。特に近世以来、その比定地に諸説ある「石浜城」についても、本章第二節で紹介した荒川区南千住三丁目で白鬚橋西詰の石浜神社および東京ガスタンク付近かという近年の推定もあるが、もう少し広域に隅田川右岸を捜索する必要があるであろう。

註

（1）『慶長見聞集』巻の九（『江戸叢書』巻の弐、江戸叢書刊行会、一九一六年七月）二四五頁。
（2）網野善彦「飛礫覚書」（『日本思想大系月報』二八、一九七二年十二月、岩波書店）および「中世の飛礫について」（『民衆史研究』第二三号、一九八二年十一月、民衆史研究会）。両編とも後に『異形の王権』（一九九三年六月、平凡社）、更に『網野善彦著作集』第一一巻（二〇〇八年十月、岩波書店）に所収。
（3）「序章　地質時代の台東区」（『台東区史』通史編Ⅰ、一九九七年六月）参照。
（4）『嬉遊笑覧』巻一上居処　（『日本随筆大成』別巻7嬉遊笑覧1、一九七九年二月、吉川弘文館）四七頁。
（5）『浅草寺志』下巻（一九四二年三月、浅草寺出版部）三三九頁。

第三節「隅田川関屋の里」の原風景

―取り残された中世東京の地名―

はじめに

東京の北東郊、足立区千住付近で大きく蛇行する隅田川と、綾瀬川が合流する一帯に京成関屋駅がある。この付近では東武スカイツリーラインも並行するが京成関屋駅の横、たかだか四〇メートル北方にある東武線の乗り継ぎ駅は牛田という。「関屋」が近世、歌枕の地または江戸近郊の名所として親しまれたことは、多くの詠歌や浮世絵から偲ぶことができる。特に葛飾北斎の「富嶽三十六景」には、「隅田川関屋の里」として画題に採用されている（写真49）。その構図は富士山を遠望しつつ、隅田川縁の一面の葦原の中の畷を馬が疾走する。里と称するには、集落もなく茫漠とした景観である。

近世後期の地誌『葛西志』（文政四年〈一八二一〉刊）や『墨水遊覧誌』（同十一年刊）[1]等を見ても、あるいは武蔵国足立郡あるいは下総、つまり綾瀬川（現流路の原型となる新川は寛永年間〈一六二四～四四〉の開削）を挟み隅田川に沿った一帯が関屋の里であるとし、その範囲ははなはだ判然としない。近代以降も「関屋」という地名の帰属は、墨田区と足立区の間で有為転変を繰り返した[2]。至近の乗り換え接続駅同士が別個の名前なのも、この辺りに原因があるのである。

東京の一隅に所在し、中世以来の地名ながら、時代の変遷と共に旧来の地点が不分明になり、名称のみが取り残さ

写真49　「隅田川関屋の里」（「富嶽三十六景」　所蔵　足立区立郷土博物館）

れた「関屋の里」。この節はその歴史的な背景について考察し、「関屋の里」地名の本義と歴史景観をたどることにする。

一　「関屋の里」の初見史料

「関屋の里」を知る現存の初見史料は、延慶年間（一三〇八〜一一）に編纂された『夫木和歌抄』の藤原光俊の左の詠歌である。

〔史料1〕　夫木和歌抄[3]

関屋の里　　　　光俊朝臣

いほさきのすみだ河原に日は暮れぬ関屋の里に宿やからまし

この歌は、家集に云、康元元年九月鹿島社に詣でけるに、すみだ河のわたりにて、このわたりの上の方に、河の端に着きて、里のあるを尋ぬれば、関屋の里と申す、前には海、船も多くとまりたりと云々

都の歌人藤原光俊が、康元元年（一二五六）九月、常陸国鹿島社参詣の折に宿泊した「関屋の里」について、近年では『葛西

用水史』通史編が、「もと下総国葛飾郡隅田村に属したが、大正から昭和にかけての荒川放水路（現荒川）の開削により、足立区千住町に編入されている。当所は利根川（古隅田川）と入間川の合流地点、奥州街道の要衝で、和田の宿とも称されていた」と説明している。また「頼朝は隅田川と入間川が合流した関屋あたりより渡河し、入間川伝いに、尾久・赤羽を経て板橋についたともみられる」と述べている。治承四年（一一八〇）の挙兵後、下総から武蔵に向かった源頼朝軍の渡河点については、『吾妻鏡』に隅田宿と見えているが、同書は「関屋の里」との関係については触れていない。しかし、この点については、既に明治後期に吉田東伍氏が『大日本地名辞書』第六巻（坂東）「武蔵（東京）本所区」の「関屋」の項で、次のように喝破している。[4][5]

隅田渡の古村名にて、往時渡津に就き、関柵の設のありけるより、此名の起れるならん、故に其村里は即隅田に同じと知るべし。後人此に察せず、隅田の外に関屋の特称ありしと思惟するは非なり。

つまり「関屋の里」とは、すなわち隅田宿であるとする。筆者も吉田氏の説を支持するが、別の史料からこの見解を検証してみよう。

二　『梅若権現御縁起』と関屋の里

既に第二章第一節でも触れたが、東京都墨田区堤通二丁目の梅柳山木母寺には、陸奥に売られるべく近江大津で人商人信夫藤太に勾引された京北白川の貴公子梅若丸が、隅田川を渡ってから病に陥り落命した哀話を絵巻化した『梅若権現御縁起』[6]（以下、「新縁起」）全三巻が伝来している。新縁起は下巻奥書によれば、延宝七年（一六七九）に上野国高崎城主安藤対馬守重治により寄進された。ただし、その寄進はこれに先行した縁起（以下、「旧縁起」）の破損による、

写真50　『紙本着色梅若権現御縁起』中巻　部分（所蔵　東京都墨田区木母寺）
＊墨田区指定有形文化財（絵画）。

再興であると記されている。再興の段階で山王信仰等の混入が想定されるが、梅若丸東下りの道行きが中世の交通路を想起させる。特に梅若丸の遺骸を埋葬した塚を「東海大路の筋」、つまり古代東海道（中世奥州街道）沿いと説明する。新縁起を再興寄進した段階の近世交通網よりも、中世の交通事情が色濃く反映されている絵巻であることを物語る。再興年代を勘案すると、旧縁起の成立は、近世以前にさかのぼるであろう。

新縁起中巻には、隅田渡河後に病で路傍に伏せる梅若丸を憐れみ、街道沿いの家屋列から外に出てこれを介抱する人々が登場する（写真50）。詞書はその人々を「隅田関屋の里人」と称する。同じく中巻で、塚造営後の梅若丸供養の導師忠円を請じた理由が、忠円が「折節隅田の里に来り給ふ」たことによると言う。都から下り亡霊となった梅若丸と対面した母が、菩提を弔うために建てた草庵が後に寺となった際、「院号を隅田とそ呼」んだと述べている。旧縁起の骨子を継承したと思われる新縁起では「隅田関屋の里」と「隅田の里」が同一地域でありながら併用されている。中世には既に成立していたと推定される旧縁起を継承した新縁起詞書からも、「関屋の里」は隅田（宿）に等しいという吉田東伍氏の説が妥当なのである。その点で言えば、新縁起が描く病に倒れた梅若丸がこれから進もうとした街道に沿った家屋群は、隅田宿街区の突端を表現していることになる。

「関屋の里」本来の呼称である隅田宿は、鎌倉期の『吾妻鏡』が史料初見であるが、既に平安期には成立していたことが推定される交通集落である。隅田宿は承和二年（八三五）、古代東海道の武蔵・下総国境の住田河の渡船増加の太政官符[7]が出ており、九世紀段階から主要幹線道路の通過点であった。治承四年（一一八〇）、房総から鎌倉を目指す源頼朝軍団が、武蔵入国の前に逗留した。宿と渡河点＝墨田渡は、石浜と一体的な地域として、渡から上がる得分（渡河税の類）の収益権と共に江戸氏一族に継承され、惣領権の一角を構成していた。[8]宿の下限は史料的に不明だが、戦国期の遠山直景伝馬手形写[9]では、江戸―浅草―葛西新宿（葛飾区）―臼井（佐倉市）の旅程に隅田宿は含まれず、中世後期には宿駅機能は低下あるいは廃絶したのであろう。

墨田区墨田五丁目の多聞寺の縁起には「隅田千軒宿」という呼称も採集されている。[10]宿については笹森正治氏が、嘉禎年間（一二三五～三八）作成の富田庄絵図に見える萱津宿（現愛知県甚目寺町）を例に、宿の両端に寺社や土塁を構える近世の構造が中世においても同じであると述べている。[11]

隅田宿の具体的な位置については、本稿の初出段階では、近世隅田村がその故地と想定したが、田中禎昭氏は、「隅田御殿之絵図」の記載を用いて、東京都立東白鬚公園内と推定している。[12]同宿は対岸石浜とともに、古代には東海道、中世には奥州街道（鎌倉街道下ノ道）の隅田川渡河点を形づくっていた（図17）。

三　中世の河関と「関屋」

「関屋の里」が、隅田宿の異称であることを述べたが、次に「関屋」という語彙について考えてみよう。『日本国語大辞典』で「関屋」[13]を検索すると、「関守（せきもり）の住む家。関守の番小屋。また、関所の建物」と解説されている。隅田宿に関屋の里が別称として付された背景は、史料上の確認はできないが、同宿の機能面によるものだろう。隅田川を含め、古利根川流域の中世河関を考察した遠藤 忠氏は、史料から行徳(千葉県市川市)・長島(東京都江戸川区)・猿ケ俣(東京都葛飾区)・戸ケ崎(埼玉県三郷市)・彦名(同上)・鶴ケ曽根(埼玉県八潮市)・大堺(八潮市か)等の水関を抽出した。また相田二郎氏の中世関所の分類中、経済的な関をさらに発展させ、これらを「渡河による渡し賃」、「河岸の利用料」、「河川面の勘過料」等の名目を設定し関銭を徴収していたと推定した。水路関の設定地周辺には、小字で「関」を伴った地名が残っていること、これらの河関が対岸同士で関門の働きを持った水路関であった点も指摘している。

隅田宿から入間川を遡上した岩淵宿(東京都北区)でも関所機能が知られている。岩淵宿は後深草院女房二条が、正応二年(一二八九)十二月に東国巡遊の途中に立ち寄ったことが『とはずがたり』に見え、「遊女どものすみか」もある都会であると述べる。正長二年(一四二九)十一月三日付で、鎌倉街道中ノ道の入間川渡河点である同宿に、鎌倉大蔵稲荷社の造営料に充当する関銭を徴収する関所設営が足利持氏から鶴岡八幡宮神主大伴持時に許可されている。なお関所設置は臨時的なものであると推定されている。残念ながら関連史料には恵まれないが、奥州街道(鎌倉街道下ノ道)の隅田川渡河地点である隅田宿にも、岩淵と類似した関銭徴収が課された可能性も考えられる。

また隅田宿が、軍事的な関門として機能していたことも事実である。貞和三年(一三四七)三月二十四日、江戸重通代同重村が作成し、武蔵守護代薬師寺公義が証判を与えた着到状によれば、鎌倉公方足利義詮の動員に応じた江戸重村が、同年二月十七日から三月十八日までほぼ一カ月にわたり「墨田」を「警固」した。軍記物語ながら『義経記』巻三「第七話　頼朝謀反の事」には、江戸重長が「墨田の渡り両所に陣を取りて櫓をかき、櫓の柱には馬を繋いで、源氏を待ち懸けた」と叙述する。隅田宿に軍事上の防御施設が構築される情景を彷彿とさせる。また近世千住宿には、源頼朝が奥州遠征にともない関を構築したという伝説も伝えられている（永野家文書『旧考録』[21]）。

以上のように、経済あるいは軍事的な関門が設けられ、「隅田関」とでも称する呼称が生じ、その関番（地頭や領主）の家屋という意味で「隅田関屋」に発展したのではないか。「里」はその過程で付加された雅称であろう。隅田宿では、隅田川から木母寺北縁に入り組む入江（近世の「内川」）の北岸（近世の御前栽畑付近）に小字「関屋」が確認できる[22]。おそらく関番のための構造物や居館が設置されていた、本来の地点であることを示しているのであろう。これに関し田中禎昭氏は、関屋は戦国期の武蔵千葉氏の一所領で、千葉自胤が死亡した記事が『本土寺過去帳』にもある三間田（三又・三俣）が「関屋」に相当し、同氏の軍事拠点が設営されたことにより「関屋」の地名が付与されたのではないかと推定した[23]。しかし、前述のとおり、「関屋」地名の初見は、十三世紀半ばの藤原光俊詠歌である。武蔵千葉氏の三間田占拠より約二世紀さかのぼる。これを勘案すると、「関屋」の起源は、軍事的な関門というよりは、飽くまで河関としての機能から発生したものであろう。

四　隅田宿と石浜

「関屋の里」の初見文献である、『夫木和歌抄』の藤原光俊詠歌に立ち返る。簡便な説明ながらその詞書は、今まで等閑に付されていた隅田川河畔の交通集落隅田宿の景観を一気に明らかにする。文言をなぞれば、隅田川に渡しがあり、その上流に川に沿って里（集落）があるのを（在地民に）尋ねたら、「関屋の里」と答えがあった。その前面は海洋で、船舶もたくさん停泊していたと光俊は述懐している。藤原光俊東下りより後年、文明十九年（＝長享元年・一四八七）に武蔵を来訪した堯恵は、『北国紀行』の中で鳥越の翁（善鏡）の用意した船で隅田川に遊んだ際の光景を左のように叙述している。

〔史料3〕北国紀行(24)

利根・入間の二河落ち合へる所に彼古き渡りあり、東の渚に幽村有、西の渚に孤村有

利根川（中世には利根川〈古利根川〉の下流部を隅田川と称した）と入間川（現隅田川）の合流部に渡河点（墨田渡）があり、東西両岸に村が付属している情景を端的に描写している。言うまでもなく東の渚の幽村は隅田宿、西の渚の孤村は石浜である。『北国紀行』からは、墨田渡を取り込んで隅田宿と石浜が同緯度に位置したように記述される。その意味で『夫木和歌抄』詞書は十三世紀半ばの隅田宿・墨田渡・石浜の歴史地理を確定できる重要な記事なのである。またこの段階の隅田宿は江戸湾の最奥部であり、「隅田湾」とでも仮称すべき港湾を備えていたのである。近世の地形から類推すると隅田川から木母寺横に切り込んだ入江が、その遺構であった可能性が高い。

従来、室町期成立の軍記物『義経記』における、石浜への西国船数千艘の来航の叙述により、中世隅田川の港湾機能が想定されてきた。隅田宿と石浜は、墨田渡という渡船機能を中核として、一体的な存在である。先述のとおり「関屋の里」が隅田宿であることを確認すれば、石浜の対岸隅田宿で、より明確な史料で港湾への外洋船舶の停泊の実態が確認できる。まさに隅田宿は石浜と共に、中世入間川・古隅田川への関門、中世奥州街道の渡河点であり水陸両方の結節点であった。

五　隅田川西岸の奥州街道

隅田川西岸の奥州街道（鎌倉街道下ノ道）は鎌倉から北上し、丸子（神奈川県川崎市）で中道（奥大道）と分岐、品川、忍

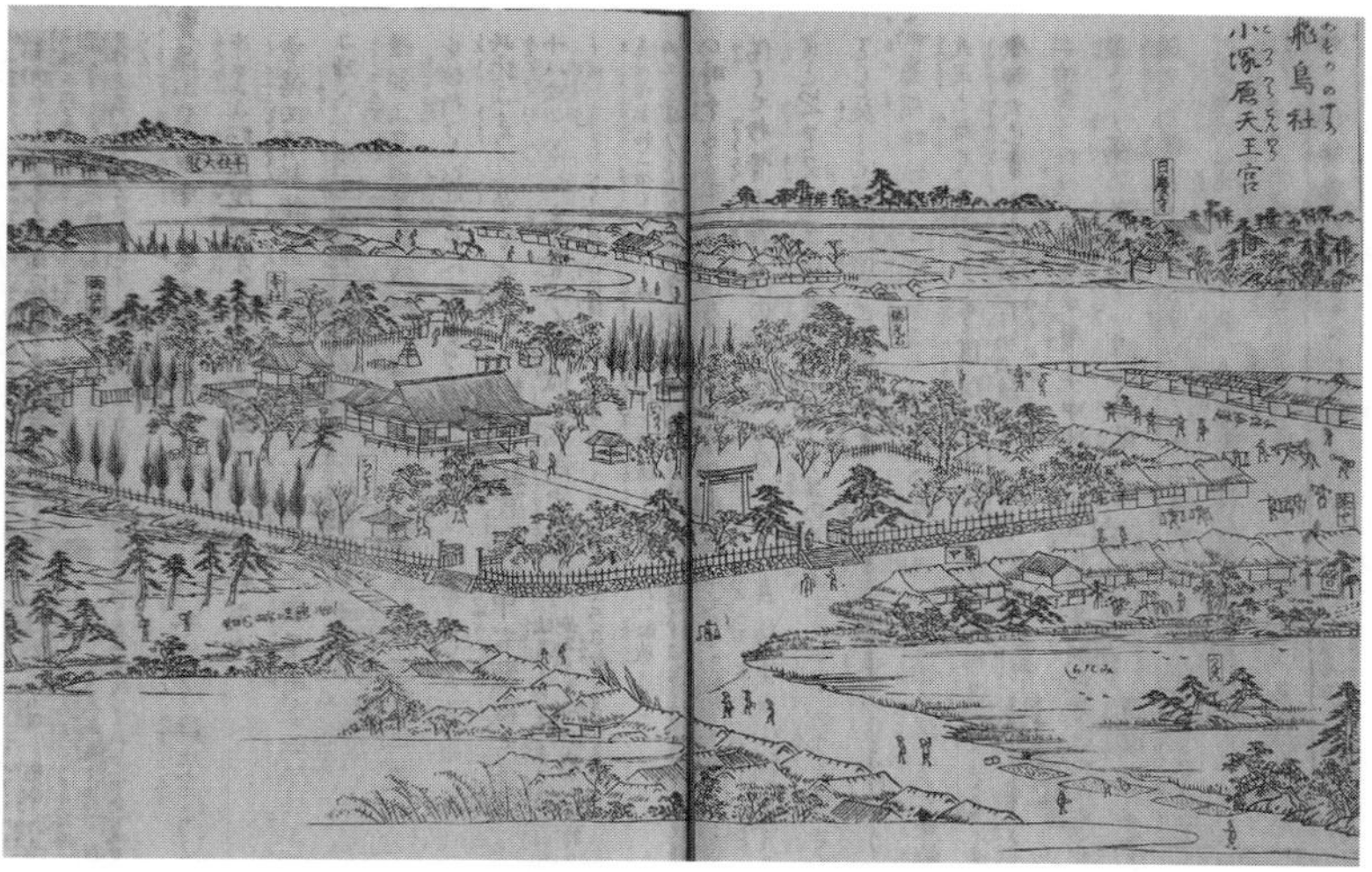

写真51　「飛鳥社　小塚原天王宮」（『江戸名所図会』巻十七　所蔵 足立区立郷土博物館）

岡を経由して石浜で隅田宿に渡る（品川―石浜線と仮称）。『梅若権現御縁起』で、かすみの関（霞ヶ関）―忍ひか岡（忍岡）―しのはす（不忍）―まつち山（待乳山）―浅茅か原―いほ崎（庵崎）―隅田の渡として梅若丸と信夫の藤太の道行きに当たる。

石浜付近からほぼ真西に向かい、王子（北区）付近で中道に連絡する道筋も想定されている（王子―石浜線と仮称。『国史大辞典』第三巻[25]の「鎌倉街道」参照）。この道程は源頼朝が、隅田川渡河後に滝野川―板橋を経て武蔵府中に進軍した経路に相当するであろう。近世地誌『江戸名所図会』巻十七[26]には、「飛鳥社　小塚原天王宮」挿絵（写真51）に、現在の東京都荒川区南千住六丁目素盞雄神社南辺道路の延長に「昔の奥州街道」という注記がある。編者が地元の古伝承を採集したものであろう。『吾妻鏡』の注釈書『東鑑要目集成』仁巻　は之部　人之部　八田右衛門尉知家（十三ノ十四ウ六行目　寛政四年〈一七九二〉　榊原長俊著）[27]は、鎌倉期、幕府内政争に敗れ本国である常陸に帰る多気義幹が道中で客死し、従者がその遺骸を埋葬して塚（小塚原）を築いた場所が箕輪天王社（現素盞雄神社）の東隣とする伝説を掲載する。既知の瑞光石伝説と異

写真52　小塚原旧景（東京都荒川区素盞雄神社　写真提供 荒川区立荒川ふるさと文化館）
＊昭和29年（1954）頃撮影。

なる小塚原の地名起源伝説である。この伝説はこの街道が、鎌倉御家人が鎌倉と常陸方面を往復する道＝鎌倉街道とする認識から生じたものであり、王子―石浜線に相当するだろう。また文化八年（一八一一）以降、津田大浄によって草された『遊歴雑記』三編巻之上「第六　箕輪小塚原の始元」[28]には、「爰に小塚有ものが、是むかし鎌倉より奥州へ往来せし街道なりといひ伝えぬ」とある。前述二編の近世地誌に加え、中世奥州街道の伝説がかなり地元に色濃く伝承されていたことが窺える。

素盞雄神社南辺の奥州街道（王子―石浜線）は、どのように石浜に結節したのであろう。いまの段階ではこれを確定できない。両地点間の地形が近世では低湿地が広がり、交通路敷設には極めて悪条件だったからである。この地域に、中世構築の可能性のある砂尾堤と称された堤防が存在した。素盞雄神社の東方から真東に伸び、旧汐入集落の南西付近で真南に直角に屈曲する。白鬚橋西詰の東京ガスタンク付近（中世石浜の旧総泉寺裏手）で終わる。現在、失われたこの堤防には、「砂尾長者」構築の伝説がある。[29]年代は不明だが、十七世紀半ばには既に構築されていたと推定されるが、水防機能の他に、低湿地用道路として中世に構築された可能性も考えられる。

六　中世奥州街道隅田宿・石浜から近世日光道中千住宿へ

　戦国期には失われていた隅田宿の機能は、その後も全く途絶してしまっていたのであろうか。端的に言って、奥州街道（鎌倉街道下ノ道）隅田宿の機能は、近世を迎え日光道中千住宿に転換・継承された。

「雨の舎」（加藤敬豊著　享保十八年〈一七三三〉刊）には、「隅田の宿は木母寺の前、隅田川の岸に有りしとぞ、其跡今は田と成て、土手の内にかすも町残り、奥州道のかわりし時、隅田の宿は千住へ移りて、今の千住の宿也と、里の翁の語り侍れば（後略）[30]」、『墨水遊覧誌』（文政十一年〈一八二八〉）には、「鐘が淵　鷺の名所なり　奥州海道は千住通りになりて、隅田村の千軒町も引きうつり（後略）[31]」という記事がある。以上の二地誌には、極めて断片的ながら隅田宿から千住宿への転換の伝説が近世中後期に採集されている。

『新編武蔵風土記稿』（引用する足立郡は文政十二年成立）の千住三町目の項には「牛田　町ヨリ巽方。新綾瀬川ニ臨シ地ナリ。或ハ汐田トモ書ケリ。昔奥州海道ノカカリシ地ニテ。其頃ハ前出セル渡裸川ノ渡ヨリ。今ノ海道ヲ横キリココニ来リ。今ノ新綾瀬川ヲワタレリ。其頃コノ辺ヲ和田ノ宿ト唱ヘシトナリ。又云コノ海道。今ノ地ニ替リシハ寛永年中ノコトナリト。サレド慶長年中。掃部宿ノ開ケシヲ以テ思フニ左ニアルベカラズ[32]」とする経路や、検討の余地を含みつつも転換年代をも踏まえた記述を示す。なお、「和田ノ宿」は「隅田ノ宿」の誤記であろう。

　千住宿成立は、後世の史料ながら慶長二年（一五九七）に宿駅指定、寛永二年（一六二五）に幕府から日光道中初宿に定められたとする説がある（永野家文書『旧考録』[33]）。江戸開幕後、千住大橋架橋を含め、日光道中整備が急速に進められたのは、日光東照宮造営と連動した事業であることは言うまでもない。なお千住宿の立地する地盤が自然地形では

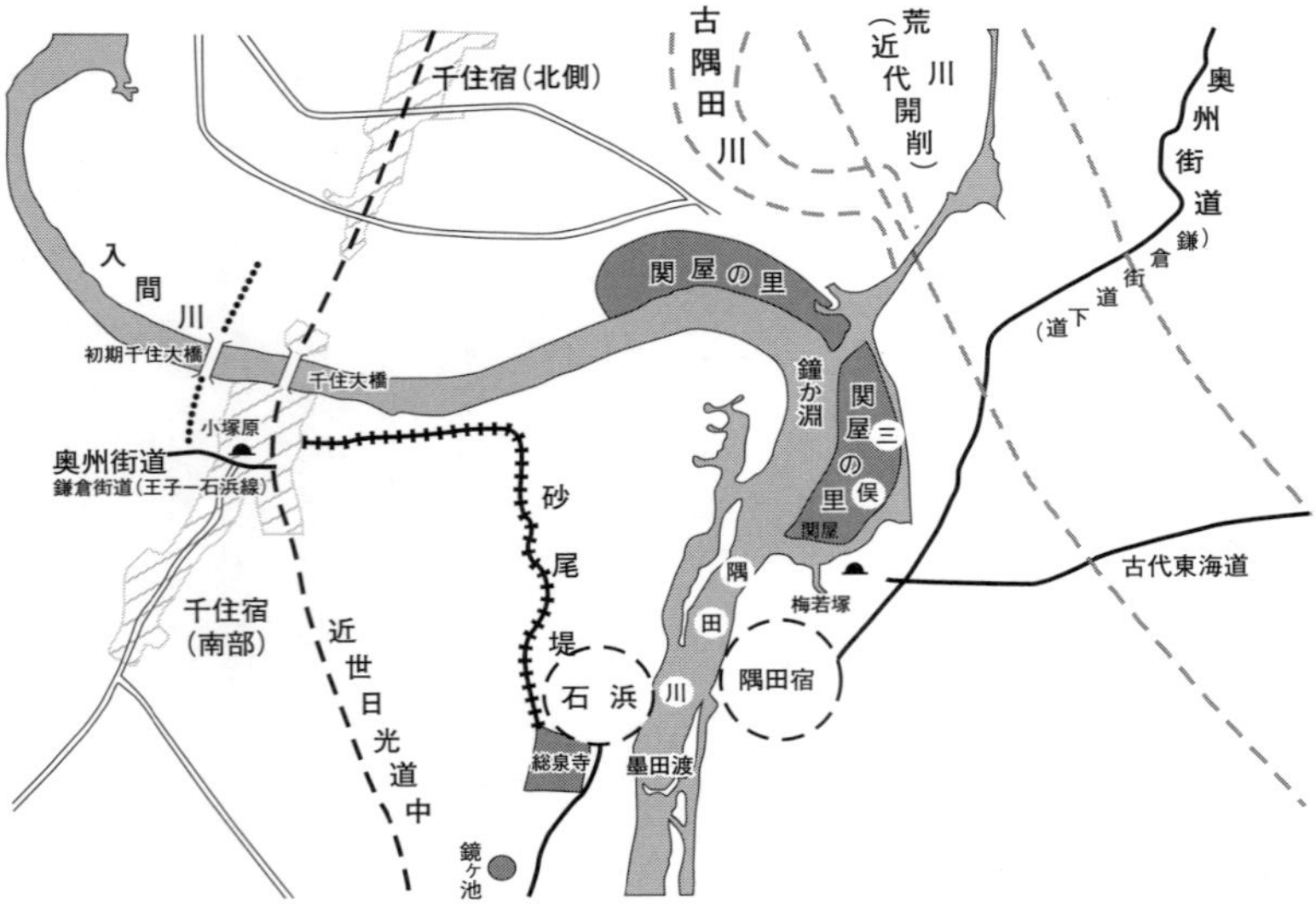

図17　隅田川流域と近世「関屋の里」の展開

なく、後世の造成によることも分かりつつある。千住宿が近世初期以降に開発されたことは、先の地誌の記述と合致する。

隅田宿の異称「関屋の里」は、宿機能が終焉を迎えると共に実態は不分明になり、近世ではその範囲も曖昧模糊となった。『江府名勝誌』（延享三年〈一七四六〉刊）では、「関屋の里　木母寺の後牛田と云所なり(34)」、『葛西志』（文政四年〈一八二一〉刊）では、「庵崎　関屋里　庵崎は、中古より、此所にもその名ありと見ゆれど、旧跡を詳にせず、或云、今足立郡千住三町目に属する関屋天神の立る地なりと(35)」、さらに『墨水遊覧誌』では、「関屋の里　一説にせきやの里は足立郡の内ともいふ。名寄に下総。松葉集に下総或は武蔵と注す(36)」とする。

以上の三文献では、近世の新綾瀬川を境に隅田川が大きく蛇行する東京都墨田区堤通二丁目（昭和九年〈一九三四〉まで足立区）から足立区千住関屋町付近に漠然と「関屋の里」の呼称が当てられた。中世に街区を持っていた「関屋の里」＝隅田宿は、近世では茫漠とした地帯に変化した。その印象も、文士の隠棲する場所、あるいは「富嶽三十六景」の「隅田川関屋の里」に描かれた脱都会的な名所へと変貌した。

「関屋の里」は、中世隅田宿がその機能を近世千住宿に移管する過程で、異称が両宿に挟まれた地域に漸時範囲を拡大していった結果である。また近世隅田村内には、千住三町目所有の土地が多く入り組んでいたのも、隅田から千住への住人移動の一端を示すものだろう。

中世奥州街道隅田宿・石浜から近世日光道中千住宿への交通機能上の転換を、地図上で整理してみよう。『江戸名所図会』が注記した素盞雄神社南側の道路である奥州街道（王子―石浜線）は、小塚原を定点として直角に振って日光道中が敷設されたことが分かる。『新編武蔵風土記稿』では文禄三年（一五九四）に架橋の千住大橋は、当初は二〇〇メートル上流であったとする。[37]それが実態で街道が後世より西を通過していたとしても、小塚原（瑞光石）が定点であったことに変わりはない。多気義幹伝説からは、小塚原が交通路の指標として立地していたことがうかがえる。梅若塚が街道の路傍にあったのも同じ観念だろうか。また房州石製の立石が古代東海道の道標であったこととも類似する。

墨田渡を媒介とし隅田宿と石浜は、一体的な都市的な場を形成していた。渡船から橋梁へと結節の手段は変化しつつも、近世千住宿も千住大橋を中心として、最終的に十七世紀半ば、荒川の南北両岸にわたる宿場街区が形成された。中世の江戸湾内で品川宿が武蔵国府の外港として陸路に水運が接続した。これと等しく湾内最奥部の隅田・石浜も水域を取り込んだ地勢に立脚し、外洋船舶も来航する水陸の要衝だったのである。

おわりに

「関屋の里」は異称なるがゆえに、近世村名にも用いられることはなかった。中世の隅田宿・石浜から、近世には千住に宿と渡河点が転換したのに伴い、両域の中間地帯（近世綾瀬川を挟む葛西・足立郡）に故地を忘れた遺称のみが取り残された。従来、あまり明らかでなかった隅田宿＝関屋の里について、おぼろげながら実態が見えて来つつある。先述した正福寺境内には、宝治二年（一二四八）三月三日銘の阿弥陀一尊板碑[38]が保存されている。この板碑は、もと木母寺の北西隣りに位置した御前栽畑（前述の小字「関屋」）から出土したという[39]。現存する東京都区部最古の資料であり、同宿の歴史環境のなかで造立されたのである。

藤原光俊をはじめ中世の隅田宿には、たくさんの旅客が到来した。南北朝期の千葉氏において、貞胤と双璧をなす千葉胤貞の来訪も関東の政治地図の中で同宿が一定の機能を持っていたことを物語る[40]。また隅田宿は宗教拠点にもなっていたようで、断簡ながら金沢文庫古文書の快誉書状[41]には「隅田別御坊」の名称が見える。浄土宗徒で増上寺開山聖聡を外護する、宿の富裕者と目される性阿弥陀仏の存在も知られる[42]。また現段階では、角田氏にその可能性が求められつつある宿領主[43]や、宿機能の下限年代の解明がこれからの課題である。以上の問題に光が当てられるに従い、哀れな子供の捨て去られた草深い川縁という関屋の里の旧態依然の印象は拭い去られ、道と川を導線として、中世の人と物そして情報の交錯する場がまた一つ姿を現して来るのである。

中世後期以降、隅田宿の衰退、幹線道路の日光道中への付け替えにより「関屋の里」の本義は忘れ去られ、足立郡千住宿から葛飾郡隅田村に及ぶ隅田川東岸に沿った広範囲な地帯の呼称となったことを明らかにした。今後、近世史研究側からの街道敷設史との擦り合わせが急務であろう。

註

(1)『近世地誌史料集』(一九九三年三月、足立区教育委員会)四九・五〇頁。

(2)この辺りの経過は、繁田泰弘・羽田栄太「地域今昔(六)—常東地区(3)—」(『足立史談』第一一八号、一九七七年十二月、足立区教育委員会)に足立区の地名変遷史としてまとめられているが、「関屋」の初現に関わる考察には及んでいない。また真泉光隆「昭和九年—地元の小異変—」(『梅若塚物語』、一九九五年八月、木母寺、九六頁)は、墨田区側の視点で「関屋」地名の帰属問題に触れている。

(3)『特別展 隅田川流域の古代・中世世界—水辺から見る江戸東京前史—』(二〇〇一年十月、足立区立郷土博物館他)三〇頁に国立公文書館所蔵写本(近世書写)の写真図版および翻刻文を掲出。

(4)『葛西用水史』通史編(一九九二年一月、葛西用水路土地改良区)「第一章五節 鎌倉幕府と河川」(本間清利氏執筆分)。

(5)『増補大日本地名辞書』第六巻坂東(一九七〇年六月、冨山房)四〇四頁。

(6)この縁起については、慶応義塾大学国文学研究室『梅若縁起の研究と資料』(一九八八年一月、桜楓社)に詞書が翻刻されている。また成立背景については、樋口州男「梅若伝説」(『隅田川の伝説と歴史』、二〇〇〇年六月、東京堂出版)参照。

(7)『北区史』資料編古代中世1(一九九四年二月)第一編古代第四号文書。

(8)前掲『北区史』資料編古代中世1第二編中世古文書第五五号文書。

(9)前掲『北区史』資料編古代中世1第二編中世古文書第四七九号文書。

(10) 前掲『増補大日本地名辞書』第六巻坂東四〇四頁(「水神森」の項)。
(11) 笹森正治「市・宿・町」(『岩波講座　日本通史』第九巻中世3、一九九四年四月)参照。
(12) 田中禎昭「中世・隅田宿の景観―隅田川流域における「都市的な場」の復元―」(『専修考古学』第二号、二〇〇七年三月、専修大学考古学会)およびすみだ郷土文化資料館『隅田川文化の誕生―梅若伝説と幻の町・隅田宿―』(二〇〇八年十一月)参照。
(13) 『日本国語大辞典』縮刷版第六巻(一九八〇年八月、小学館)。
(14) 相田二郎『中世の関所』(一九四三年十一月、畝傍書房)「第一　中世に現れた関若くは関所の作用」では「経済的作用」「軍事的作用」「警察的作用」の三つに分類している(一～八頁)。
(15) 遠藤　忠「古利根川の中世水路関」(『八潮市史研究』第四号、一九八二年三月、八潮市立資料館)。
(16) 前掲『北区史』資料編古代中世1第二編中世古文書第一一二・一一三号文書。
(17) 前掲『北区史』資料編古代中世1第二編中世古文書第一一二・一一三号文書の解説。
(18) 鈴木敏弘「中世都市の一側面―隅田川河口域の「都市的な場」とその機能―」(『関東地域史研究』第一輯、一九九八年十月、文献出版、後に『中世成立期の荘園と都市』、二〇〇五年五月、東京堂出版、の「第三部三章　中世都市の軍事的な性格」に所収)参照。
(19) 前掲『北区史』資料編古代中世1第二編中世古文書第五六号文書。
(20) 日本古典文学大系『義経記』(一九五九年五月、岩波書店)一一八～一三三頁。
(21) 『永野家文書』二(一九九三年十月、足立区教育委員会)の四七頁。
(22) 「東京五千分壱実測図　明治二十年測図　内務省地理局」〈葛飾郡〉(複製年月不詳、大日本測量(株)資料調査部複製)。

(23)　前掲田中禎昭「中世・隅田宿の景観―隅田川流域における「都市的な場」の復元―」。
(24)　『北区史』資料編古代中世2（一九九五年三月）第三編中世記録史料四五。
(25)　『国史大辞典』第三巻（一九八三年二月、吉川弘文館）「鎌倉街道」参照。
(26)　『新板江戸名所図会』下巻（一九七五年一月、角川書店）三五〇・三五一頁（挿絵「飛鳥社小塚原天王宮」）。
(27)　『東鑑要目集成』（国立公文書館所蔵、請求番号一四八―〇〇五四）。
(28)　『江戸叢書』巻の五（一九一六年十月、江戸叢書刊行会）『遊歴雑記』三編之上の九頁。
(29)　『荒川区史』（一九三六年十一月）六三九～六四一頁。
(30)　前掲『近世地誌史料集』三頁。
(31)　前掲『近世地誌史料集』七一頁。
(32)　大日本地誌大系『新編武蔵風土記稿』第七巻（一九七七年五月、雄山閣）一三五・一三六頁。
(33)　前掲『永野家文書』二の四八・四九頁。
(34)　前掲『近世地誌史料集』四頁。
(35)　前掲『近世地誌史料集』四九・五〇頁。
(36)　前掲『近世地誌史料集』七一頁。
(37)　前掲『新編武蔵風土記稿』第七巻一三二・一三三頁。
(38)　前掲『特別展　隅田川流域の古代・中世世界―水辺から見る江戸東京前史―』六〇頁に拓影掲載。
(39)　『墨田誌考』上（一九七五年三月、墨田区役所）九頁。
(40)　『金沢文庫古文書』第二輯〈僧侶書状篇上〉（一九五二年三月）第八八三号文書。その意義については、湯浅治久「東京低地と江戸湾交通」(『東京低地の中世を考える』、一九九五年三月、名著出版)参照。
(41) 前掲『金沢文庫古文書』第二輯〈僧侶書状篇上〉第九七八号文書。
(42) 性阿弥陀仏については、菊池勇次郎『源空とその門下』(一九八五年二月、法藏館)四一八頁、梶村昇「『名号万徳鈔』について」、永井隆正「『厭穢欣求集』について」(共に『聖聡上人典籍研究』、一九八九年十二月、増上寺)、松永知海「研究ノート　書師岡村元春と義山版」(『佛教大学総合研究所紀要別冊　法然浄土教の総合的研究』、二〇〇二年三月、二一七頁に図版掲載)の各論考を参照。
(43) 山田邦明「葛西中世史雑感」(前掲『東京低地の中世を考える』)参照。

付論　「関屋の里」と中世歌人
―藤原光俊の旅路の果て―

はじめに

関屋の里については、本章第三節で中世入間川（現隅田川）と古隅田川合流点左岸に立地し、対岸石浜と一体的な水陸交通拠点を形成した隅田宿の別称であることを指摘した。同地は古代東海道・中世鎌倉街道下道の重要な交通集落であった。河川合流点の地形を活かし、足立郡側に軍事あるいは経済的な関門として関（その執務をとる家屋が関屋）が設営され、これに隣接する隅田宿が集落としての「里」を付して異称を持ったことを推定した。本節では関屋の里を通過した明証のある中世歌人藤原光俊の目的地に到着してからの足跡を紹介することを目的としている。(1)

一　「関屋の里」と藤原光俊の詠歌

交通集落としての様相については、木母寺所蔵『梅若権現御縁起』絵巻の梅若丸哀話に偲ぶことができる。同時代史料の記述は、延慶年間（一三〇八～一一）成立の『夫木和歌抄』藤原光俊の左の詠歌とその詞書が最古である。(2)

いほさきのすみだ河原に日はくれぬせきやの里にやとやからまし

他に隅田川の「うきはし」を歌枕にした一首も、同書に収められているが割愛する。藤原光俊が康元元年（一二五

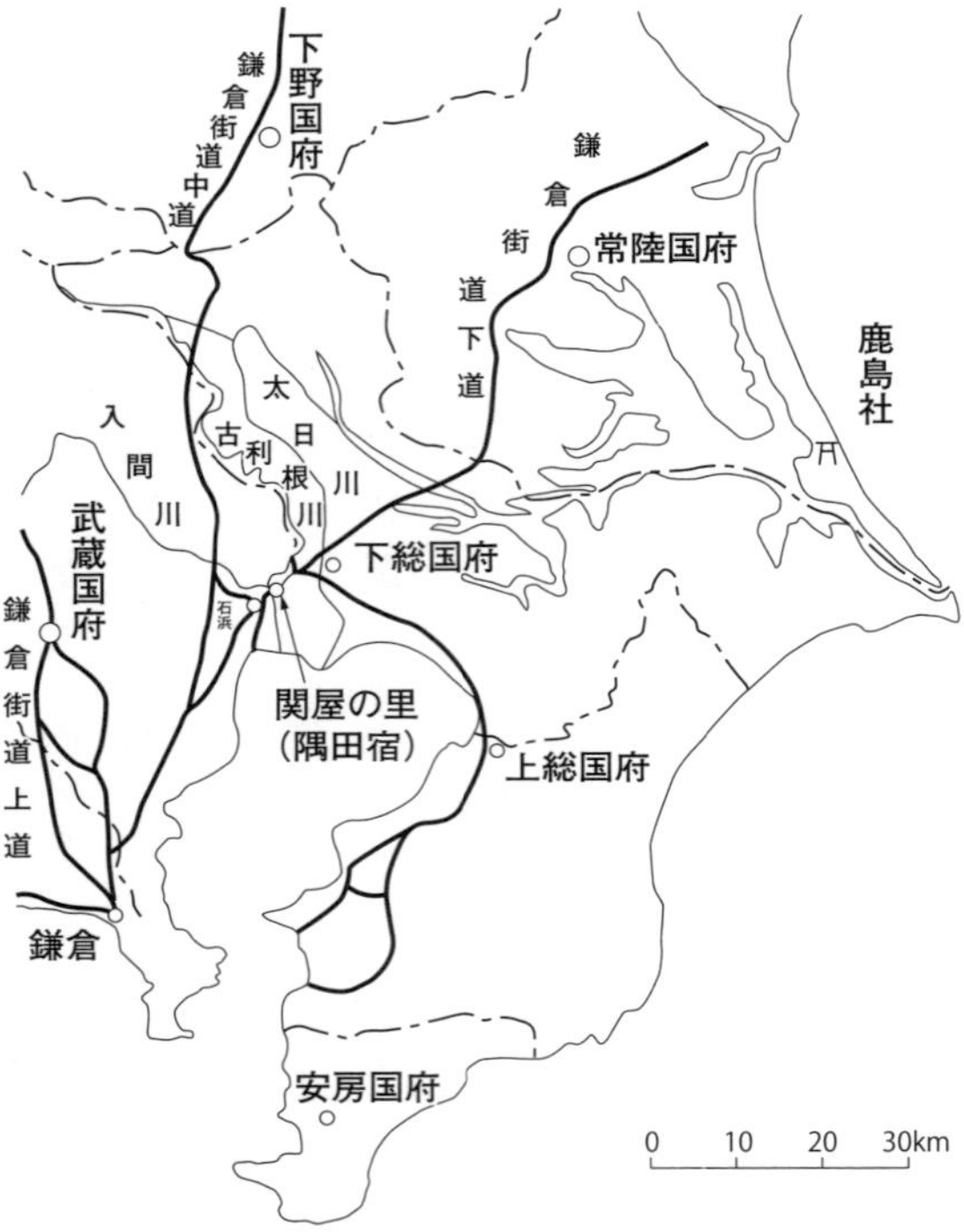

図18　東国における鎌倉街道（『国史大辞典』第三巻、1983年2月、吉川弘文館、541頁掲載図を参照）

六）、常陸国鹿島社（茨城県鹿嶋市）参詣の途次、隅田河畔の隅田河原に至り日没が近づき、関屋の里に旅泊するに際し一首詠んだものである。その詞書によれば、この地が川に沿って立地し、前面が海で船舶も停泊する港湾を備えていた景観が語られている。

本節は前節に関連し、『沙石集』［補遺］に、関屋の里を経た旅の終着点鹿島社での動向について記載があり、旅の足跡を追える藤原光俊のその後の消息について紹介してみよう。

二　『沙石集』に残る藤原光俊の足跡

『沙石集』は、鎌倉時代成立の仏教説話集で、著者は無住道暁。弘安二年（一二七九）から執筆が始まり、同六年に完成している。著者の無住は、東国出身で関東や東海地方の地方色が表出されていることが大きな特徴として従来から指摘されている。[3] 本話もその一つの典型と言えるであろう。

藤原光俊は建仁三年（一二〇三）に生まれ、建治二年（一二七六）に没した鎌倉時代の歌人である。幼い頃から順徳院の近くに伺候し右大弁まで昇進、出家し「弁入道」と通称された。京都歌壇の主流で、藤原定家を父に持つ藤原（二条）為家の御子左家に対抗する立場で、多くの家集を編むと共に勅撰集にもあまたの詠歌を入選させた。その歌の作風は『新古今和歌集』を尊びつつ、『万葉集』に憧憬深くこれに所収された古語や逸話、地名等について広範な知識を有していた。『沙石集』に見える旅も、光俊の『万葉集』の故事への精通を物語るものである。[4]

国文学の立場から安井久善氏の研究によれば、康元元年の光俊東下りの確たる目的は明確でないという。[5] ただし、同じく『夫木和歌抄』には、同年十一月、鹿島社に到達してからの詠歌も収録されている。そこで安井氏は、武蔵・下総国境の隅田川河畔から常陸鹿島まで二月を要した旅は、あるいは歌壇が成立していた下野国宇都宮に立ち寄るとか、一旦鎌倉に戻るなどの経路も想定できるかもしれないとしている。また、同集には、「康元元年」に「康元二年」という左注を付す写本も存在するそうで、[6] 光俊が翌二年まで鎌倉に逗留した可能性も指摘している。安井氏編の年譜では、光俊にとってこの鹿島行が初度の東下りかと推定されているが、以下文応元年（一二六〇）から翌弘長元年（一二六一）、同三年、文永二年（一二六五）と鎌倉を訪問の上、将軍宗尊親王の和歌師範を勤めたり、歌会に出席して鎌倉歌壇の興隆に一役買っている。[7] 康元年間の鹿島行を含め、光俊の数度の東下りは、久保田淳氏によれば京都歌壇を牛耳る藤原為家に対し、武家政権と共に勃興した鎌倉歌壇の師範の任を果たすことにあったと評価されている。[8]

次に関係箇所を抜粋してみよう。[9]

〔史料1〕沙石集［補遺］

春日御殿ノ四所ノ中、第三本地地蔵、本社鹿島デヲハシマス事（の）趣、

写真53　鹿島神宮拝殿(茨城県鹿嶋市)
＊本殿・幣殿・石の間と共に国指定文化財(建造物)。

鹿島ノ御社中ニ、奥御前トテ、不開ノ御殿ヨリハ二三町バカリ東ノ山ノ中ニ御座ス。彼ノ御殿ニテハ、念須(誦)ナムドモ音ヲタテズ、寂静トシテ参詣ノ人ツヽミ恐レ、某所ヲ不知。故右大弁ノ入道光俊、其上ニ参詣シ給テ、奥御前ノ御社ノ辺ニテ物ヲタヅネ給事三日、尋ネカネテ古老ノ神官ヲ召テ、是ニ平ナル石ノ円ナルガ、二尺斗リナルガ有ルト問給。石候トテ、御殿ノ後ノ竹ノ中ヨリ、土ニウヅモレルヲホリ出シテケリ。是ヲ見給テ、ハラ〳〵ト打ナキテ、

タヅネカ(ね)今日ヲ見ツルカナチハヤフル、深山
ノ奥ノ石ノミマシラ

サテ語リ給ケルハ、是ハ大明神天ヨリアマクダリ給テ、時々座禅セササセ給石也。万葉集ノミマシト云是也ト有リケレバ、人々サル事ト知リテケリ。家ノ人ゾイミジク知リ給タリケル。

右を現代語訳してみよう。

春日大社で祭る四柱の神のうち第三は本地仏が地

蔵菩薩で、垂迹が鹿島神であること

鹿島のお社の中に不開御殿があり、そこから二、三町ばかり東の山の中に奥御前という社が鎮座されている。その御殿では念誦でも音を立てることなく静かで、同社への参詣人も慎み恐れてその場所さへ知らない。故右大弁ノ入道光俊はその昔同社に参詣し、奥御前の御社の辺で物を尋ねられることが三日間続いた。尋ねあぐねて古老の神官を呼び寄せて、「この場所に上面が平らで丸い二尺ばかりの石がないか」と質問された。「その石ならございます」と言って、御殿の後の竹藪の中から、土に埋もれたものを掘り出した。光俊はこの光景を見て、はらはらと涙をこぼしてこう歌を詠んだ。「捜しあぐねていたが、今日ようやくこの目で見ることが叶った。ああ深山のそのまた奥にあった石のミマシ（御座）よ」。光俊卿が申されることには、「この石は大明神が天から下られて、時々座禅をなさる石である。万葉集に載っている御座というのがこれである」と言われたので、人々はその由来を知ることになった。歌詠みの家柄の人は、このような故実にも大変精通しているものである。

つまり藤原光俊の鹿島詣での目的の一端は、万葉集にも詠われたミマシを尋ね捜す旅であったのである。ミマシとは「天皇や貴人がすわるところ[10]」を意味し、この場合は神の降臨する場を指す。鎌倉末期成立と推定される[11]『鹿島宮社例伝記』にはこの霊石について、左のように記述している。

〔史料2〕鹿島宮社例伝記[12]

奥之院奥ニ石ノ御座有。是俗カナメ石ト云。号山ノ宮𪜈。大明神降給シ時。此石御座侍。金輪際連云。私。釈尊成道菩提樹下之金剛座馬脳之石。我朝長谷之観音踏賜ヘルト云馬脳之石如此。近比云伝。近江湖之竹生島コソ如此侍ルナレ。故竹生島地震不動云。常州殊地震難繁国石御座有ケルニヤ。為地震不動故。於当社地震不動。精誠莫怠矣。石御座石茲書由。

写真54　要石（鹿島神宮境内　茨城県鹿嶋市）

右によれば、『沙石集』の記述と同じく、「石ノ御座」を奥之院付近としている。天から降臨する大明神の着座する場所という故実も同じく説明されている。ただ『鹿島宮社例伝記』では、このような話に加え、この石が「カナメ石」と呼ばれ地震鎮めの霊力を有しているとしている。幕末、鯰絵として流行する多色摺木版画に地震を起こす大鯰を鎮める霊験が喧伝されるが、この濫觴は中世までさかのぼることが知れる。

おわりに

久保田淳氏の見解では、光俊の最大の好敵手「為家は措辞・表現の面に於いて、極めて保守的態度を堅持」したのに対し、「光俊は、万葉や記紀に造詣が深かった」と両者の芸術理論の違いを述べている(13)。『沙石集』のこの逸話などは、まさに光俊の面目躍如と言えるものであろう。

藤原光俊の旅は、先祖神の故地を訪ねると同時に、都からはるかに隔った東国の万葉の歌枕の実在を確認する旅であった。藤原光俊詠歌の詞書は、「関屋の里」地名の初見史料として極めて重要である。その最終目的地での行動の片鱗が知れたこともまた貴重である。中世の京都・鎌倉から鹿島灘沿岸に至る東国交通の動脈の只中に位置した交通集落＝関屋の里（隅田宿）を通行した旅客の逸話として紹介した次第である。

註

（1）藤原光俊の鹿島行については、既に小川一彦「康元元年の藤原光俊―鹿島社参詣と稲田姫社十首をめぐって―」（『北陸古典研究』第一〇号、一九九五年九月、北陸古典研究会）で行程等について詳細な考察が行われている。

（2）『特別展　隅田川流域の古代・中世世界―水辺から見る江戸東京前史―』（二〇〇一年十月、足立区立郷土博物館他）三〇頁に国立公文書館所蔵写本（近世書写）の写真図版および翻刻文を掲出。

（3）『日本古典文学大辞典』第三巻（一九九〇年四月、岩波書店）「沙石集」の項参照。

（4）『日本古典文学大辞典』第五巻（一九九〇年四月、岩波書店）「藤原光俊」の項参照。

（5）安井久善『藤原光俊の研究』（一九七三年十一月、笠間書院）六八頁。

（6）前掲安井久善『藤原光俊の研究』七四・二九五頁。

（7）前掲安井久善『藤原光俊の研究』三二二・三二三頁。

（8）久保田淳「為家と光俊」（『国語と国文学』一九五八年五月、東京大学国語国文学会）。

（9）日本古典文学大系『沙石集』（一九七一年二月、岩波書店）四六七頁。

（10）『日本国語大辞典』縮刷版第九巻（一九八一年二月、小学館）「みまし」の項参照。

（11）『群書解題』第二巻下（一九六三年十月、続群書類従完成会）一三頁下段～一四頁上段。

（12）『鹿島宮社例伝記』（『続群書類従』第三輯下、一九三四年七月、続群書類従完成会）。

（13）前掲久保田淳「為家と光俊」。

付論　下足立「三俣」は何処か
――水域の盲点――

はじめに

東京北東部も史料上、中世後期を迎えると前期に比べ多くの歴史地名が出現してくる。最たる事例の一つに、永禄二年（一五五九）に後北条氏が家臣団への知行役賦課の基本台帳として作成した『北条氏所領役帳』の「千葉殿」の箇所がある。一三カ所ある地名のうち、下足立「三俣」の比定地について、旧稿(1)では微視的な省察に欠けていた。『戦国遺文　後北条氏編別巻　小田原衆所領役帳』も、この比定を踏襲してしまっている(2)。その後、先著の補論でも補正に努めたが(3)、なお意を尽くしていない点があるので、本書に付論を設け改めて整理しておきたい。

一　戦国期の「三俣」

歴史地名「三俣」について、まず抑えるべきは『北条氏所領役帳』江戸衆千葉殿の記述である。

〔史料1〕北条氏所領役帳(4)

一　千葉殿

八拾貫文　　江戸　　赤塚六ケ村

四拾貫文　同　新倉
廿貫文　小机　上丸子
卅五貫文　葛西　上平井
百八拾五貫文　下足立　淵江
卅五貫文　同　沼田村
卅貫文　同　伊興村
拾五貫文　同　保木間村
十五貫文　同　寺住村
六貫文　同　三俣
拾貫文　上足立　内野郷
三貫文　同　大窪村
一貫文　同　大多窪
以上四百七拾五貫文

春松院殿様御代より高除不入、於自今以後一切不被成候、但御人数者其改可有之

旧稿では各地名を「赤塚六ケ村」は東京都板橋区赤塚、「新倉」は埼玉県和光市新倉、「上丸子」は神奈川県川崎市上丸子、「上平井」は東京都葛飾区平井、「淵江」は東京都足立区本木、「沼田村」は同区江北、「伊興村」は同区伊興、「保木間村」は同区保木間、「寺住村」は同区千住[5]、そして「三俣」は同区千住曙町（傍線は筆者注）、「内野郷」は埼玉県旧大宮市（現さいたま市）内野、「大窪村」は埼玉県旧浦和市（現さいたま市）大久保、「大多窪」も埼玉県旧浦和市（現

さいたま市）大田窪に各々比定した。[6]

二　近世地誌の三俣

三俣を旧稿で足立区千住曙町としたのは、①「三俣」には下足立という郡域名が冠されていること、②中世入間川および古隅田川、隅田川の合流地点に形づくられる中世足立郡の南端と解し、現千住曙町がこれに相当すると誤認したこと、③千住曙町所在の寺院西光院が千葉氏由来の縁起を有することの三点からであった。[7]しかし、旧稿を草する段階で、基本的な関連文献である近世地誌を見落としていた。それは『江戸名所図会』の左の記述である。

〔史料2〕『江戸名所図会』巻十七[8]

鐘が潭　同所隅田河・荒川・綾瀬川の三俣の所をさして名づく。（小田原北条家の所領役帳に、千葉殿とある所領の中に、下足立三俣といへる地名を加へたり。按するにこの地なるべし。）伝へ云ふ、昔普門院といへる寺の鯨鐘この潭に沈没せりとも、又橋場長昌寺の鐘なりともいひて、今両寺に存する所の新鋳の鐘の銘にも、この事を載げたり。何が是ならん。（中略）往昔普門寺は隅田河三股の城中にありしを、元和二年住持栄真地を卜して、寺を今の亀戸村に移せり。この頃あやまって華鐘を水中に投ずと。（後略）

『江戸名所図会』の考証によれば、隅田川（当時、三本の河川の合流地点である鐘が淵より下流域）・荒川（鐘が淵より上流域）・綾瀬川（中世には古隅田川が流入）により形成された、河川の三叉路地点の「鐘が潭」が、『北条氏所領役帳』で千葉殿所領の下足立「三俣」に相当するとしている。『江戸名所図会』挿絵（写真55）には、「鐘か淵」と注記がある。

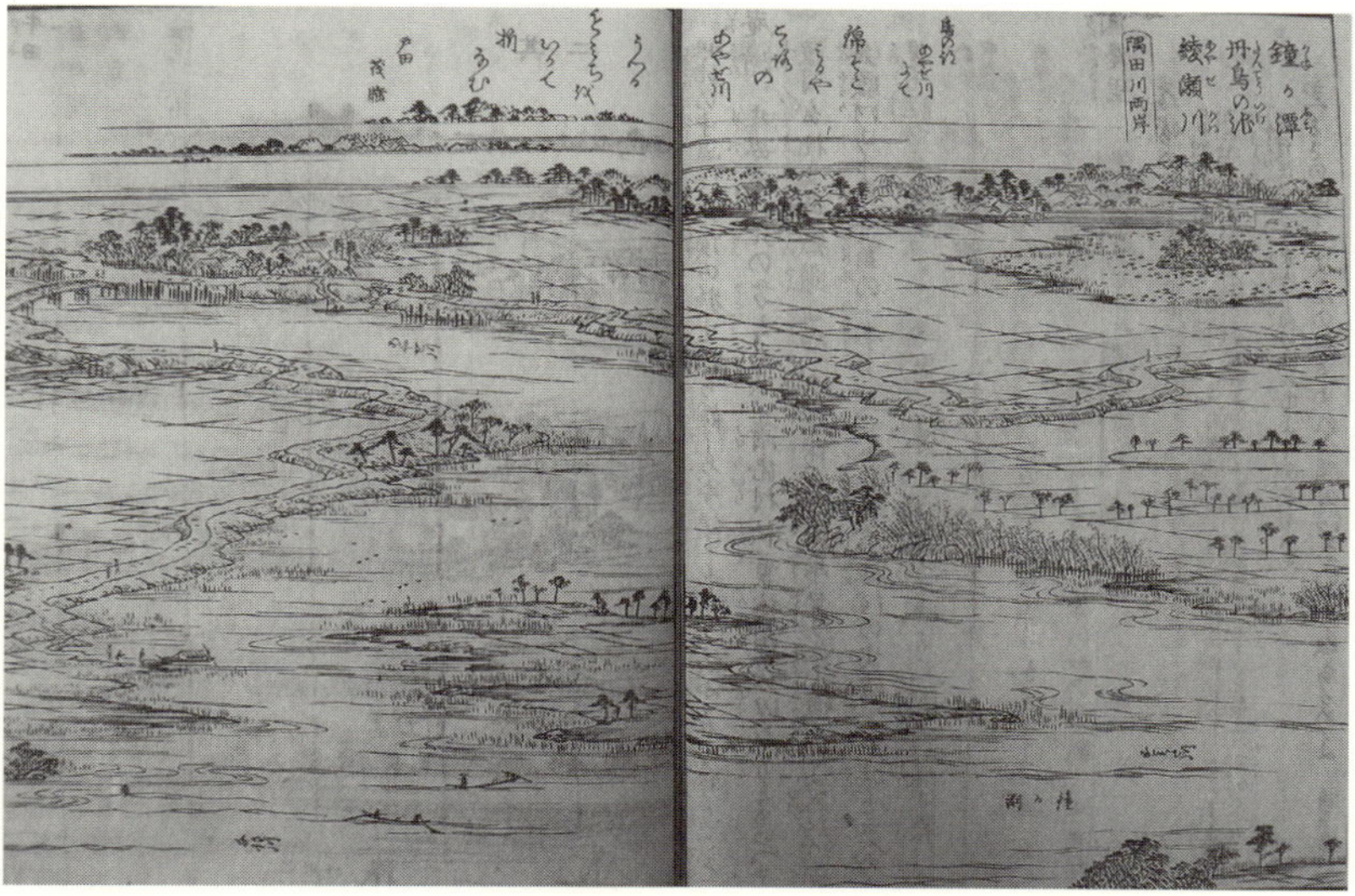

写真55　鐘か潭・丹鳥の池・綾瀬川（『江戸名所図会』巻十七　所蔵 足立区立郷土博物館）

この地点の沈鐘伝説は、江戸東京周辺ではつとに有名であり、『江戸名所図会』はこれにも関説している。そこで注目すべきは、後段の「往昔普門寺は隅田河三胯の城中にありし」という記述である。飽くまで伝承ではあるが、「三胯の城」なる軍事拠点があったとする。

近代に至り歴史地理学の立場からも吉田東伍氏が「三俣」について、『増補大日本地名辞典』第六巻坂東の「鐘淵」[9]の項で左のように言及している。

　鐘淵　木母寺の北なる堆洲の名に呼ばるゝも、元は利根（綾瀬）入間（荒川）の交会にあたりて、深潭の淵を成せしに名づけしに出でたり、又三俣《みつまた》と呼ばれたり。明治二十二年、梅若塚の北、関屋川の北岸より、綾瀬川の隅田川に注ぐ東岸迄（字古川敷、又元関屋の前栽畑等の田畑）一帯に修築して、宏大なる紡績工場を建設したり。（中略）鐘が潭は隅田川、荒川、綾瀬川の三俣の所をさして名づく、小田原北条家の所領役帳に、千葉殿とある所領の中に、下足立三俣といへる地名を加へたり、按ずるに此地の事なるべし。伝へ言ふ、昔時普門

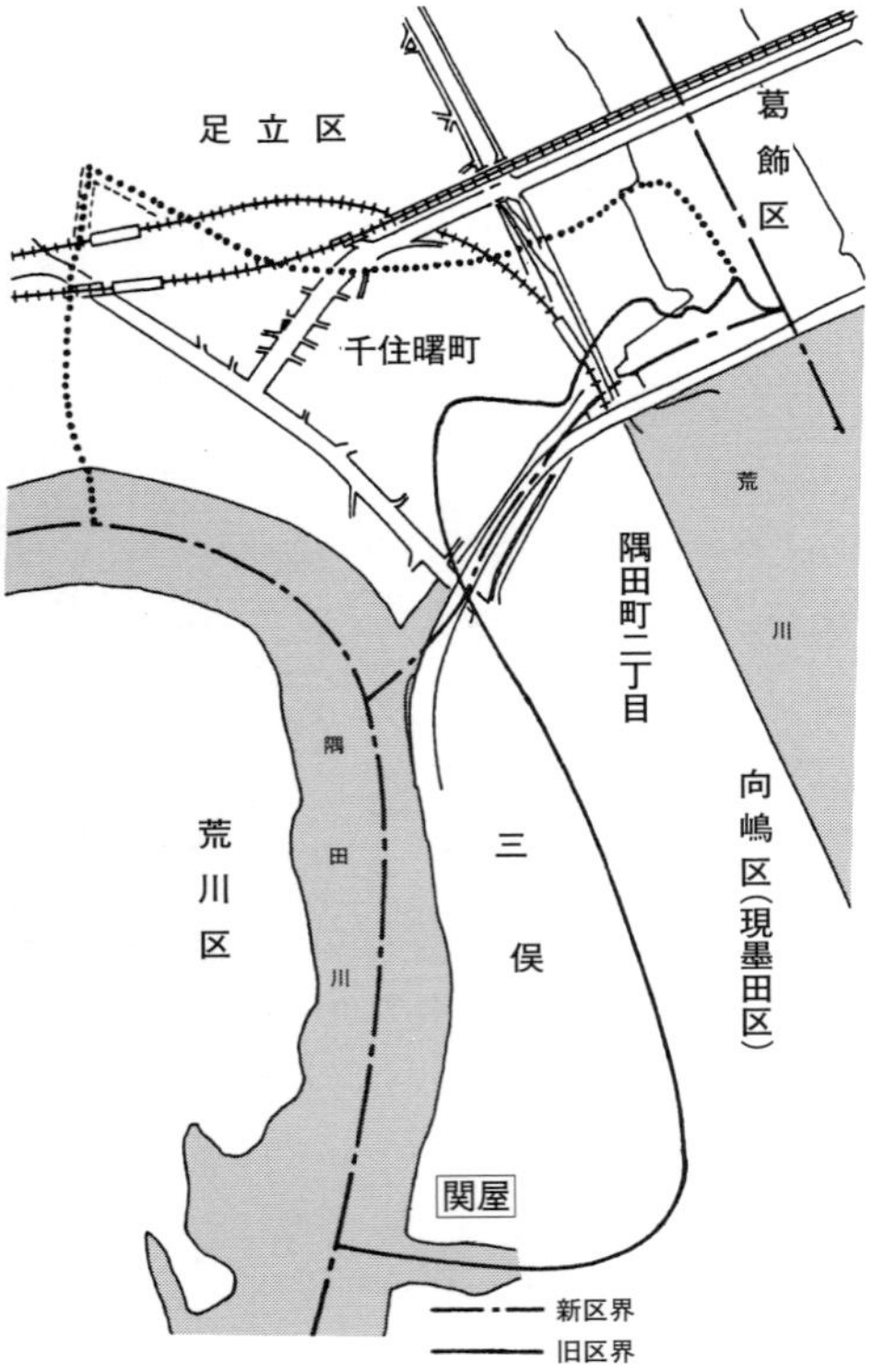

図19　昭和９年（1934）における旧三俣付近の区境界変更（『足立風土記稿地区編１千住』、2004年３月、足立区教育委員会、295頁掲載図に「三俣」および「関屋」を入れて改変）

院（亀戸）の鯨鐘、此の潭に沈没せりとも、又橋場長昌寺の鐘なりともいひて、今両寺に存する新鋳の鐘銘共に、此事を載せたり、何か是ならん。

（後略）

近世後期の河川埋め立て（後述）でその地形は完全に失われ、かつ昭和九年（一九三四）六月、行政区域が足立区から旧向島区に替ったことによって、旧来の景観や所属を忘れ兼ねないが、現在の東京都墨田区堤通二丁目一帯に相当する（図19）。因みに「宏大なる紡績工場」とは鐘淵紡績、後のカネボウである。

三　武蔵千葉氏と三俣

戦国期「三俣」の重要性については極めて短い記事ながら、『本土寺過去帳』の次の記述がよく引き合いに出される。

写真56　現在の隅田川右岸（旧石浜側）から望む旧三俣（右上の四角い看板は現カネボウ）

〔史料3〕本土寺過去帳[10]

六日　千葉介自胤明応二年癸丑十二月 武州三間田ニテ

中世後期の過去帳ながら、明応二年（一四九三）十二月に、史料１の千葉殿（千葉憲胤）の祖先に当り、十五世紀中頃に下総から一族の内訌で追われ、渋川義鏡や太田道灌を後ろ盾に武蔵国足立郡南部を拠点とした千葉自胤が、「武州三間田ニテ」死亡したことを伝えるものである。

武蔵千葉氏本拠については、既に先著[11]で述べたように、足立郡淵江城である。「三俣」は『北条氏所領役帳』から約半世紀さかのぼり、十五世紀末には武蔵千葉氏領化していることがこの記述で確認できる。武蔵千葉自胤の死因は、右の記事では不明である。『本土寺過去帳』の文献的な性格として、合戦等で非命に斃れた場合はその旨が注記される。ここにはそのような注記が無いことから、自胤は寿命で亡くなったと解せるだろう。すると三俣には、自胤が死の床にも就けた施設のあったことが推察できる。

千葉氏の系譜や伝承を編纂した『千学集抄』にも三俣に関する記事がある。

〔史料4〕千学集抄(12)

一、胤直相応寺と称す。御捐館は年四十二、法謚慎阿弥と申す。実に享徳三年甲戌八月十五日也。御子三人。長子胤将、二男胤宣五郎、十六歳にて卒す。三男亀乙丸は実胤也。御子自胤、御子盛胤、御子治胤、御子範胤、武蔵国三又の屋形也。(後略)

武蔵移住後の武蔵千葉氏系譜に関する箇所である。これによれば実胤―自胤―盛胤―治胤―範胤と系譜継承され、「武蔵国三又(三俣)の屋形」であったと説明を付す。「屋形」が「本拠である居館」あるいは「本拠居館所在地を冠した人物に対する敬称」を意味するのか両様の解釈ができるが、いずれにしてもこの系譜は、武蔵千葉氏が三俣を本拠としたことを主張している。

先著では一部ながら検出された堀址遺構の規模から推測して、「淵江」が武蔵千葉氏本拠であるとして論を展開した。しかし、武蔵千葉氏の当初の拠点石浜の対岸であること、古隅田川分岐点であり、この地点に軍事施設を設けたという伝承を勘案すると武蔵千葉氏にとって「三俣」も枢要な所領であったことが推定される。

なお隅田川から木母寺北縁に入り組む先述の内川北岸(近世の御前栽畑付近)に小字「関屋」が確認できる(13)。おそらく関番のための構造物や居館が設置されていた、本来の地点であることを示しているのであろう。これに関し田中禎昭氏は、関屋は戦国期の武蔵千葉氏の一所領で、『本土寺過去帳』にある千葉自胤が死亡した三間田(三又・三俣)が「関屋」に相当し、同氏の軍事拠点が設営されたことにより「関屋」の地名が付与されたのではないかと推定した(14)。しかし、本章第三節で述べたとおり、「関屋」の地名の初見は、十三世紀半ばの藤原光俊詠歌である。武蔵千葉氏の三間田領有より約二世紀さかのぼる。これを勘案すると、「関屋」の起源は、軍事的な関門というよりは、飽くまで河関としての機能から発生したものであろう。なお換言すれば、「三間田（三又・三俣）」は、中洲全体を包括する名称であり、「関屋」はその南端の地点名称と捉えるべきであろう。

四　近世以降の三俣

近世の三俣は、北半分は字牛田として淵江領千住三町目に属した。[15] 南半分は享保二年（一七一七）から文政年間（一八一八～三〇）まで設定されていた江戸城に野菜を献上する御前栽畑であった。天保六年（一八三五）に東流（内川）が埋め立てられ新田となり、[16] 中洲の形状ではなくなった。[17] さらに明治二十年（一八八七）には、鐘淵紡績がこの地に建設されたのは先述のとおりである。

昭和九年（一九三四）六月一日、足立区と旧向島区の間で区境界の変更が行われ、それまで足立区で、戦国期三俣に相当する現墨田区堤通二丁目一帯は足立区から旧向島区に属することとなった。

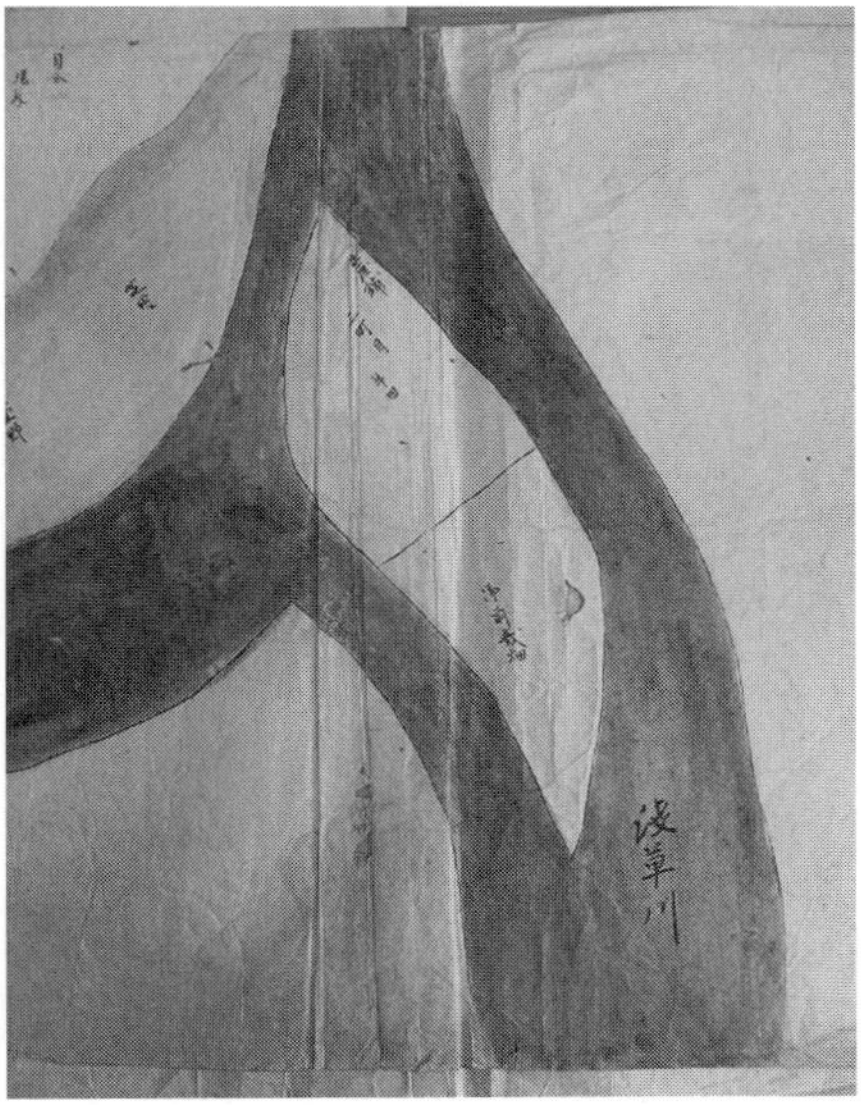

写真57　千住宿図 部分（高田家文書　所蔵 足立区立郷土博物館）

＊本図は天保六年（1835）に東流（内川）が、埋め立てられる以前の三俣が中洲の状態で表現されている。北半分は「（千住）三町目　牛田」、南半分は「御前栽畑」の注記がある。

おわりに

史料上、中世後期に確認できる三俣の比定地について、旧来の自説（東京都足立区千住曙町）を再度修正して中世入間川・古隅田川・隅田川が合流する地点に形成された中洲（現東京都墨田区堤通二丁目一帯でその前面が鐘が淵）が三俣に相当すると訂正したい。三俣はその位置的な関係から足立郡南部（下足立）を本拠とした武蔵千葉氏にとり、重要な所領であり何らかの宿営施設（普門寺を取り込んだ「三股の城」）が設けられていたことが推察できる。同氏の所領が集積する下足立地域の南端を扼す地点であるとともに、石浜を対岸に擁して戦略拠点としていた様相が朧気ながら明らかになりつつある。

註

（1）拙稿「戦国期の武蔵国足立郡舎人郷と舎人氏」（『地方史研究』第三九巻一号、一九八九年二月、地方史研究協議会、後に『戦国期東武蔵の戦乱と信仰』、二〇一三年九月、岩田書院、に所収）。
（2）『戦国遺文　後北条氏編別巻　小田原衆所領役帳』（一九九八年十二月、東京堂出版）七六・七七頁。
（3）拙稿「千葉氏本宗家西遷と武蔵千葉氏成立」の補論（前掲『戦国期東武蔵の戦乱と信仰』）。
（4）前掲『戦国遺文　後北条氏編別巻　小田原衆所領役帳』七六・七七頁。
（5）前掲拙稿「千葉氏本宗家西遷と武蔵千葉氏成立」（前掲『戦国期東武蔵の戦乱と信仰』）の補論で、千住元町付近に修正した。

(6)　各地名の詳細な比定は、前掲『戦国遺文　後北条氏編別巻　小田原衆所領役帳』頭注参照。
(7)　大日本地誌大系『新編武蔵風土記稿』第七巻（一九七七年五月、雄山閣）一三六頁の「西光院」の項に山号が「千葉山」で、「本尊薬師は千葉常胤の守護仏なりと云」とある。
(8)　『新板江戸名所図会』下巻（一九七五年一月、角川書店）六五七〜六六〇頁。
(9)　『増補大日本地名辞典』第六巻坂東（一九七〇年六月、冨山房）四〇四頁中段。
(10)　『千葉県史料』中世篇本土寺過去帳（一九八二年三月）六二頁。
(11)　前掲拙稿「千葉氏本宗家西遷と武蔵千葉氏成立」参照。
(12)　『改訂房総叢書』第二輯（史伝一・二）（一九五九年五月、改訂房総叢書刊行会）一八〇頁。
(13)　「東京五千分壱実測図　明治二十年測図　内務省地理局」〈葛飾郡〉（複製年月不詳、大日本測量(株)資料調査部複製）。
(14)　田中禎昭「中世・隅田宿の景観—隅田川流域における「都市的な場」の復元—」（『専修考古学』第二号、二〇〇七年三月、専修大学考古学会）。
(15)　前掲『新編武蔵風土記稿』第七巻一三六頁上段。
(16)　天保六年「武蔵国足立郡千住三町目新田検地帳」（足立区立郷土博物館所蔵）。
(17)　『足立風土記稿』地区編1千住（二〇〇四年三月、足立区教育委員会）六二・六四頁。

終　章

江戸の外周に位置する東京北東地域の中世地域史について、第一章は信仰、第二章は伝説、第三章では歴史地名を基軸として、地域社会の中世に由来する史料・遺跡・遺物等を抽出し、近世への連続をも視野に入れた考察を試みた。江戸やその周辺は、中世から近世にかけて江戸開府により変貌が著しい。万治三年（一六六〇）成立の『石川正西見聞集』あたりが原因なのであろうが、「中世江戸寒村論」の根は深い。徳川家康の関東移封に際し、豊臣秀吉が鎌倉・小田原を本拠地に勧めず、江戸を指示したという著名な逸話中の「いかにも麁相、町屋なともかやふきの家百計もあるかなしの体、城もかたち計にて城のやようにも無之」（埼玉県史料集第一集『石川正西見聞集』、一九六八年一月、埼玉県立図書館）という世評の件が象徴的である。

十六世紀末期の徳川氏の強力な江戸接収によって、現代の我々には中近世東京の地域史は断絶しているという意識が、知らぬ間に摺り込まれている。ただ十五世紀半ばに生きた太田道灌のみが出色するのは、生涯の悲劇性に加え、原初江戸城築城という徳川江戸創始史観の導入者としての役割を担わせられているからである。この史観を見直し、政治史上の不連続とは別にこの地域の中世と近世がどの局面でつながり現代にまで通底するのかを追究することを本書の課題とした。

幸い昨今、近世史研究の立場から、この状況を見直す機運が出てきている。『台東区史』通史編Ⅰ（一九九七年六月）

には、第四章第一節に「江戸と台東区」というテーマで座談会が設けられている。座中で竹内誠氏は、「今までの通説にあるように、徳川家康が荒涼とした漁村、寒村である江戸に入ってきて、そこから巨大都市になっていくという、その話は少し再検討しなければいけないんではないか、その際に中世末の浅草の姿、この周辺の姿というものを、もう一度見直す必要があるんではないかというふうに考えている」と発言している。その後、竹内氏は『江戸の盛り場考—浅草・両国の聖と俗—』（二〇〇〇年五月、教育出版）で江戸市中、特に浅草と両国の殷賑を説くにあたり、「第五章　浅草と浅草寺の歴史」に「一　古代・中世の浅草地域」という項を設けている。本書序章で整理した諸研究を踏まえつつ、東京北東地域の浅草を中心とした隅田川流域が古代・中世から歴史が展開していたことを敢えて確認する作業をしている。

また齋藤慎一氏は、大道寺友山著『落穂集』が記す、徳川家康接収時の江戸城の様子は、当時の東国の未開を嘲笑し、以後の江戸の急速な発展の基礎をなした家康を賛美するものではなく、聞き取りをありのままに表現したものであるとしている（「都市江戸の生いたち—道灌から家康へ—」、『江戸東京歴史探検　第二巻　江戸の町を歩いてみる』、二〇〇二年八月、中央公論新社）。これに関連し近年、岡野友彦氏は同じく大道寺友山の手になる『岩淵夜話』中の江戸城周辺の景観描写を再考し、中世港湾としての江戸の荒廃を仄めかすものではないことを確認している（「「静勝軒寄題詩序」再考」、『江戸の開府と土木技術』、二〇一四年十二月、吉川弘文館）。以上、江戸の中世から近世への接点を模索する動向は着実に始動し始めている。なお齋藤氏は、前掲論考で太田道灌の江戸築城が大きな転換点となって陸上交通体系が整えられ、それ以前は本書でも数節にわたり関説した隅田川一帯が担っていた都市的な機能が江戸城下に集約されたと指摘している。江戸およびその周辺論は新しい段階に入りつつあるようだ。

そもそも、近世江戸市民自体が全く自分たちの生活空間の歴史が、十六世紀末期から十七世紀初頭になって初めて始まったと認識していた訳ではない。近世も後半を迎え、官撰および民間知識人による江戸と周辺に関する地誌の出版が盛況になる。『江戸名所図会』に顕著なように、都市江戸を扱った近世地誌は多くの中世に属する情報を積極的に採取・掲載している。また近世後期に盛んに流布したいわゆる「長禄江戸図」の存在からも、徳川家康開府に先立つ江戸について巷間では旺盛な関心のあったことが分かる。その眼指しは決して中世江戸を不毛とするのではなく、むしろ近世を迎えてからの発展の前哨として中世を捉えていたのである。

地域史において何を以て未開とし、いずれの水準まで達すれば開発済みと定義するのか、今後、多くの人々が議論を起こすことによって徳川江戸創始史観（中世江戸寒村論）は見直され、克服されてしまうのであろう。

本書は、そんな叙述方法の変化を迫られる江戸周辺の地域にあって、時代を越えた歴史的な空間を抽出・紹介することに専念したつもりである。序章で目論みを吐露したとおり、各史資料は中世だけに止まることなく、近世に及ぶ問題であることは言うまでもない。特に第一章第一節で扱った大般若経や、第四節の板碑を含めた広義の庚申塔は最たる中近世に通底する素材である。また第二章第四節では近世末期に至ってから旧家が由緒を主張する前提で、中世という時代を根拠にしている事例を見た。研究史上では、互いに十六世紀末期から十七世紀初頭にまで降り、あるいはさかのぼるとその接続面を忌避してしまう嫌いがある。当該地域だけを見ても政治史における中世史研究と近世史研究の不連続は否めないが、本書で素材とした信仰・伝説・歴史地名は中世・近世の時代を越えた主題なのである。

本書を閉めるに際し、中世の信仰・伝説、そして歴史地名が一体となった地域の空間がいまだ大都市周辺に存在し、歴史に学ぶことのできる多くの材料を我々に提供してくれていることを分かっていただければ幸いである。

あとがき

本書の目次立てについて、本腰を入れて考え始めたのは、二〇一三年九月八日である。この日は日曜日で、早朝、二〇二〇年五輪の東京招致が決定したというニュースで、日本中が休日の朝早くから大騒ぎをする光景がテレビを通じて流されるのを見てから俄然、作業に取り掛かった。

時代の長い閉塞の後、世界的な祭典がこの街で開かれることが決まり、世間が押し並べて新しい潮流を予感、期待したのは当然だろう。だがもともと東京下町は墨田区に生まれ育った自分にとり、故郷に出現した東京スカイツリーの威容共々、またも無秩序な「前進あるのみ」の風潮で、この街が様変りして行くことに一抹の寂しさを感じたのが契機である。

地域史を主眼に学ぶ身にとり、「昭和」もまた大流行な今、言い知れない無力感に浸っている。新しい思潮を求めるいっぽう、卑近な前代「昭和」を回顧する風も盛んである。片や近未来、片や「昭和」と昨今の市民が欲する歴史的な興味は、振り幅の短い中に止まろうとしている。

小生が東京の一隅の自治体に学芸員職として就職できたのは、一九八〇年代半ばのまさに全国的に見ても博物館・資料館建設ブームの最中であった。今ではほとんど就職口の無い学芸員職も、この時とばかり大量に採用された。新しい施設では、専門訓練や技術伝承もなく、小生のような俄仕立ての学芸員が実務をこなし始めたのである。以来、三〇年弱、見様見真似だが仕事を続けて来ることができた。中世地域史の古くて一見理解しがたい歴史的諸事象を、当該時代の価値観を重視し、現代的な評価と摺り合わせる作業は、正に地域に職を得た学芸員しかできないことなのである。学芸員は、史資料と住民・学習者の媒介者であるべきである。本書は取って付けた即席学芸員が、年月を経てどうにか歴史系学芸員の端くれとなった今、積年の考えと実践の一端を示したいと思い構成に着手した。

本書が記述対象としたのは、書名の示すように、この大都市の北東域に位置する中世矢古宇・淵江・舎人各郷および隅田川・入間川合流地域である。既に二〇一三年九月、本書と同じく岩田書院から『戦国期東武蔵の戦乱と信仰』と題する書籍を出していただいているが、旧著が主に中世後期の当該地域を取り扱ったのに対し、本書は前期をも軸に構成しており、順序が逆になった続編のようなものである。首都ではなく、時代の変化を迫られる地域としての東京にあって、中世的な空間を周辺から見つけようとするのが本書の意図である。本書で紹介した地域の中世の事象は、当該地固有であるいっぽう、人間の本源的な局面が多く含まれている。不可侵の範囲を想定し、これに侵入する外力を排除する装置を用意・護持し、効力を発揮させるという本書第一章第一節で紹介した営為はその最たる例であろう。

私事で恐縮だが小生、三十代後半以降、眼の健康に恵まれずにいる。昨年五月二十六日には左眼の白内障手術を受けた。既に右眼は一九九六年初秋に網膜剝離に罹患し、翌年にかけ断続に約半年間、東京都立駒込病院に入院して加療に努めた。本書第一章第一節の初出原稿は、病床で校正をしたものである。しかし、残念ながら回復できず光を失い左眼だけを頼りに今日に至る。今回の手術も、本書構成作業の序盤で受けざるを得ず右眼の苦い経験から、万一、左眼も復調できなかったらという不安が脳裏を過った。術後は幸い以前よりも、明瞭な視界を取り戻した。

そしてやれやれと遅々とした歩みであるが、初出原稿の改訂作業を再開したところ、同じく昨年十一月中旬、それまで元気だった母が突然、クモ膜下出血で倒れてしまった。運良く一命は取り止めたが、八十二歳の高齢であり今後、本格的な介護が余儀なくなった。人生には登り坂と降り坂と「まさか」の三つの坂があると、以前何かのドラマの台詞にあったが、作業終盤で二つの「まさか」に見舞われつつ、初出原稿の再編成がようやく出来、上梓に漕ぎ着けた。本書は自分個人にとって、忘れられない作品となった。

先著に続き、今回も岩田書院社長である岩田博さんには、旧倍のお世話になった。実は有体に言えば先著が刊行間際になった頃から、本書も「また岩田さんに頼んでみるしかない」と腹積りしていた。すぐ間際ではないが、そろそろ「退職」の二文字が心の中の景色に見え始めた今日この頃、「自分が在職中に知り得た知見は、今のうちに全部まとめておかないと、今後、この辺りの中世地域史に取り組もうという物好きな人間はいないかも知れない」という切迫感が心底にあるのである。

なお岩田さんが自社の宣伝用の新刊ニュースの裏面に書いている「裏だより」というコラムに載る辛口コメントにはビクビクするが、出版事業に対する厳しい姿勢とは裏腹に、小生のように目立たない研究職でもない書き手にも救いの手を差し伸べて下さる岩田さんの広い度量に感謝申し上げて止まないのである。この期に及んで聊か泣きと愚痴を交えてしまったが、世に出してしまった本書が、悪例として「裏だより」の俎上に上がることなく、少しずつでも地域史の研究や学習をされる読者の方々の手に取っていただけることを願うばかりである。

二〇一五年七月

加増　啓二

初出一覧

第一章　在地が抱く信仰空間

第一節　経巻に護られる小天地―大般若経と地域鎮守―

大般若経―経巻に護られたミクロ・コスモス―

『月刊歴史手帖』第二五巻一号、一九九七年一月、名著出版

（考察）大般若経の廻村習俗について

足立区教育委員会事務局文化課文化財係「足立区本木西町吉祥院所蔵大般若波羅蜜多経及び廻村習俗について」、二〇〇七年三月、『足立区立郷土博物館紀要』第二八号

第二節　時衆と源氏伝説―白幡道場と星兜鉢の謎―

中世伊興の信仰・伝承空間に関するノート―発掘調査成果との接点を求めて―

『毛長川流域の考古学的調査』、一九九九年三月、足立区教育委員会

八潮市浜野家所蔵「奥国征治古画之写」の修理銘奥書

『足立史談』第三八〇号、一九九九年十月、足立区教育委員会

付　論　社に坐す仏―地域の中世神仏習合資料―

新　稿

第三節　地縁の碑―中近世地域社会の造塔―

地域社会の息吹

『あしもとの文化財でたどる室町・戦国時代―荒川下流地域の結衆板碑―』、一九九八年十月、足立区立郷土博物館

足立区の庚申塔

東京東部庚申塔共同調査チーム「東京東部庚申塔データ集成」、『文化財の保護』第四三号、二〇一一年三月、東京都教育委員会

第二章　水域が育む伝説空間

第一節　水辺を彩る女性往生譚―中世入間川下流地域の伝説世界―

水底が秘めた記憶―中世隅田川周辺の伝説世界―

『特別展隅田川流域の古代・中世世界―水辺から見る江戸・東京前史―』、二〇〇一年十月、足立区立郷土博物館他

付　論　江戸六阿弥陀伝説異聞―水底から甦る姫御前―

六阿弥陀伝説外伝―水底からよみがえった姫御前―

『会報』第一六五号、二〇〇二年十月、北区民大学修了生の会

付　論　絵で解く中世―古写真に収められた縁起絵―

新　稿

第二節　石枕のある里―中世寺院周辺と伝説―

新　稿

第三節　絵図に嵌める中世―地域由緒をめぐる文書・旧記・絵図の相剋―

近世旧家層が育んだ地域の開発伝説と景観―由緒をめぐる文書・旧記・絵図の相剋―

『中近世史研究と考古学』、二〇〇二年八月、岩田書院

第三章　地名に潜む歴史空間

第一節　源頼朝の「隅田宿」通過と足立遠元―足立・豊島・葛西三郡の結節地点―
足立遠元の隅田河畔参上―源頼朝の武蔵進軍をめぐって―
『足立史談』第三八五号、二〇〇〇年三月、足立区教育委員会
第二節　「石浜」と中世戦記―敗走する足利尊氏が見た風景―
『太平記』のなかの石浜―武蔵野合戦を読み直す―
『館報（平成十二年度版）・紀要』第三号、二〇〇二年三月、荒川区立荒川ふるさと文化館
付　論　「石浜」と隅田川の印地打ち―礫の行き交う国堺―
新　稿
第三節　「隅田川関屋の里」の原風景―取り残された中世東京の地名―
取り残された中世東京の地名―「隅田川関屋の里」の原風景―
『会誌歴史地名通信』第二七号、二〇〇二年十月、平凡社地方資料センター
ノート　奥州街道隅田宿から日光道中千住宿へ
『特別展隅田川流域の古代・中世世界―水辺から見る江戸・東京前史―』、二〇〇一年十月、足立区立郷土博物館他
付　論　「関屋の里」と中世歌人―藤原光俊の旅路の果て―
ノート　関屋の里を経て鹿島社に詣でた中世歌人藤原光俊の消息
『足立史談』第四六六号、二〇〇六年十二月、足立区教育委員会
付　論　下足立「三俣」は何処か―水域の盲点―
新　稿

著者略歴

加増 啓二（かぞう　けいじ）

1961年（昭和36）7月　東京都墨田区生まれ。

1971年（昭和46）8月　東京都足立区に転居。

1985年（昭和60）3月　早稲田大学第一文学部史学科日本史学専修卒業。

1986年（昭和61）4月　足立区入区。足立区教育委員会事務局社会教育課（仮称）郷土資料館開設準備担当配属（学芸員）。

同上年　11月　足立区立郷土博物館配属（学芸員）。

2005年（平成17）4月　足立区教育委員会事務局文化課文化財係長（学芸員）に転任。

2011年（平成23）4月　足立区地域のちから推進部地域文化課文化財係長（学芸員）に転属。現在に至る。

単　著
『戦国期東武蔵の戦乱と信仰』（2013年9月、岩田書院）

主要論文（上掲単著および本書収録外）
史料紹介　川口市新光寺所蔵の大般若波羅蜜多経について
（『埼玉地方史』第34号、1995年6月、埼玉県地方史研究会）
郷・領鎮守と経典書写事業
　—武蔵国足立郡矢古宇郷＝谷古田領と大般若経をめぐって—
（『足立区立郷土博物館紀要』第18号、1996年3月）
領国危機と修法
　—「妙本寺文書」所収北条氏康・金剛王院融山の往復書状写をめぐって—
（『中世東国の地域権力と社会』、1996年11月、岩田書院）
研究ノート　京洛で購われた大般若経
　—楽音寺大般若経のうち応永二十五年銘経について—
（『広島県立歴史博物館研究紀要』第5号、2000年7月）
研究ノート　狙われた大般若経—平繁盛の聖教運上計画—
（『千葉史学』第41号、2003年1月、千葉歴史学会）
研究ノート　三室女体社大般若経の成立について
　—本願主をめぐる通説への問題提起—
（『さいたま市博物館研究紀要』第2集、2003年3月）
研究ノート　聖教をめぐる伝説—武蔵国秩父郡般若村と大般若経—
（『寺院史研究』第12号、2008年8月、寺院史研究会）
研究ノート　イエズス会宣教師が観察した中世末期大般若経信仰の一齣
　—フロイス『日本史』の記述から—
（『社寺史料研究』第10号、2008年12月、社寺史料研究会）
金泥と大般若経—中世の縁起と説話から—
（『無為無為』第11号、2009年12月、日本史史料研究会）
研究ノート　中世における経典と攘災—軍記・説話・縁起と大般若経—
（『日本宗教文化史研究』第15巻2号、2011年11月、日本宗教文化史学会）

東京北東地域《とうきょうほくとうちいき》の中世的空間《ちゅうせいてきくうかん》

岩田選書⊙地域の中世16

2015年(平成27年)12月　第１刷　600部発行

定価[本体3000円＋税]

著　者　加増 啓二

発行所　有限会社岩田書院　代表：岩田　博　http://www.iwata-shoin.co.jp

〒157-0062　東京都世田谷区南烏山4-25-6-103　電話03-3326-3757　FAX03-3326-6788

組版・印刷・製本：藤原印刷

ISBN978-4-86602-939-9 C3321 ￥3000E

岩田書院 刊行案内 (23)

			本体価	刊行年月
868	田村　貞雄	秋葉信仰の新研究	9900	2014.05
869	山下　孝司	戦国期の城と地域	8900	2014.06
870	田中　久夫	生死の民俗と怨霊＜田中論集４＞	11800	2014.06
871	高見　寛孝	巫女･シャーマンと神道文化	3000	2014.06
872	時代考証学会	大河ドラマと市民の歴史意識	3800	2014.06
873	時代考証学会	時代劇制作現場と時代考証	2400	2014.06
874	中田　興吉	倭政権の構造 支配構造篇 上	2400	2014.07
875	中田　興吉	倭政権の構造 支配構造篇 下	3000	2014.07
876	高達奈緒美	佛説大蔵正教血盆経和解＜影印叢刊11＞	8900	2014.07
877	河野昭昌他	南北朝期 法隆寺記録＜史料選書３＞	2800	2014.07
878	宗教史懇話会	日本宗教史研究の軌跡と展望	2400	2014.08
879	首藤　善樹	修験道聖護院史辞典	5900	2014.08
880	宮原　武夫	古代東国の調庸と農民＜古代史８＞	5900	2014.08
881	由谷・佐藤	サブカルチャー聖地巡礼	2800	2014.09
882	西海　賢二	城下町の民俗的世界	18000	2014.09
883	笹原亮二他	ハレのかたち＜ブックレットＨ20＞	1500	2014.09
884	井上　恵一	後北条氏の武蔵支配と地域領主＜戦国史11＞	9900	2014.09
885	田中　久夫	陰陽師と俗信＜田中論集５＞	13800	2014.09
886	飯澤　文夫	地方史文献年鑑2013	25800	2014.10
887	木下　昌規	戦国期足利将軍家の権力構造＜中世史27＞	8900	2014.10
888	渡邊　大門	戦国・織豊期赤松氏の権力構造＜地域の中世15＞	2900	2014.10
889	福田アジオ	民俗学のこれまでとこれから	1850	2014.10
890	黒田　基樹	武蔵上田氏＜国衆15＞	4600	2014.11
891	柴　　裕之	戦国・織豊期大名徳川氏の領国支配＜戦後史12＞	9400	2014.11
892	保坂　達雄	神話の生成と折口学の射程	14800	2014.11
893	木下　　聡	美濃斎藤氏＜国衆16＞	3000	2014.12
894	新城　敏男	首里王府と八重山	14800	2015.01
895	根本誠二他	奈良平安時代の〈知〉の相関	11800	2015.01
896	石山　秀和	近世手習塾の地域社会史＜近世史39＞	7900	2015.01
897	和田　　実	享保十四年､象､江戸へゆく	1800	2015.02
898	倉石　忠彦	民俗地図方法論	11800	2015.02
899	関口　功一	日本古代地域編成史序説＜古代史９＞	9900	2015.02
900	根津　明義	古代越中の律令機構と荘園･交通＜古代史10＞	4800	2015.03
901	空間史学研究会	装飾の地層＜空間史学２＞	3800	2015.03
902	田口　祐子	現代の産育儀礼と厄年観	6900	2015.03
903	中野目　徹	公文書管理法とアーカイブズ＜ﾌﾞｯｸﾚｯﾄA18＞	1600	2015.03
904	東北大思想史	カミと人と死者	8400	2015.03
905	菊地　和博	民俗行事と庶民信仰＜山形民俗文化２＞	4900	2015.03

岩田書院 刊行案内（24）

			本体価	刊行年月
906	小池　淳一	現代社会と民俗文化＜歴博フォーラム＞	2400	2015.03
907	重信・小池	民俗表象の現在＜歴博フォーラム＞	2600	2015.03
908	真野　純子	近江三上の祭祀と社会	9000	2015.04
909	上野　秀治	近世の伊勢神宮と地域社会	11800	2015.04
910	松本三喜夫	歴史と文学から信心をよむ	3600	2015.04
911	丹治　健蔵	天狗党の乱と渡船場栗橋宿の通航査検	1800	2015.04
912	大西　泰正	宇喜多秀家と明石掃部	1850	2015.05
913	丹治　健蔵	近世関東の水運と商品取引 続	7400	2015.05
914	村井　良介	安芸毛利氏＜国衆17＞	5500	2015.05
915	川勝　守生	近世日本石灰史料研究Ⅷ	9900	2015.05
916	馬場　憲一	古文書にみる武州御嶽山の歴史	2400	2015.05
917	矢島　妙子	「よさこい系」祭りの都市民俗学	8400	2015.05
918	小林　健彦	越後上杉氏と京都雑掌＜戦国史13＞	8800	2015.05
919	西海　賢二	山村の生活史と民具	4000	2015.06
920	保坂　達雄	古代学の風景	3000	2015.06
921	本田　　昇	全国城郭縄張図集成	24000	2015.07
922	多久古文書	佐賀藩多久領 寺社家由緒書＜史料選書４＞	1200	2015.07
923	西島　太郎	松江藩の基礎的研究＜近世史41＞	8400	2015.07
924	根本　誠二	天平期の僧と仏	3400	2015.07
925	木本　好信	藤原北家・京家官人の考察＜古代史11＞	6200	2015.08
926	有安　美加	アワシマ信仰	3600	2015.08
927	全集刊行会	浅井了意全集：仮名草子編５	18800	2015.09
928	山内　治朋	伊予河野氏＜国衆18＞	4800	2015.09
929	池田　仁子	近世金沢の医療と医家＜近世史42＞	6400	2015.09
930	野本　寛一	牛馬民俗誌＜著作集４＞	14800	2015.09
931	四国地域史	「船」からみた四国＜ブックレットH21＞	1500	2015.09
932	阪本・長谷川	熊野那智御師史料＜史料叢刊９＞	4800	2015.09
933	山崎　一司	「花祭り」の意味するもの	6800	2015.09
934	長谷川ほか	修験道史入門	2800	2015.09
935	加賀藩ﾈｯﾄﾜｰｸ	加賀藩武家社会と学問・情報	9800	2015.10
936	橋本　裕之	儀礼と芸能の民俗誌	8400	2015.10
937	飯澤　文夫	地方史文献年鑑2014	25800	2015.10
938	首藤　善樹	修験道聖護院史要覧	11800	2015.10
939	横山　昭男	明治前期の地域経済と社会＜近代史22＞	7800	2015.10
940	柴辻　俊六	真田幸綱・昌幸・信幸・信繁	2800	2015.10
941	斉藤　　司	田中休愚「民間省要」の基礎的研究＜近世史43＞	11800	2015.10
942	黒田　基樹	北条氏房＜国衆19＞	4600	2015.11
943	鈴木　将典	戦国大名武田氏の領国支配＜戦国史14＞	8000	2015.11

岩田選書◎地域の中世

①	黒田　基樹	扇谷上杉氏と太田道灌	2800円	2004.07
③	佐藤　博信	越後中世史の世界	2200円	2006.04
④	黒田　基樹	戦国の房総と北条氏	3000円	2008.09
⑤	大塚　　勲	今川氏と遠江・駿河の中世	2800円	2008.10
⑥	盛本　昌広	中世南関東の港湾都市と流通	3000円	2010.03
⑦	大西　泰正	豊臣期の宇喜多氏と宇喜多秀家	2800円	2010.04
⑧	松本　一夫	下野中世史の世界	2800円	2010.04
⑨	水谷　　類	中世の神社と祭り	3000円	2010.08
⑩	江田　郁夫	中世東国の街道と武士団	2800円	2010.11
⑪	菅野　郁雄	戦国期の奥州白川氏	2200円	2011.12
⑫	黒田　基樹	古河公方と北条氏	2400円	2012.04
⑬	丸井　敬司	千葉氏と妙見信仰	3200円	2013.05
⑭	江田　郁夫	戦国大名宇都宮氏と家中	2800円	2014.02
⑮	渡邊　大門	戦国・織豊期赤松氏の権力構造	2900円	2014.10

戦国史研究叢書　②後北条領国の地域的展開（品切）

①	黒田　基樹	戦国大名北条氏の領国支配	5900円	1995.08
③	荒川　善夫	戦国期北関東の地域権力	7600円	1997.04
④	山口　　博	戦国大名北条氏文書の研究	6900円	2007.10
⑤	大久保俊昭	戦国期今川氏の領域と支配	6900円	2008.06
⑥	栗原　　修	戦国期上杉・武田氏の上野支配	8400円	2010.05
⑦	渡辺　大門	戦国期赤松氏の研究	7900円	2010.05
⑧	新井　浩文	関東の戦国期領主と流通	9500円	2012.01
⑨	木村　康裕	戦国期越後上杉氏の研究	7900円	2012.04
⑩	加増　啓二	戦国期東武蔵の戦乱と信仰	8200円	2013.08
⑪	井上　恵一	後北条氏の武蔵支配と地域領主	9900円	2014.10
⑫	柴　　裕之	戦国織豊期大名徳川氏の領国支配	9400円	2014.11
⑬	小林　健彦	越後上杉氏と京都雑掌	8800円	2015.05
⑭	鈴木　将典	戦国大名武田氏の領国支配	8000円	2015.11